일러두기

• 이 책은 2018년도 동북아역사재단 기획연구 수행 결과물임(NAHF-2018-기획연구-21).

동북아역사재단
연구총서 97

메이지유신의 침략성과 재인식의 문제

이원우 편

동북아역사재단
NORTHEAST ASIAN HISTORY FOUNDATION

2018년은 이웃나라 일본에서 메이지유신(1868)이라는 큰 정치적 변혁이 일어난 지 150년이 되는 해였다. 메이지유신과 관련해서는 여러 가지 논점이 있다. 일본 내에서는 메이지유신의 시발점과 종결점이 언제인지, 유신 이후에 들어선 메이지 정부의 성격이 어떠했는지 견해가 여럿으로 갈렸다. 그중에서도 메이지유신의 종결점을 빠르게는 판적봉환(1869, 다이묘가 지배하던 영지와 인민을 중앙정부에 반납한 일), 늦게는 대일본제국헌법 발포(1889)로 보는 견해가 있다. 또 유신 이후 성립한 천황제 국가의 성격에 대해서도 반봉건적 지주제(강좌파)와 부르주아지 군주제(노농파)로 보는 견해가 대립했다. 이러한 견해들은 패전 후의 지식인 사회에도 적지 않은 영향을 미쳤다.

메이지유신 하면 일본에서나 한국에서 근대화와 서구화 성공을 제일 먼저 연상하게 된다. 일본은 메이지유신으로 국내적으로는 봉건 막부 체제가 폐지되고 천황 중심의 근대적 정치체제로 이행되었다. 변혁은 궁중제도를 비롯하여 신분제 · 정치 · 외교 · 사법 · 행정 · 경제 · 금융 · 유통 · 산업 · 문화 · 교육 · 종교 · 사상 정책 등 국가 사회 전 분야에 걸쳐 일어났다.

주지하다시피, 대외적으로는 주변 국가보다 한걸음 빠른 서구화 및 근대화 성과를 이용하여 재빠르게 서구 제국주의 사회에 편승, 근린 국가를 침략하기 시작했다. 대만 침략(1874)[1]을 시작으로 강화도 침략(1875), 류큐 왕국 점령(1879), 청일전쟁(1894~1895), 러일전쟁(1904~1905), 시베리아 출병(1918~1922), 아시아 · 태평양 전쟁(1931~1945, 1931년 리우티아오후[柳条湖] 사건부터 1945년 일본의 항복까지) 등 전쟁의 연속이다. 전쟁 중에 태어난 일본 어린이가 전쟁을 정상으로, 평화를 비정상으로 느꼈다는 아이러니컬한 말은 시사하는 바가 크다.

한편, 한국은 어떠했는가. 공업입국의 시기, 일본의 메이지유신은 대부분 근대화 · 서구화와 관련되어 성공의 예로 이야기되었다. 현재까지도 비전공자가 전공자보다도 더 열심히 메이지유신에 대해 이야기하는 상황은 다른 주제에 있어선 드문 현상일 것이다.

그러나 최근의 메이지유신에 대한 평가는 조금 달라졌다. 메이지유신의 긍정적 부분과 아울러 부정적인 측면에 대한 연구도 이루어지고 있다. 예를 들면, 메이지유신 과정 자체가 많이 왜곡되었다거나 삿초사관(근왕 사관)이 과도하게 영향을 미치고 있다는 점, 유신의 주역인 사이고 다카모리가 과도하게 미화되었으며 실제로는 음모와 폭력이 점철되었다는 점, 특히 보신전쟁[戊辰戦争, 1868~1869][2] 당시 사쓰마번 · 조슈번이 주축이 된 신정부군이 구 막부군이나 동북지방 여러 번 동맹군과의 전투를 수행함에 있어 약탈, 방화, 강간 등을 일삼았다는 것을 조금씩

1 일본에서는 대만 출병, 정대(征臺) 등으로 호칭되나 편자는 성격상 침략이라 보기에 종래의 표기에 따르지 않았다. 강화도 침략, 유구 왕국 점령의 표기도 마찬가지이다.

2 보신전쟁은 왕정복고를 통해 메이지정부를 수립한 사쓰마번 · 조슈번 · 도사번 등이 중심이 된 신정부군과 구 막부군 및 동북 지역 여러 번 동맹군이 전쟁을 한 일본의 내전이다. 명칭은 1869년 간지(干支)인 보신(戊辰)에서 유래한다.

밝혀내고 있다. 오늘날 국제적으로 문제가 되고 있는 일본군'위안부' 문제, 식민지, 전투지, 군사 점령지 등에서 발생한 일본군의 만행은 그 연원이 메이지유신 과정에 축적되었는지도 모른다는 합리적 의심을 하게 된다.

최근 국제사회의 인권 중시 경향을 반영하여 메이지유신 과정에서 발생한 사망자 수가 비교적 적음에 착안한 연구도 있다. 연구에 따르면 메이지유신 과정 중 사망한 자의 수는 3만 명 정도이며, 지배 신분인 무사와 피차별 신분이 폐지되었다는 측면에서 '혁명'이라고 할 수 있다고 한다. 생각해 보면, 프랑스혁명 과정에서 약 200만 명이 사망했다는 설이 있으니 일견 설득력이 있어 보인다. 그러나 먼저 근대화한 제국 일본이 근린 제국을 침략, 식민지화 하는 과정에서 수백만 명이 목숨을 잃은 것과 혁명 과정에서 200여만 명이 사망했지만 국외에서 억압받던 무수한 생명들에게 자유를 획득하게 하는 이념(자유 · 박애 · 평등)을 제공한 프랑스혁명을 어떻게 평가할지는 오로지 독자의 몫이다.

1951년 9월 샌프란시스코 강화조약 체결로 국제사회에 복귀한 일본은 지금까지 보수화 내지 우경화 일변도의 길을 걸어오고 있다. 이러한 경향은 아베 내각 발족(2006) 이후 한층 더 심하다.

이 책은 이러한 상황 속에서 메이지유신이 근대화와 서구화에 성공한 역사적 사례로만 인식될 것이 아니라 일본 국민과 근린 국가 국민들의 목숨을 앗아가고 불행하게 한 또 다른 측면, 즉 유신 속에 내재된 침략성의 연원을 규명하고 오늘날 우경화하는 일본 사회 내에서 메이지유신이 어떻게 해석되어 재인식되고 있는지 규명하는 것을 과제로 삼는다.

개개의 논문을 간략하게 소개하면 아래와 같다.

박홍규의 「신국사상의 침략성」은 신국사상과 침략성의 관계를 다루고 있다. 한국에 일반적으로 알려진 바와 다르게 신국사상이 침략적인 것만은 아니며, 내부에 다양한 요소를 갖고 있었다고 주장한다. 그러한 일본의 신국사상이 당시 상황에 따라, 허구적 신국사상(『일본서기』)이 방어적 신국사상(몽골 침략기)으로, 상대적 우월성을 가지는 신국사상(신황정통기)으로, 절대적 우월성의 신국사상(요시다 신도)으로, 일본형 화이체제와 자기만족의 배타적 신국사상(도쇼다이곤겐)으로, 초절대적 우월성의 신국사상(모토오리 노리나가)으로, 그리고 천황 중심의 작위적 신국사상(요시다 쇼인)으로 발전하면서 침략적 성격을 차츰 노골화했다고 밝혔다.

이기원의 「야마가 소코의 병학과 무사도론-일본형 화이사상과 동아시아」는 신국사상의 발전 단계 중 도쿠가와 시대에 형성된 일본형 화이질서와 배타성이 동아시아에 어떻게 적용되었는가를 야마가 소코[山鹿素行, 1622~1685]의 화이 관념을 재료로 중화주의의 내용, 나아가 조선에 대한 인식 등을 분석했다.

소코는 일본을 '중화 문명'이라고 인식했다. '천지의 정수'를 받은 일본이 문명을 발전시켜 왔다고 하면서 그 원동력이 '황통'에 있다고 주장한다. 이러한 인식의 이면에는 '신국 일본'이라는 논리가 내재되어 있다. 소코는 일본 문명의 독자성과 독립성을 강조하는데 이러한 인식은 일본의 우위성을 드러내는 방향으로 발전해 갔다. 도요토미 히데요시가 조선을 침략한 이유에 대해 오랑캐를 벌하는 도리에 따라 일으킨 '정벌'이라고 했다. '무위'에 의한 조선 침략은 '침략' 아닌 '문명'의 전파라고 주장한다. 소코의 이러한 면이 근대 충군애국 정신의 연원으로 재생산되었다고 필자는 분석하고 있다.

김도형의 「가토 히로유키의 전쟁 인식과 진화론–청일 · 러일 전쟁 관련 기술을 중심으로」는 가토의 문명 인식으로부터 진화론에 이르는 과정 중 주요 문서들을 살펴보고, 가토가 언급한 전쟁에 대한 논의들을 집중적으로 분석했다. 특히 가토의 사상적 진화 단계를 파악할 수 있는 『인권신설』, 『강자의 권리의 경쟁』, 『도덕법률 진화지리』 등의 저작들로부터 그의 문명론이 '강자'에 관한 논리로 수렴됨으로써 전쟁을 진화상 필수불가결한 요소로 파악하는 사상적 태도 및 특징을 살펴보았다.

필자는 가토의 전쟁 관련 저술인 『일본지십대승산(日本之十大勝算)』(1894), 『진화학으로부터 관찰한 러일의 운명』(1904)을 검토 · 분석하며 당시 진화론이라는 사상적 조류가 자기인식 형성에 끼친 영향과 그로부터 정당화되는 발전, 그것도 전쟁이라는 필연을 통해 이루어지는 발전을 어떻게 정당화하고 있는지를 동아시아 상황에서 살펴보게 해 주는 좋은 사례를 제공해 준다고 지적했다. 특히 이 연구는 '문명개화'라는 근대 일본 초기의 목표로부터 제국주의로 이어지는 사상적 연속성을 확인함으로써 기존의 '일본적 특수성'으로서의 침략사상이라던가 전쟁 인식의 문제만이 아닌, 보다 보편적인 시대 인식으로서의 문명관과 전쟁 · 침략의 정당화가 어떤 관계를 가졌는지 밝힘으로써 관점의 확대를 제공한 데 의의를 찾을 수 있을 것이라 생각된다.

이권희의 「교육의 전쟁 책임에 관한 고찰–청일 · 러일 전쟁 시기를 중심으로」는 '근대 일본의 교육과 전쟁'이라는 커다란 주제를 설정하고 이른바 '교육칙어(教育勅語)'를 중심으로 발포 이전과 이후의 교육 상황을 교육의 국가주의와 군국주의(軍國主義)적 성격에 초점을 맞춰 조감(鳥瞰)했다. 필자는 메이지 초기 일본의 근대교육이 개인의 입신과 출세라는 지극히 사적인 가치를 추구하는 한편에서 천황과 국가를 강하게 의식하는 근대 일본인들의 공적 사유체계의 형성, 다시 말해 충군애국 사상을 핵심으로 하는 국체사상의 형성이라는 분열적 사유체계의 형성 과정을 통해 메이지 후기 교육의 전쟁 책임에 대해 고찰했다.

오늘날 일본의 우경화 문제의 본질을 명확히 들여다보기 위해서는 먼저 보편적 윤리와 보편적 역사인식이 집단 기억·내셔널리즘과 충돌하는 문제를 직시해야 한다. 이 문제는 오랜 세월 다른 문화 속에서 자연스럽게 체계화된 '사유(思惟)'가 아닌, 교육과 미디어 등의 이른바 문화 권력에 의해 인위적으로 형성된 특정적 '사유체계(思惟體系)'가 유전되어 내려온 차이에 기인하는 근원적 문제다.

일본의 경우, 지난 시절 교육을 통해 인위적으로 창출된 특정적 사유체계는 국민을 사적 영역에서 감성적 자유를 만끽하는 자기 결정권자의 주체가 되는 것을 용납하지 않았으며, 인민들에게 왜곡된 국가관과 침략 사상을 심어줌으로써 결과적으로 근린 제국(諸國)을 불행한 역사의 소용돌이로 몰아넣는 비극을 낳았다.

다음으로 메이지유신 150년을 맞이하여, 특히 아베 정권하에서 메이지유신이 어떻게 재해석되고 기억하려고 하는지에 관련한 논문 5편에 대한 간단한 소개를 하고자 한다.

우선, 박삼헌의 「아베 정권의 메이지 기억과 정치－메이지 150년 기념사업을 중심으로」는 아베 정권이 추진한 '메이지 150년' 기념사업으로 복원되는 '메이지 시대 예찬' 내용이 무엇이고, 그것은 아베 정권이 2020년으로 예정하고 있는 '헌법 개정'이라는 정치 일정 속에서 어떤 의미를 지니는지를 분석했다.

아베 정권은 2016년 10월 6일부터 '메이지 정신을 배우고 일본의 강점을 재인식하는 것'을 목표로 제시하고, 메이지 150년 기념사업을 추진하였다. 이 기념사업은 전쟁(청일전쟁과 러일전쟁), 아시아(타이완과 조선의 식민지화), 민중(여성 등 국내 모순)을 소거하고 부국강병과 식산흥업의 '메이지'만 강조하는, 일종의 만들어진 '메이지 성공 스토리'를 강조하는 사업이다.

필자는 아베 정권이 추진한 메이지 150년 기념사업이 의도하는 바를 다음과 같이 지적하고 있다. 정치가(政治家) 아베는 전후 일본국 헌법을 개정하는 것이야말로 '독립 회복의 상징이자 구체적인 방법'이라는 그의 '정치적 소신'을, '메이지 국민/일본인이 일본의 독립'을 위해 '불평등조약 개정'에 고군분투한 '기억'에 의탁하여 현재의 일본 '국민'에게 반복적으로 호소하고 있다고.

유지아의 「메이지유신 150년과 천황의 '원수화' 움직임」은 메이지유신 이후 천황의 원수화 과정과 그 의미를 명확하게 고찰하고, 현재 일본에서 거론되고 있는 천황의 원수화와 어떠한 연관성이 있는지에 대해 분석하고 있다.

메이지헌법 체제하에서 천황은 원수들보다 상위의 최고위 군인이라는 점을 나타내기 위해 정치 호칭으로써 '대원수 폐하'라고 칭하게 되었는데, 패전 후 신헌법에서는 천황을 상징적인 존재로 규정하여 천황이 과거와 같이 절대적인 권력을 가진 통치자가 아닌 일본 국민 통합의 상징으로서만 존재한다고 규정하고 있다.

이 연구는 패전 이후 천황의 대원수 해체 과정과 상징 천황제의 정착 과정을 고찰하고, 일본인의 인식에 천황의 역할을 어떻게 자리매김하는지, 그리고 현재 일부 보수 세력 사이에 대두되고 있는 천황의 대원수화

현상을 분석하고 있다.

일본 사회에서 천황에 대한 언급은 여전히 불경한 것으로 여기며 회피하는 상황이다. 이러한 현상은 연구자들 사이에도 적지 않게 나타나고 있다. 그러나 메이지 150주년을 맞이한 현 시점에서 메이지유신과 천황의 위상을 고찰하지 않고서는 일본의 근대화와 아시아·태평양 전쟁에 대해서 명확히 할 수 없는 부분이 매우 많다. 메이지유신과 천황의 대원수화 과정, 천황의 위상 정립이 현재에 어떻게 변용되었고, 현대 정치와 어떠한 관련성을 가지는지 고찰한 이 연구는 그런 의미에서 일독의 가치가 있다고 하겠다.

김선희의 「메이지유신 150년과 가고시마현의 기억 정치–사이고 다카모리에 대한 기억을 중심으로」는 가고시마현이 추진하는 기념사업을 개괄하고, 특히 가고시마현이 내세우는 지역 대표 인물인 사이고 다카모리에 대한 기억의 양상을 추적함으로써 일본인의 메이지유신에 대한 인식의 일단을 읽어내고자 했다.

가고시마현은 2013년부터 메이지유신 150주년을 지역 활성화의 최적의 기회로 삼아 지자체, 관광업계, 경제 단체 대표자 등으로 구성된 '메이지유신 150주년 기념 프로젝트 실행위원회'를 조직하여, 각종 프로모션과 이벤트를 추진하는 가고시마 메이지유신 박람회를 전개했다. 그러면서 가고시마현을 알리는 최적의 인물로 사이고를 등장시켜 메이지 신정부에 최대이자 최후의 반란을 일으킨 장본인, 단계론적 조선 침략을 주장한 정한론자 등 일본 근대화에 미친 어두운 이면을 소거하고, 외세에 굴하지 않은 '강한 일본'의 기초를 다진 가고시마 출신의 위인으로 기억하게 했다. 이것은 아베 정권이 내세우는 '강한 일본'을 위해 취사선택된 '기억'에 대한 지방정부의 응답이라 할 수 있다. 가고시마 시로야마를 배경으로 제복차림으로 서 있는 육군대장 사이고 동상은 그 응답의 본질을 그대로 보여 준다.

김병진의 「우경화하는 현대 일본과 메이지유신에 관한 표상－고바야시 요시노리 『대동아론』을 중심으로」는 '참된 애국자'의 모습을 우익의 원류라 칭해지는 도야마 미쓰루와 현양사에서 찾고 있는 고바야시 요시노리의 의도를 그의 『대동아론』 3부작을 통해 현재적 필요성은 어디에 있는지, 창작의 동기는 어디에 있는지를 살펴보고, 그 논리에서 역사적·사회적 의미를 고찰하였다.

필자는 고바야시의 작품에 넷우익 등에서 나타나는 배외주의적 경향에 대한 비판, 일본 국민의 주권 행사 강조 등과 같은 긍정적인 측면과 동시에 일본 사회의 '공(公)' 강조, 일본군'위안부' 문제에 대한 퇴행적 언사와 같은 우려되는 측면이 공존하고 있다고 지적한다.

고바야시 요시노리가 착종하는 동아시아 관계를 원점에서 재검토하기 위해 도야마 미쓰루와 겐요샤[玄洋社]에서 시사점을 얻고자 한 것 자체가 또 다른 왜곡의 시작이 아닌가 하는 생각이 든다.

마지막으로, 이원우의 「일본 대중출판물에 나타난 메이지유신의 재인식 문제」는 2018년 메이지유신 150주년을 앞두고 간행된 일본 대중출판물에 메이지유신이 어떻게 기록되고 있는지를 검토함으로써 메이지유신 재인식 문제를 오늘날의 관점에서 살펴보고자 하였다.

대중서에 그려진 메이지유신에 대한 기본적인 인식(일본이 메이지유신을 통하여 서구열강으로부터 식민지화 위기를 막아내고 아시아에서 유일하게 근대화를 성공시켰다)에는 변함이 없다. 그러나 메이지유신에 대한 지나친 긍정론(삿초 사관)

을 경계하고 보신전쟁 시 삿초 중심의 신정부군이 각지에서 자행한 약탈, 방화, 강간, 살인 등이 역사에 기록되기 시작했다는 점은 특기할 만하다.

나무는 바람에 잎과 가지가 흔들려도 뿌리는 흔들려서는 안 되는 것처럼, 연구에 있어서도 지나치게 시대 상황을 추종해서는 안 된다고 생각한다. 왜냐하면 바람은 곧 멈추기 때문이다.

이 책은 메이지유신 150주년이 되는 2018년에 위에 소개한 연구자들이 수행한 공동 연구의 결과물을 단행본으로 출간한 것이다. 이 책이 근현대 일본의 행로에 관심을 갖고 있는 독자들에게 조금이나마 도움이 되었으면 한다.

마지막으로 연구자 여러분과 이 책이 세상에 나올 수 있도록 정성을 다해 주신 재단 출판 관계자 여러분의 노고에 마음으로부터 감사를 드린다.

2019년 11월

저자들을 대신하여

이원우 씀

제2부 오늘날의 메이지유신 재인식

제1부 메이지유신의 침략성

| 1장 |

신국사상의 침략성

박홍규 | 고려대학교 정치외교학과 교수 |

1. 머리말
2. 신국사상의 흐름: 다양한 요소들
3. 침략적 신국사상의 완성태: 모토오리 노리나가의 황국사상
4. 요시다 쇼인의 작위적 신국사상
5. 맺음말

1. 머리말

1868년 메이지유신으로 탄생한 근대국가 일본은 1945년 태평양 전쟁의 패전에 이르기까지 침략적 성격을 가지고 있었다. 그러한 침략적 국가 일본을 사상적으로 지탱한 것이 신국사상이다. 분명 신국사상은 근대국가 일본이 침략 국가가 되는 데 주요한 요인이었음에 틀림없다.

그러나 사상만으로 한 국가의 성격이 결정되는 것은 아니다. 사상이 현실에서 작동하기 위해서는 일정한 여건이 갖춰져 있어야 한다. 서구에서 시작된 제국주의가 동아시아에 밀려오자 그에 대한 응전과 적응 과정에서 마련된 여건이 근대 일본이 침략 국가로 전개되는 데 크게 작용했다. 요컨대 신국사상과 제국주의가 친화적으로 작용하면서 침략적 성격을 가진 근대국가 일본이 가능했던 것이다.

1868~1945년까지 일본인과 일본 국가의 정체성에 막강한 영향력을 미쳤던 신국사상이 침략성을 갖고 있었다면, 그 이전과 이후에 존재하는 신국사상 또한 침략성을 갖고 있는가? 1945년 이후에 일본 사회에 잔존하는 신국사상의 모습에서 전쟁 전에 발현되었던 것과 같은 침략성을 찾기는 어렵다. 아베 정권의 우경화 경향에서 전쟁 전의 침략성으로 회귀하는 것이 아닌가 하는 우려를 가질 수 있을지는 모르지만, 아베 정권의 우경화에서 주변국을 침략하려는 의도를 갖고 있다고 단정하기는 어렵다.

한편 신국사상은 고대 이래로 다양한 양상을 띠고 존재했었다. 내용면에서는 불교와 습합하기도 했고, 유교와 습합하기도 했다. 내세에 본

원적 가치를 두기도 했고, 현세의 세속적 가치를 추구하기도 했다. 일본의 열등성을 전제로 하기도 했고, 일본의 우월성을 강조하기도 했다. 주변국으로부터 일본을 방어하기 위한 논리이기도 했고, 주변국을 공격하는 것을 정당화하기 위한 논리로도 사용되었다. 보통 일본이 드러낸 침략성의 근원을 신국사상에서 찾고 있지만 다양한 내용과 속성을 포함하고 있어서 곧바로 침략성을 갖고 있다고 볼 수는 없으며, 원래부터 침략적이라고 단정할 수도 없다. 따라서 고대로부터 오늘날에 이르기까지 다양한 모습으로 존재한 신국사상과 침략성의 관계를 밝히는 작업은 간단하지 않다.

신국사상은 두 가지 측면을 갖고 있다. 하나는 신국 내에 존재하는 신국 사람의 구원에 관한 것이고, 다른 하나는 신국과 주변국의 관계다. 전자가 신국사상의 종교적 성격과 관련된다면, 후자는 신국사상의 국제정치적 측면이 부각된다. 침략성을 주제로 하는 이 글에서는 후자에 한정하여 다루기로 한다. 즉 신국사상이 갖고 있는 국가 간의 관계에 관한 측면만을 다루기로 한다.

이 글에서는 확정할 수 있는 것에서부터 시작한다. 첫째, 18세기에 등장한 모토오리 노리나가[本居宣長]의 신국사상, 즉 황국(皇國)사상은 침략성을 갖고 있다. 둘째, 노리나가의 황국사상을 포함하고 있는 국학(國學)은 메이지유신 이후 일본 근대국가가 침략적으로 전개되는 데 중요한 요인이 되었다. 이 두 가지 확정 사실을 전제로 이 글을 구성하고자 한다.

우선 2절에서는 고대 이래 신국사상의 흐름을 정리하면서 타국과의 관계 측면에서 보았을 때 신국사상이 갖고 있는 여러 요소들을 확인한다. 3절에서는 노리나가가 주창한 황국사상이 침략적 성격을 갖고 있음을 서술한다. 특히 노리나가의 침략성이 '무작위적(無作爲的)'이라는 점을 지적할 것이다. 4절에서는 도쿠가와 막부 말기의 요시다 쇼인[吉田松陰]의 정한론을 중심으로 서구 제국주의와의 만남이 시작되는 시점에서 신국사상의 침략성을 포착한다. 노리나가의 황국사상을 계승하면서도 시대적 여건을 반영하여 쇼인의 신국사상이 작위적 성격으로 전환하였음을 밝힐 것이다.[1]

2. 신국사상의 흐름: 다양한 요소들

1) 『일본서기』: 신국사상의 시원과 허구성

신국이라는 용어가 최초로 등장하는 것은 고대 율령국가가 확립된

1 신국사상에 관한 선행 연구는 방대하다. 그중에서도 『신국일본』(사토 히로오[佐藤弘夫] 저 · 성해준 역, 2014, 논형)은 필독서이다. 이 글을 쓰면서 많은 시사를 받았다. 이 글에서는 한국에 일반적으로 알려진 바와는 다르게 신국사상이 침략적인 것만은 아니며 다양한 요소를 갖고 있었다는 점에 주목하면서, 신국사상의 '침략성'이라는 좁혀진 관점에서 1차 자료와 선행 연구들을 사용하면서 논지를 전개할 것이다. 아울러 이 글은 신국사상과 관련된 본인의 선행 연구인 「山崎闇齋의 理念神國論」(박홍규, 2003, 『정치사상연구』8)과 "Choson-Centrism and Japan-Centrism in the Eighteenth Century: Han Won-chin vs. Motoori Norinaga"(Hong-kyu Park & Nam-lin Hur, 2016, *ASIAN PHILOSOPHY* Vol. 26, No. 1)에 기반했음을 밝힌다. 노리나가의 황국사상이 쇼인의 신국사상으로 계승되면서 나타난 특징을 '작위성 유무'로 설명하는 것이 이 글이 갖고 있는 가장 큰 학술적 기여라 할 수 있겠다.

직후인 720년에 편찬된 정식 역사서 『일본서기』의 진구황후[神功皇后] 기록에서이다. 서기 200년에 진구황후는 신들의 지시에 따라 군단을 이끌고 신라로 출병했고, 천신지기(天神地祇)의 수호를 받으며 항해를 계속하여 신라 땅에 도착했다. 거대한 선단을 이끈 진구황후에게 침공당한 신라왕은 다음과 같이 말하고는 백기를 들고 항복했다.

> 내가 듣자니, 동쪽에 신국이 있어 일본이라 하고, 또한 성왕(聖王)이 있어 천황이라고 한다. 반드시 그 나라의 신병(神兵)일 것이다. 어찌 병사를 일으켜 저항하겠는가.[2]

이에 진구황후는 자신의 창을 신라왕문(新羅王門)에 세우고 후세를 위해 정벌의 표시로 삼았다. 이어지는 기록에서는 그 소식을 들은 백제와 고구려도 항복하여 삼한이 모두 일본에 조공을 바치기로 맹세했다는 것이다. 잘 알려진 삼한정복설이다.

이 기록은 역사적 사실이라기보다는 『일본서기』가 제작될 당시의 국제정세를 배경으로 하여 만들어진 허구성이 농후한 창작물로 보아야 할 것이다. 한반도에서는 고구려, 백제, 신라 등 삼국이 패권을 겨루고 있었다. 당나라와 연합한 신라가 660년에 백제의 수도를 함락하자, 백제왕의 요청을 받은 덴치천황[天智天皇]이 원군을 보냈지만 663년 백촌강 전투에서 당나라 군사에게 패하여 백제 부흥이 좌절되고 말았다. 이후 668년 고구려를 멸망시키고 통일을 달성한 신라에 일본이 어떻게 대응

2 坂本太郎 외 주(1994), 『日本書紀』 제2권, 岩波文庫, 148쪽.

할 것인가가 672년에 즉위한 덴무천황[天武天皇]의 과제였다. 진구황후의 신라 정복 기록은 이러한 국제정세 속에서 일본의 안위를 의식하며 창작된 것으로 보아야 할 것이다.[3]

『일본서기』의 사실성 여부를 떠나 이 기록에 등장하는 신국 개념에는 신의 가호를 받은 신국 일본이 무력을 통해 주변국을 정복하여 지배한다는 침략성의 원초적 모습이 분명히 나타나 있다. 시대가 내려가면서 이 기록이 신화적 전설이 아닌 사실로 인식되면서 한반도 국가를 폄하하거나, 한반도 국가에 대한 침략을 정당화하려는 목적으로 사용하는 학자나 정치인이 나타나게 된다.

2) 몽골 침략기의 신국사상: 본지수적과 수세적 방어성

중세 가마쿠라 시대 신국사상의 특징은 외부로부터 수용된 불교가 신국사상과 결합하여 나타났다는 것이다. 신도와 불교가 혼합한 현상으로 신불습합(神佛習合)이라고 한다. 신을 부처의 수적(垂迹, 이 세상에 나타난 화신)으로 보고, 부처는 신의 본지(本地, 본래의 존재 혹은 본체)로 보는 본지수적(本地垂迹) 관념이다. 부처가 일본의 중생을 구제하기 위해 신의 모습을 하고 일본에 나타난 것으로 신과 부처는 원래 동일한 존재라는 것이다. 1224년 엔랴쿠지[延曆寺]의 승도가 조정에 제출한 문서에는 다음과 같은 기록이 있다.

3 사토 히로오(2014), 104~105쪽.

우리나라는 신국이다. 신도를 숭상하는 것은 나라의 업무이다. 삼가 여러 신의 근원이 되는 원류를 찾아보면 여러 부처의 수적이 아닌 것이 하나도 없다.[4]

-「延暦寺大衆解」

산노신도[山王神道]의 교리서인 『요텐키[耀天記]』에도 유사한 기록이 있다.

일본은 원래부터 신국으로서 나라 곳곳에는 진수(鎭守) 명신(明神)이 신성한 울타리를 치며 도리이[鳥居]를 나타내고 계십니다. … 신들의 본지는 모두 과거의 여래나 법신의 대사(大士)입니다.[5]

이상 두 인용문의 내용을 정리하면, 일본에 존재하는 여러 신들이 국토를 수호하고 있기에 일본은 신국이며, 따라서 일본인은 신도를 숭상해야 한다는 것이다. 그리고 그 신들이란 다름 아닌 일본인을 구원하기 위해 나타난 부처의 다른 모습이라는 것이다. 결국 중세의 신국이란 내용상으로는 불국(佛國)과 동일한 것이다. 이러한 본지수적설에 기반한 신국사상이 중세 일본 사회에 넓게 퍼져 있는 상황에서 일본은 몽골 침입(1274, 1281)을 당하여 대외적인 위기 상황에 직면하게 된다. 이러한 여건 속에서 신국사상이 급속하게 부상했다.

도간에안[東巖慧安]이라는 선승은 몽골 침입의 위기감이 극도에 달한

4 사토 히로오(2014), 116쪽.

5 사토 히로오(2014), 117쪽.

상황에서 몽골의 항복을 기원하는 기도를 실행하며 신국사상을 고취시켰다고 한다. 그는 일본 국토에 존재하는 모든 신들이 부처의 수적이라고 확언하면서 신국 일본은 이러한 신들의 가호를 받을 것이라고 주장했다.[6] 몽골의 두 차례 침입이 태풍으로 인해 실패하자, 신국사상에 설득된 일본인들은 신불의 위력이 몽골군을 격퇴했다고 믿게 된다. 신의 후손이 통치하는 신국 일본은 신의 수호를 받는 신성한 나라라는 의식을 갖게 된 것이다.

몽골의 침입으로 인해 고취된 신국사상은, 부당한 침략을 당하여 수세적 위치에 처한 일본의 입장에서 외부의 침략을 격퇴한 신의 위력을 드러내고자 했다. 이런 신국사상에서는 침략성을 찾기 어렵다. 오히려 당시 일본에서는, 일본이 불교에서 말하는 말법(末法)의 세상으로 보잘것없는 작은 섬나라에 불과하다는 인식이 폭넓게 퍼져 있었다. 그런 일본을 신의 수호로 시길 수 있었다는 방어용 논리가 당시의 신국사상에 담겨져 있었다. 거기에서는 일본의 우월성을 기반으로 하는 침략성을 찾아보기 어렵다.

한편 몽골 침략을 세기로 몽골을 덤욕스러운 오랑캐로 여기거나, 몽골군과 함께 침입한 고려를 일본의 하수인인 개[7]나 혹은 역병을 옮기는 역겨운 도깨비로 표현하는 문학 작품이 나타나는 데서 알 수 있듯이 주

6 사토 히로오(2014), 115~116쪽.

7 가마쿠라 말기인 14세기 초에 성립한 『하치만구도쿤[八幡愚童訓]』의 마지막 부분에는 신라왕이 "우리가 일본국의 개가 되어 일본을 수호하겠다"는 서약이 있고, 이에 진구황후가 대반석 위에 "신라국의 대왕은 일본의 개"라고 써넣었다고 말한다. 배관문(2013), 「'신국 일본'의 이미지 변천사」, 『동아시아 문화 연구』 53호, 43쪽.

변국을 멸시하고 일본의 우월성을 인식하는 계기로 신국사상이 작용하는 측면도 존재했다.[8]

3) 『신황정통기』: 황통의 계승과 상대적 우월성

몽골 침입을 극복하는 과정에서 국토의 신성성·진호국가·신의 가호 등과 같은 것을 근거로 신국 일본이 타국보다 우월하다는 인식이 증대되었다. 동시에 일본의 우월성을 황통의 지속에서 구하는 주장도 등장했다. 몽골의 침입 위기에 처한 조정이 작성한 공문서에는 다음과 같은 기술이 보인다.

> 아마테라스 오미카미가 천통(天統)을 빛낸 이래 일본의 지금 천황에 이르기까지 그 후손이 계승되고 있다.… 따라서 황토(皇土)를 영원히 신국이라 부른다. 지혜로써 경쟁할 수 없고, 힘으로써 다툴 수 없다.
>
> –『本朝文集』 67권[9]

신의 후손이 통치하는 신국이 타국에 비해 우월하다는 생각은 이후 기타바타케 지카후사[北畠親房]의 『신황정통기(神皇正統記)』(1339년 탈고)에 이르러 체계적인 저술로 나타났다. 그 첫 부분은 다음과 같다.

8 사토 히로오(2014), 9쪽.

9 기타바타케 지카후사[北畠親房] 저·남기학 역(2008), 『신황정통기』, 소명출판, 12쪽, 역주.

> 오야마토[大日本]는 신국이다. 아마쓰미오야[天祖]가 처음 나라의 근본을 세우고 태양의 신(日神, 아마테라스 오미카미)이 오랫동안 자신의 계통을 후세에 전하고 있다. 이것은 우리나라(일본)에만 있는 일이다. 다른 나라(異朝)에는 이와 같은 예가 없다. 그러므로 우리나라를 신국이라 한다.[10]

이 책에서 주목할 점은 황통이 면면히 계승되는 측면에 방점을 찍고, 적어도 그 점에 있어서는 신국 일본이 인도나 중국보다도 우월하다고 주장한다. 저자는 다음과 같이 기술하고 있다.

> 우리나라의 시초가 아마쓰가미[天神]의 혈통을 이어받아 세계를 건립했던 모습은 천축(인도)의 설과 다소 유사한 면도 있는 것 같다. 그러나 우리나라는 아마쓰미오야[天祖] 이래 황위 계승에 어지러움이 없이 단지 하나의 혈통이 황위에 있으며, 이와 같은 예는 천축에도 없다.… 중국은 특히 난역(亂逆)으로 인해 질서가 없는 나라이다. 옛날 세상이 정직하고 도가 올바르던 시대에도 현자를 옹립하여 왕위에 오르게 했기 때문에 황통의 혈통을 하나로 정하는 일은 없었다. 난세가 되어 힘을 가지고 나라를 다투니 민간 출신으로 왕위에 오르는 자도 있었다. 또한 융이(戎夷)로부터 일어나 나라를 빼앗는 자도 있고, 혹은 대대의 신하로서 자신의 왕을 능가하여 마침내 왕위를 물려받는 자도 있었다. 복희씨 이후 중국에서는 천자의 씨성이 서른여섯 번 바뀌었으니

10 기타바타케 지카후사(2008), 12쪽.

황위 계승의 어지러움이 극심했음은 말할 나위도 없다.[11]

그러나 그렇다고 해서 기타바타케가 불교가 발생한 인도, 유교의 종주국인 중국보다 일본이 절대적으로 우월하다고 주장하는 것은 아니다. 신도가 불교나 유교보다 우월하다고 주장하는 것도 아니다. 어디까지나 황통의 지속이라는 측면에서 신국 일본의 특수성을 주장하고 있다. 그런 특성을 갖고 있는 일본의 상대적 우월성을 주장하는 것이다. 기타바타케는 『신황정통기』라는 책명을 붙인 이유를 다음과 같이 설명하고 있다.

> 무릇 신도는 (경외스럽고 신비한 것으로) 이것에 대하여 쉽사리 기술해서는 안 된다고 하지만, (일본의 국가 근원이 담긴 신도의) 근원을 알지 못하면 그로 인해 세상이 혼란해질 것이다. 그 악폐를 구제하기 위하여 신도에 관해서 조금 기술하려고 한다. 신대(神代) 이래 정리(正理)에 의해 황통이 계승되는 이치를 서술하려고 하며, 늘상 주변에서 듣는 것은 여기에 기록하지 않겠다. 따라서 이 글을 신황의 정통기라고 이름 짓고자 한다.[12]

『신황정통기』에 나타난 저자의 세계관은 중세의 일본 지식인이 갖고 있던 삼국관의 전형적인 예이다. 삼국관은 인도, 중국, 일본을 세계의 주

11 기타바타케 지카후사(2008), 27~28쪽.

12 기타바타케 지카후사(2008), 29쪽.

요국으로 인식하는 세계관으로, 각국은 불교, 유교, 신도와 매치되어, 삼국 모두는 삼국 이외의 타국에 비해 우월하다고 인식한다. 당연히 여기서 한반도는 우월 국가군에서 제외되어 있다. 삼국은 각자 자신의 특수한 우월성을 갖고 있을 뿐, 어느 나라도 절대적 우월성을 갖고 있다고 보지는 않는다. 기타바타케는 적어도 일본은 자신만의 특수성에 기반한 우월성을 갖고 있어서 인도나 중국보다 열등하지 않다는 것을 보여주고자 했다. 그러나 시대가 더 내려가면 삼국 사이의 우월 관계가 역전된다.

4) 요시다신도: 반본지수적과 절대적 우월성

신도가 불교와 습합한 양상을 본지수적설로 설명한다는 것은 앞에서 언급했다. 본지수적설은 부처가 주(主)이고 신이 종(從)이라고 생각하는 데서 알 수 있듯이, 신국 일본보다는 불교의 나라 인도가 더 우월하다는 관념을 내포하고 있다. 그러나 기타바타케처럼 일본이 인도보다 열등하지 않다는 신국 일본의 상대적 우월성을 주장하는 신국사상이 등장한 이후에 한 걸음 더 나아가 역으로 신국 일본이 인도나 중국보다 우월하다는 신국사상이 나타난다. 이러한 신국사상의 기반이 된 사유가 반본지수적설이다.

반본지수적설에서는 본지수적설의 부처와 신의 관계를 역전시켜 신이 주(主)이고 부처가 종(從)이라고 설정한다. 이러한 설의 대표적인 사례는 요시다 가네토모[吉田兼俱, 1435~1511]가 집대성한 요시다신도[吉田神道]

의 교설에 나타난다.[13] 그는 "(일본)국은 신국이다. 도(道)는 신도이다. 국가의 주인은 신황(神皇)이다"(『唯一神道名法要集』[14])라고 신국사상의 핵심을 명제화했다. 그리고 쇼토쿠 태자[聖德太子]의 말을 빌려 다음과 같이 반본지수적설을 주장했다.

> 우리 일본은 종자를 낳고, 진단(震旦, 중국)은 가지와 잎으로 드러나며, 천축(인도)은 꽃을 피우고 열매를 맺는다. 그러므로 불교는 만법의 화실(花實)이고, 유교는 만법의 지엽(枝葉)이며, 신도는 만법의 근본이다. 저 두 가르침은 모두 신도의 분화(分化)이다. 지엽과 화실을 통해 그 근원을 드러낸다. 꽃이 떨어져 근본으로 돌아가기에 지금 불법이 동쪽으로 전해진다. 우리나라가 삼국 중 근본이 됨을 밝혀 주기 위해서이다. 그로부터 불법이 우리나라에 유포되었다.[15]

불교가 인도로부터 일본으로 전파됐다는 사실을 인정하기는 하지만, 불교란 원래 근본이 되는 일본의 신도로부터 파생한 것에 불과하다는 논리이다. 즉 근본이 되는 일본의 신이 인도에서 중생을 구제하기 위해 부처의 모습으로 나타났다는 것이다.

이러한 요시다 가네토모의 설은 요시카와신도[吉川神道]로 계승된다. 요시카와신도 창시자인 요시카와 고레타리[吉川惟足, 1616~1694]는 "신명(神

13 이하 박홍규(2003), 32쪽.

14 大隅和雄 주(1977), 『日本思想大系』 제19권 『中世神道論』, 岩波書店, 246쪽.

15 大隅和雄 주(1977), 234쪽.

明)이 가장 처음으로 출현하는 나라라는 뜻으로 신국이라고 한다" 또는 "일본국이 만국의 근본이 되는 나라다"(「神道大意講談」[16])라고 하며, 신국 일본의 절대적 우월성을 주장했다.

이러한 반본지수적설에 입각한 신국의 절대적 우월성 주장은 논리 자체가 황당하고, 실제 인도와 직접적인 교류가 없는 상황에서 빚어진 자기만족을 위한 논리일지 모른다. 그러나 이러한 주장을 통해 적어도 중세 말기에 이르러 신국 일본에 대한 자부심이 상당히 고양되었음을 확인할 수 있다.

5) 도쇼다이이곤겐: 일본형 화이체제와 자기만족적 배타성

중세를 거쳐 오면서 비록 황당한 논리이기는 하지만 신국 일본의 우월성에 대한 인식이 확대되고 그에 수반하여 신국에 대한 자부심이 증대되어 갔다. 그러나 그러한 신국사상에는 침략성이 포함되어 있지는 않았다. 그러다가 전국시대를 종결시키고 일본 내에서 절대적인 무력을 확보한 도요토미 히데요시가 임진왜란을 일으키며, 진구황후의 삼한 정벌 신화를 생환시켜 조선침략의 정당화 논리로 사용했다. 『일본서기』에 원초적 모습으로 등장했던 침략적 신국사상이 임진왜란이라는 침략 전쟁을 정당화하기 위해 소환된 것이다. 여기서 중요한 점은 허구적 신화였던 『일본서기』의 기록이 '사실'처럼 활용되고 있는 것이다. 히데요시와

16 有馬祐政 외 편(1919), 『勤皇文庫』 제1권, 大日本明道會, 105쪽 · 108쪽.

주변 인물들, 그리고 전쟁을 수행한 일본 병사들은 진구황후의 실존과 그녀의 위대한 업적인 삼한 정벌을 사실처럼 받아들이고 있었고, 위대한 선조의 영광을 재현하기 위해 조선 침략을 실행했다.[17] 물론 몽골 침입 때도 진구황후의 신화가 사용되기는 했지만 그때는 어디까지나 방어 논리였다. 그러나 임진왜란을 계기로 『일본서기』에 등장한 신국사상의 원초적 침략성은 타국을 침략하기 위한 논리로 현재화되었다.

한편 히데요시는 일본을 신국으로 인식하고 있었다. 그것은 조선 침략을 정당화하기 위해 사용한 진구황후의 예에서도 확인할 수 있지만, 그가 발포한 "일본은 신국이다. 기독교국으로부터 사법(邪法)을 전해 받는 것은 결코 있어서는 안 될 일이다"[18]라는 기독교인 추방령에서도 확인할 수 있다.

신국 일본을 통치하는 신이라고 생각했던 히데요시가 죽자 그는 호코쿠다이묘진[豊國大明神]이라는 신호(神號)를 받고 호코쿠신사에 모셔졌다. 생전의 히데요시는 그의 후손이 대대로 일본을 통치할 것이고, 자신은 신으로서 자신의 후손과 신국 일본을 수호하리라고 생각했을 것이다. 그러나 히데요시 가문은 오래가지 못했다.

히데요시의 뒤를 이어 천하를 제패한 자는 도쿠가와 이에야스[德川家康]였다. 그는 히데요시가 일으켜 명나라가 연루된 국제전쟁을 수습해야 했다. 히데요시의 조선 침략을 계기로 명나라와 일본이 한반도에서 전쟁을 치르게 되면서 일본은 명나라를 중심으로 하는 동아시아의 국제

17 이기용(2007), 「일본 침략 사상의 원형인 '神功皇后説話'」, 『일본사상』13호, 82~85쪽.

18 天正十五年六月十九日切支丹禁制. 高瀬弘一郎(1993), 『キリシタンの世紀—ザビエル渡日から'鎖國'まで』, 岩波書店, 154쪽.

질서, 즉 화이질서에서 이탈했기 때문이다.

히데요시의 뒤를 이어 정권을 장악한 이에야스는 히데요시 때 결렬된 명·일 강화를 부활시켜, 일본의 무가(武家) 정권의 수장=일본 국왕의 지위로 명·일 무역을 희망했다.[19] 그것은 명나라의 책봉을 통해 대내적으로 정권의 안정을 확보하려는 의도였다. 그러나 이에야스의 노력은 명나라의 거부로 좌절되어, 도쿠가와 막부는 중국 중심의 화이질서 밖에서 독자적인 길을 모색하지 않을 수 없었고, 결국 일본형 화이체제를 구축하게 된다.[20]

1615년에 대명외교가 좌절하자, 도쿠가와 정권은 조선·류큐[琉球]의 사절을 쇼군의 거소(居所)에 불러들여 알현식을 거창하게 연출함으로써 정권의 정당성을 과시하는 수단으로 삼았다. 1630년대에 이르러 조선 통신사, 류큐 국왕의 사은사, 네덜란드 상관장의 에도산푸[江戶參府] 등이 정례화되었으며, 이는 직할령인 나가사키[長崎]를 중심으로 조선에 대한 쓰시마번[對馬藩], 류큐에 대한 사쓰마번[薩摩藩], 아이누(홋카이도 원주민)에 대한 마쓰마에번[松前藩] 등 네 개의 창구를 통해 외교 사무를 취급하는 체제가 정비되어 가는 과정과 표리관계를 이루었다.[21] 이렇게 일본을 중심으로 형성된 외교체제를 '대군외교체제(大君外交體制)'라고 하는데, 그것

19 1596년 명나라의 책봉사가 일본에 와서 히데요시를 일본국왕으로 책봉하고 금인(金印)을 하사했으나, 히데요시의 요구였던 조선 왕자가 일본에 오는 것이 실현되지 않자 명·일 강화는 결렬되었다. 紙屋敦之(1997), 『大君外交と東アジア』, 吉川弘文館, 15쪽.

20 이하 박홍규(2002), 「17세기 德川 日本에 있어서의 華夷 문제: 중국·조선과의 비교 관점에서」, 『한국정치학회보』제35집 제4호, 285쪽.

21 岸本美緒(1998), 「東アジア·東南アジア傳統社會の形成」, 『岩波講座世界歷史13』, 岩波書店, 52쪽.

은 당시 도쿠가와 막부가 외교 문서에서 기존의 '일본국왕' 대신에 '일본국대군'이라는 칭호를 사용했기 때문이다.[22]

'대군'은 무가(武家)정치체제에 있어서 주종관계의 정점을 가리키는 무가 고유의 논리로서, 막부는 '대군'이라는 칭호를 사용하여, 대내적으로는 천황으로부터 무관성(無關性)을, 대외적으로는 중국으로부터 독립성을 나타내고자 했다. 막부는 중국의 천자와 일본국왕이라는 화이론에 입각한 칭호를 사용하지 않고, 무가 고유의 논리를 구축하여, 더 나아가 일본을 중심으로 하는 국제체제를 창출했던 것이다. 이 체제는 당시 명나라 중심의 동아시아 국제체제였던 화이체제를 역전시켜 일본을 중심으로 설정하는 국제체제였다. 일본을 중화로 보고 주변국을 이적으로 간주하는 체제라고 하여 일본형 화이체제라고도 한다. 그러나 이 체제는 임진왜란 이후 명나라와 외교관계를 수립하려는 의도가 사실상 불가능해지자 어쩔 수 없는 선택으로 형성된 것이었다. 따라서 명나라를 배제한 상태에서 자기존재를 설정한 자기만족적 체제에 불과했다.

이에야스 또한 히데요시와 마찬가지로 사후 교토의 조정으로부터 도쇼다이곤겐[東照大權現]이라는 신호를 받았다. 도쇼다이곤겐은 약사여래를 본지로 하는 일본의 신을 의미한다. 3대 쇼군 이에미쓰[家光]에 이르러 도쇼구[東照宮]를 조성하여 도쇼다이곤겐을 모셨다. 이에야스는 교토의 천황과는 별도로 그 후손과 신국 일본을 수호하게 된다. 신국 일본을 중심으로 하는 일본형 화이체제는 자국의 아이덴티티를 상대국과의

22 荒野泰典(1998), 『近世日本と東アジア』, 東京大學出版會; 紙屋敦之(1997), 『大君外交と東アジア』, 吉川弘文館.

대항관계에서 찾는다는 의미에서 배타적 신국사상이다. 하지만 그것은 배타적이기는 해도 침략적이라고는 할 수 없다.

3. 침략적 신국사상의 완성태: 모토오리 노리나가의 황국사상[23]

1) 찬란한 황국: 초절대적 우월성

일본이 시도한 임진왜란이라는 동아시아의 국제 전쟁이 있고 나서 얼마 지나지 않아 이번에는 새로운 강자로 등장한 만주족이 명나라를 타도하고 청나라를 세워 자신을 중심으로 하는 국제질서를 형성했다. 임진왜란과 명·청 교체라는 전란의 시대가 지나가고 동아시아에는 평화의 시대가 찾아왔다.

도쿠가와 막부도 일본형 화이체제 구축을 통해 동아시아 평화의 일원으로 존재하면서 일본 국내의 평화를 유지해 갔다. 18세기 일본인들은 동아시아와 일본에 도래한 평화 분위기를 향유했다. 그러면서 점차 유학에서 말하는 성인(聖人)의 도(道)에 따라 제도를 만들지 않았음에도 지금의 일본에는 중국 고대의 이상시대보다 훌륭한 태평시대가 지속되

23 이 절은 Hong-kyu Park & Nam-lin Hur(2016)에서 발췌하여 이 논문의 논지에 부합하게 수정한 것임.

고 있다는 일본 우월의식이 퍼져 나갔다. 더 나아가 유학과 중국 자체를 비하하고 일본국과 일본인을 찬미하기까지 이르렀다. 즉 국학(國學)적 입장의 대두이다.[24] 노리나가는 이러한 입장을 집대성하여 신국 일본[노리나가는 황국(皇國)이라고 함]의 참된 도인 고신도(古神道)를 창출했다.[25]

> 참된 도는 하늘과 땅 사이 전 세계에 통용되는 것으로 모든 나라에 하나뿐이다. 그런데 참된 도는 오직 우리나라에만 올바르게 전해지고, 다른 나라에서는 상고(上古)부터 전래가 끊어졌다. 그래서 다른 나라에서는 별도로 다른 여러 가지 도를 말하면서 정도(正道)인 듯이 설명하지만 모두 정도에서 벗어난 샛길로 참된 도가 아니다.[26]

노리나가는 우주 전체 모든 나라에 적용되는 보편적인 진정한 도가 있고, 그것은 오직 일본 고대에만 올바르게 전해졌다고 주장했다. 그 도란 다름 아닌 신도이다. 노리나가가 신도만이 진정한 도라고 주장하는 18세기 당시, 불교는 더 이상 경쟁 상대가 되지 못했다. 그는 철저히 유교 비판과 유가신도(유교와 신도의 습합신도)와 단절하며 고신도를 창출했다.

신도의 유일 독존성을 주장하는 노리나가의 주장은 중세 말기에 이

24 박홍규(2011), 「모토오리 노리나가[本居宣長] '일본주의' 탄생의 조건과 과정」, 『아세아연구』 제54집 제2호, 240쪽.

25 노리나가의 황국 개념에 관해서는 배관문(2018), 『황국의 발견』, 서울대학교출판문화원, 203~211쪽 참조.

26 모토오리 노리나가(2011), 「다마쿠시게」, 『일본 '국체' 내셔널리즘의 원형』, 동북아역사재단, 85~86쪽.

르러 반본지수적설에 입각한 일본 신도와 일본 신국의 절대적 우월성을 주장하던 논리를 한층 더 넘어섰다. 반본지수적설에서는 불교와 유교는 비록 신도의 파생이기는 하지만 그 자체로는 존재 의의를 갖고 있다고 보았다. 그러나 18세기의 노리나가는 더 이상 불교나 유교의 존재 의의를 인정하지 않았다. 이러한 노리나가의 신도와 신국 우월성의 논리를 '초'절대적 우월성이라고 할 수 있다.

노리나가는 중화사회의 본질이 무질서이고, 중화문화는 그것을 은폐하기 위한 장치에 불과하다고 주장했다. 노리나가에 의하면, 유교에서 말하는 도(道)의 요체는 타국을 빼앗기 위한 것과 남에게 자기 나라를 빼앗기지 않으려고 하는 것 두 가지에 불과하며, 또한 찬탈로 왕조 교체가 반복되는 것을 변호하는 이데올로기에 지나지 않는다.[27]

이에 비해 고대 일본은 아마테라스의 명령에 따라 그의 자손이 천황이 되어 평화롭게 다스려지는 나라였다.[28] 아랫사람들은 신심으로 한결같이 천황을 받들어 모셨다. 그들은 시비선악을 따지지도 않고 지혜를 구사하지도 않았으며, 오로지 공손히 윗사람에게 순종했을 뿐이다. 원래 정치는 백성을 위한 것이 아니라 천황을 받들어 모시는 것으로 고대 일본에서는 가장 이상적인 정치가 실행되었다.[29]

그러나 이런 이상시대는 중국풍이 들어오면서 오염되어 일본에 혼란한 시대가 초래되기는 했지만 지금은 아마테라스의 조치와 조정의 위임

27 모토오리 노리나가(2011), 「나오비노미타마」, 56쪽.
28 모토오리 노리나가(2011), 「나오비노미타마」, 53쪽.
29 모토오리 노리나가(2011), 「다마쿠시게」, 114쪽.

에 따라 도쿠가와 이에야스를 시작으로 대대로 다이쇼군 가문이 천하의 정치를 널리 행하는 시대가 되었다.[30]

노리나가는 자신이 생존하고 있는 도쿠가와 시대를 다음과 같이 칭송한다.

> 오늘날과 같이 천하가 잘 다스려져 고대에도 보기 드물 정도로 찬란한 시대가 되어 번영하고 있는 것은 전적으로 도쿠가와 이에야스님의 공로와 뛰어나고 훌륭한 덕 때문이다.[31]

노리나가에게 일본은 고대, 중세, 근세, 당대를 통틀어 신도가 실현되고 있는 찬란한 황국이었다.

2) 만국의 원본대종: 지배성

하늘과 땅, 신, 만물을 포함하는 세상 전체가 무스비 신의 영(靈)으로 태어났다. 긴 세월에 걸쳐 대대로 인류가 태어나고 만사만물이 태어난 것도 모두 이 영에 의하지 않은 것이 없다. 일본의 신대 첫 무렵에 이자나기와 이자나미 두 신이 국토, 만물, 신들을 생성했다. 여신 이자나미가 죽자 남신 이자나기는 여신을 그리워한 나머지 황천까지 갔다가 현

30 모토오리 노리나가(2011), 「다마쿠시게」, 109쪽.

31 모토오리 노리나가(2011), 「다마쿠시게」, 106~107쪽.

세로 돌아와서 황천의 부정을 씻어내자 아마테라스(태양)가 탄생했다. 아마테라스는 부친인 이자나기의 위임을 받아 영원히 다카마가하라[高天原, 천상을 의미]를 통치하게 된다. 이후 아마테라스로부터 아시하라노나카쓰쿠니[中國, 일본을 의미]의 통치를 위임받은 자손이 천상에서 이 땅으로 강림하게 되고, 그때 아마테라스는 자손들이 영원히 일본을 통치하라고 칙명을 내렸다.[32]

이상은 『고사기』, 『일본서기』의 신대(神代)에 있는 코스모거니(우주창생설)와 통치에 관한 기록이다. 노리나가는 이러한 코스모거니와 통치설이 진정한 사실이라고 스스로 믿고 있었다. 그리고 실재하는 아마테라스의 위대함을 다음과 같이 진술한다.

> 아마테라스는 하늘을 통치하는 신이시기에 우주에서 비견할 만한 것이 없으며 천지 구석구석까지 영원히 비추신다. 사해만국, 세상 모든 나라에서 아마테라스의 덕과 광영을 받지 않는 나라가 없고, 그 어느 나라도 아마테라스의 은택을 입지 못하면 하루는커녕 잠시도 유지할 수 없다. 이 세상에서 각별하게 고귀하고 고마운 신은 아마테라스이시다.[33]

그리고 아마테라스의 후예가 통치하는 일본의 위대성을 다음과 같이 단정했다.

32 모토오리 노리나가(2011), 「다마쿠시게」, 86~87쪽.
33 모토오리 노리나가(2011), 「다마쿠시게」, 91~92쪽.

> 우리나라는 사해만국을 비추고 있는 아마테라스가 태어나신 본국이기 때문에 만국의 원본대종으로서 많은 점에서 외국보다 뛰어나다.[34]

만국의 원본대종인 황국을 만국이 존숭하여 신복하고, 온 세상이 모두 참된 도에 따르는 것이 도리라고 주장한다.[35] 나아가 우주와 세상이 생길 때부터 일본은 그 중심에 있었으며, 만국은 영원히 일본에 복종하도록 정해져 있다고 다음과 같이 말한다.

> 하늘에 떠 있는 구름이 저 멀리 이어져 있는 대지의 끝까지도, 두꺼비가 사방을 돌아다니는 (대지의) 구석구석까지도, 아마테라스의 자손이 통치하시는 나라로 정하여, 천하에 난폭하게 설치는 신도 없고, 복종하지 않는 사람도 없으며 ….[36]

에도 시대에도 불교의 시원지인 인도, 유교의 종주국인 중국, 신도의 나라 일본을 대등하게 보는 삼국설이 여전히 일반적으로 통용되고 있었다. 그러나 노리나가는 삼국설을 부정하고 일본 단독 중심설을 제기하면서 일본의 초절대적 우월성을 주장했다.

34 모토오리 노리나가(2011), 「다마쿠시게」, 93쪽.
35 모토오리 노리나가(2011), 「다마쿠시게」, 94쪽.
36 모토오리 노리나가(2011), 「나오비노미타마」, 50쪽.

3) 무작위적 침략성

신국 일본이 세계를 지배했어야 했으나, 고대 이래 일본의 외교사는 일본 중심으로 전개되지 않았다. 일본 지배가 관철되기는커녕 오히려 중국에게 굴욕적인 모습을 보이면서 전개되었다. 노리나가는 『어융개언(馭戎慨言)』이라는 저술을 통해 중국 및 조선이라는 서쪽 오랑캐[西戎]를 일본이 지배해야 하는데 그렇지 못한 역사적 과정을 개탄한다.[37]

임나(任那)가 처음으로 일본에 조공을 바친 이후 신라, 고구려, 백제가 모두 일본에 조공을 바치는 속국이었다.[38] 황통이 지속하는 일본과는 달리 일정한 주인도 없고, 일정한 국명도 없이 찬탈로 점철된 추악한 중국 오랑캐도 삼한의 오랑캐와 마찬가지로 일본에 조공을 바쳐 신하로서 복종해야 할 도리가 있음에도 불구하고, 대대로 교만한 왕들이 실천하지 않았다.[39] 오랑캐 쪽의 무례함과 일본의 미숙함이 함께 작용하여 개탄스러운 외교가 전개되어 오다가 결국 아시카가 시대에 최악의 상황에 이르게 되었다. 이후 도요토미 히데요시는 조선을 정벌하고 명나라까지 복종시키려 했는데, 이는 히데요시의 죽음으로 안타깝게 달성되지는 못했다.[40]

37 『어융개언(馭戎慨言)』은 고대부터 도요토미 히데요시가 일으킨 임진왜란까지 외교사를 서술한 책이다. "우리나라를 중국(中國)으로 정한 이상, 저 나라는 서융(西戎)이다"라는 말에서 알 수 있듯이 일본을 중심에 두고 타국을 비하하는 관점으로 기술되었다. 모토오리 노리나가(2009), 『馭戎慨言』, 多摩通信社, 127쪽.

38 『馭戎慨言』, 2~3쪽.

39 『馭戎慨言』, 8~9쪽.

40 『馭戎慨言』, 265쪽.

이렇듯 개탄스러운 일본 외교의 역사를 장황하게 늘어놓은 노리나가는 위대한 공적을 남긴 히데요시에 이어서 이에야스가 통치하게 되자 도리를 회복하게 되었다고 기술한다. 이에야스가 명나라와 외교를 단절하는 한편 더욱 천황을 존숭하여 일본 고대로 돌아가 영광되고 찬란한 시대를 이루자[41] 멀리 사방의 나라들이 조공을 바치고, 비록 중국과는 외교가 없지만 중국의 무역선이 일본을 찾아오게 되었다.[42]

노리나가는 『어융개언』을 다음과 같은 말로 끝맺고 있다.

> 도쿠가와 대장군의 위세가 천지에 드날리게 되면, 중국도 마침내는 도리대로 신하로 칭하며 조공을 바칠 것이 틀림없다. 아아, 이 얼마나 멋지고 위대한 일인가.[43]

이 세상의 참된 신도의 도리에는 일본이 세계를 지배하도록 정해져 있고, 그 도리대로 중국도 마침내 조공을 바치게 될 것이라는 것이 노리나가 주장의 핵심이다.

여기서 주목할 점은 노리나가는 이 세상의 일이 모두 신의 소행이기에 인간의 사사로운 지혜로는 알 수 없고, 오직 신의 결정대로 이루어질 것이라고 확신하고 있다는 점이다. 따라서 노리나가는 특별히 인간이 작위적으로 할 일은 없다고 보았고, 필요한 정책을 제시하지도 않았다. 그는

41 『馭戎慨言』, 265쪽.
42 『馭戎慨言』, 266쪽.
43 『馭戎慨言』, 266쪽.

당시 도쿠가와 쇼군의 통치에 특별히 더 할 것이 없고, 단지 아마테라스의 뜻을 구현하고 있는 천황을 잘 받들어 모실 것을 권할 뿐이었다.

> 이처럼 세상의 모습이 변해 가는 일도 모두 신(神)의 소행 때문이라, 사람의 힘이 미치지 못한다. 그러니까 그중 바람직하지 않은 것이 있다고 해서 갑자기 개정하려 해도 잘 되지 않는 것이 많다. 고대의 도에 따른다며, 위로는 정치에서, 아래로는 일반 서민의 행동까지 무리하게 상고시대와 같이 고치려고 하는 일은 신의 조처에 거역하는 것이니, 오히려 도의 취지에 부합하지 못한다. 그러니까 지금의 국정은 현재 사정에 따라 상부 명령을 거역하지 않고, 종래의 형태를 깨뜨리지도 않으며, 선례에 따라서 행하는 것이 참된 도의 취지이다. 이것이 곧 상고의 신의 마음에 따라 통치하신 취지에 합치하는 것이다.[44]

노리나가의 사상에는 당시 상황에서 구체적으로 무엇을 해야 하는가에 대한 정책적 제안이 없다. 그 이유는 앞에서 말했듯이 이미 일본에는 신국이 실현되고 있기 때문이다. 따라서 노리나가는 인간이 기본적으로 현실에 순응하며 살아가야 신의 도에 부합한다고 주장했던 것이다.

18세기 노리나가의 신국사상은 주변부 지식인의 자기만족 논리라고 평가할 수 있다. 그는 진지하게 사유했겠지만, 당대에 실재하는 세계의 중심을 상대로 관념적·비현실적·자의적인 지적 유희를 즐겼다고 평가할 수밖에 없다. 이러한 노리나가 사상의 자기만족성은 현실에서의 일

44 모토오리 노리나가(2011), 다마쿠시게」, 115쪽.

본형 화이체제와 부합하는 측면이 있다. 따라서 그의 신국사상은 폭력성을 동반한 침략적 사상이지만 현실에서 폭력적 침략을 작위적으로 할 것을 조장하지 않는다. 그러나 배타적 폭력성을 내재한 황국사상은 애초에 폭력 사용에 대한 제한 장치가 없다. 그것은 곧바로 힘의 논리로 전환될 수 있는 것이다. 노리나가 사후 요시다 쇼인의 신국사상은 노리나가의 무작위성을 벗어나 작위성을 갖추게 된다.

4. 요시다 쇼인의 작위적 신국사상

노리나가는 황국 일본을 위해 정부나 인민이 특별히 해야 할 일을 제시하지 않았다. 신국은 신의 뜻에 따라 고대부터 당시까지 전개되어 왔고, 앞으로도 신의 뜻에 따라 진행될 것이라는 낙관적인 생각을 갖고 있었다. 노리나가 황국사상이 본래부터 갖고 있던 이런 무작위성은 노리나가 사후 그의 사상이 일본 전역에 전파되면서 본인의 의도와는 다르게 변하게 된다.

노리나가의 신국사상이 무작위적 성격을 갖는 배경에는 도쿠가와 막부가 성립된 이래 200년이나 지속된 평화의 시대가 있었다. 이 시대에는 일본 외부로부터 다가오는 위협도 없었다. 그러나 노리나가가 생을 다할 즈음에 일본을 둘러싼 동아시아의 정세는 변화하기 시작했다. 서구로부터 시작된 국제 정세의 변화는 러시아의 남하로 이어져 일본의 자국 방위에 위협을 느끼게 했다. 쇼인이 태어난 이후에는 세계정세의 변화에 따른 위협의 강도도 심화되어 갔다. 마침내 1840년 발생한 아편전쟁의 충격은 일본에도 전해졌다. 몽골의 침입을 전후로 신국사상이 부상했듯이 서구 제국주의의 여파가 일본에 다가오자 신국사상은 다시 역사의 전면으로 떠올랐다. 몽골 침입 당시 신국사상은 열등하고 수세적인 일본을 방어하고 보존하는 데 초점이 맞춰져 있었던 반면, 19세기 제국주의의 여파가 밀려들 즈음에 퍼져 있던 신국사상은 노리나가의 황국사상에서 보았듯이 강한 우월의식에 기반한 호전적이고 침략적인 성격을 띠고 있었다.

쇼인의 신국사상은 노리나가의 황국사상을 전제로 하면서도 노리나가와는 달리 적극적인 작위의 성격을 띠고 있다. 이는 크게 두 가지 구체적 목적으로 드러난다. 하나는 시대적 과업을 감당할 수 없다고 판단한 막부를 대신하여 천황을 중심으로 하는 새로운 정체(공무합체)를 만드는 것이고, 다른 하나는 천황을 정점으로 하는 신국 일본이 일본 밖으로 진출하여 강대한 국가가 되는 것이다.

1) 국체론: 천황 중심의 신국

쇼인은 에도 막부 말기인 1830년에 태어나서 1859년에 짧은 생을 마쳤다. 노리나가가 1801년 죽었으니 그가 태어난 것은 노리나가 사후 30년이 지난 시점이었다.

1853년 6월, 미국의 페리 제독이 군함 네 척을 이끌고 우라가[浦賀]에 입항하여 일본 열도를 발칵 뒤집어 놓았다. 다음 해 3월에 페리가 우라가에 다시 왔다. 이때 25살이 된 쇼인은 해외로 도항하기 위해 미군 함정을 타려고 하다가 실패하고 막부에 자수하여 투옥되었다. 이후 막부는 쇼인을 조슈번[長州藩] 노야마옥[野山獄]으로 보냈다. 1855년에 조슈번의 사면을 받은 쇼인은 지인의 자택에 연금되었다. 이 상태에서 쇼인은 1856년부터 쇼카손주쿠[松下村塾]를 주재하면서 독서와 교육에 몰입했다.[45] 1854년 투옥되면서부터 1857년까지 쇼인은 방대한 양의 책을 읽었고, 특히 일본사에 관심을 집중시켰다. 그의 독서 목록은 이 논문에서 거론한 『일본서기』, 『신황정통기』 등이 포함되어 있었고, 특히 라이산요[賴山陽]의 『일본외사』를 몇 번이나 읽었다고 한다.[46] 그가 역사에 몰입한 것은 위기에 처한 위약한 막부체제의 일본을 어떻게 보존할 것인가에 대한 답을 얻기 위해서였다.

쇼인의 답은 타국이 갖고 있지 않는 일본만의 장점을 살려야 한다는 것이었다. 이미 중국은 물론 서양의 정치체제에 대한 지식을 갖고 있던 쇼인은 천황을 중심으로 하는 정치체제, 즉 국체론(國體論)을 구상한다. 그는 일본, 중국, 서구 등의 정치체제를 비교하면서 다음과 같이 말한다.

> 중국의 황제 자리는 억조의 민중 위에 걸출한 자가 앉기 때문에 신하는 잠깐 왔다 가는 노비와 같은 존재다. 그러나 일본에서는 천조(天朝)로부터 번주(藩主)에 이르기까지 모두 세습이고, 신하는 영속하기 때문

45 須田努(2007), 『吉田松陰の時代』, 岩波書店, 127쪽.

46 須田努(2007), 132쪽.

에 주군과 생사를 같이하며, 주군을 버리고 도망치는 일은 없다. 또한 들은 바에 의하면 해외 여러 야만국, 즉 서구 여러 나라는 국민 중에서 어질고 지혜로운 자를 선출하여 정치를 혁신하고 상국(上國)인 일본을 능가하고 모욕하고 있다. 어찌해야 이런 행위를 제어할 수 있겠는가? 일본의 국체가 서구 여러 나라와 다른 점을 분명히 하고, 국가의 인민은 국가를 위해 죽고, 번사는 번을 위해 죽고, 신하는 주군을 위해 죽고, 자식은 아비를 위해 죽는다는 확고한 의지를 갖는다면 여러 야만국을 두려워할 까닭이 없다.

–『講孟余話』 권1, 1장[47]

쇼인은 일본을 중국과 서구에 비교하면서 독자적인 정치체제, 즉 국체의 장점을 이해하고, 그것을 바탕으로 현상을 타개할 방책을 세워야 한다고 수상했다.

일본에서는 역대의 신들이 이어오다가 이자나기노미코토와 이자나미노미코토가 국토와 산천초목을 낳았고, 이어서 아마테라스 오미카미가 탄생했다. 이후 역대 천황이 국토와 산천초목을 보전해 왔다.… 이국인을 흉내 내어 '천하는 일인의 천하가 아니고, 천하의 천하다'라고 한다면 국체를 망각해 버리게 되는 것이다. 두려운 일이다.

–『講孟余話』 권4, 14장[48]

47 須田努(2007), 138쪽.

48 須田努(2007), 138쪽.

쇼인이 말하는 국체의 본질은 황통의 지속을 논한 『신황정통기』의 신국이나 노리나가가 말한 황국에 다름 아니다. 그렇다면 쇼인은 위기에 처한 일본의 국체를 보전하기 위해서 어떻게 해야 한다고 보았는가?

쇼인은 막부를 타도해야 한다는 토막론(討幕論)자는 아니라고 한다. 오히려 공무합체론자였다고 한다. 공무합체론은 조정과 막부가 힘을 합쳐 위기를 타개해야 한다는 주장이다. 그러나 쇼인은 이전의 공무합체론과는 결을 달리했다. 이전의 공무합체론은 교토의 천황을 수단으로 생각했다. 즉 막부가 중심이 되어 막부를 강화하기 위해 천황이라는 존재가 갖고 있는 장점을 이용하고자 했다.[49]

쇼인 또한 천조를 존숭하고 막부를 경애하여 무사를 양성하고 무비를 증대시켜야 한다고 주장했다. 그러나 그는 중심을 막부가 아닌 천황으로 옮겼다. 그가 주장하는 공무합체론에서 막부는 천황을 받들고 일본을 보존해야 하는 수단적인 존재에 불과했다. 막부의 무력은 오로지 천황의 안전을 보호하고 외적을 방어하기 위한 수단이었다. 천하는 천황의 천하이기에 천황의 명령에 절대 복종해야 한다고 쇼인은 생각했다.[50]

쇼인은 군신상하가 일체가 되어 신국 일본의 국체를 지켜야 한다고 주장했다. 그러나 쇼인이 생각하는 지킨다는 것은 단순히 방어에 치중하는 수세적 지킴이 아니었다. 몽골 침략을 당하여 부상한 신국사상이 일본을 지키기에 급급했던 방어적 성격을 갖고 있었던 반면, 19세기 서구 제국주의의 위력에 압도당한 일본을 지키기 위해 부상한 신국사상은

49 奈良本辰也(1982), 『吉田松陰』, 岩波書店, 82~86쪽.

50 奈良本辰也(1982), 85쪽.

공격적 침략성을 갖고 있었다. 이러한 쇼인의 침략적 신국사상은 정한론으로 나타난다.

2) 정한론: 일본판 제국주의의 출발

앞에 언급했듯이 쇼인은 1854~1857년까지 이어지는 독서의 시기에 『일본외사』를 몇 번이나 읽으면서 자신의 역사인식을 심화시켰다.

『일본외사』는 겐씨[源氏] 가문과 헤이씨[平氏] 가문의 쟁란으로부터 도쿠가와 5대 쇼군인 쓰나요시[綱吉]의 치세까지 무가정권의 흥망을 묘사한 것으로, 정치적 대립은 무력으로 해결된다고 서술하고 있다. 몽골 침략을 격퇴한 것이나 히데요시의 조선 침략 같은 타국과의 전쟁을 서술하는 장면에서는 특별히 일본의 무력이 강조되었다. 쇼인은 『일본외사』를 통해 영웅호걸에 대한 동경과 함께 무력과 무위(武威)야말로 난국을 타개할 수 있는 수단이라는 역사인식을 갖게 되었다.[51]

페리 제독의 내항 이후 개국을 강요당하면서 국체의 손상을 입었다고 생각하는 쇼인에게 난국을 타개하는 길은 서구 제국과 같이 해외로 진출하여 무위를 드높이는 것이었다. 그는 해외 침략이 곧 신국 수호의 방책이라고 생각했다.

황화(皇和)의 나라(일본)는 대해 가운데 대륙과 멀리 떨어져 있어서 외

51 須田努(2007), 137쪽.

세가 쉽게 범할 수 없었지만, 지금 증기선이 만들어져 해외만리도 이웃이 되어 바다가 오히려 더 큰 위험이 되었다. 서쪽의 중국에 양적(洋敵)이 번성하게 되면 그 우환을 말로 다할 수 없으며, 신주(神州)의 동쪽이 아메리카, 캄차카, 오츠크가 됨으로써 아메리카와 러시아가 심대한 우환이 된다. 근래 듣기로는 러시아가 캄차카, 오츠크에 병사를 두어 대진(大鎮)을 만들었다고 하고, 캘리포니아 같은 곳은 바로 우리와 마주하여 수년 이내 증기선을 타고 자주 다가올 것이다. 광대한 땅을 가지고 있는 그 나라가 우리 신주의 토지를 탐하고, 우리 신주의 재화를 노린다면 그 화가 장차 러시아보다 덜하지 않을 것이니 살피지 않을 수 없다. 신주의 남쪽, 오스트레일리아는 위도의 중간 지대로서 초목이 무성하고 인민이 번성하여 사람들이 서로 차지하려 다투는 곳이 되었다. 지금 영국이 개척하고 있지만 10분의 1에 불과하니, 우리가 이를 먼저 얻는다면 큰 이득이 될 것이다. 신주의 서북에는 조선과 만주가 이어져 있는데, 조선은 옛날 우리에게 신속(臣屬)되었는데 지금은 그렇지 않으니 먼저 그 풍교(風教)를 상세하게 파악하여 이를 다시 회복해야만 한다. 만국이 일본을 둘러싸고 있는 형세가 바로 이러한데 손만 쥐고 서 있을 수 없지 않은가. 구라파 땅은 대단히 멀리 떨어져 있어서 예로부터 우리와 통한 적이 없지만, 선함이 발달하여 포르투갈, 스페인, 영국, 프랑스 등이 이미 우리와 머리를 맞대어 걱정거리가 되었다. 근래 증기선을 가지지 않은 나라가 없어 먼 구라파도 오히려 이웃같이 되었다.[52]

52 이태진(2014), 「요시다 쇼인(吉田松陰)과 도쿠토미 소호(德富蘇峰)」, 『한국사론』 제60권,

쇼인은 제국주의의 여파로 인한 국제정세 변화를 정확하게 알고 있었으며, 그에 대응하기 위해 무엇을 해야 하는지를 제시했다. "만국이 일본을 둘러싸고 있는 형세가 바로 이러한데 손만 쥐고 서 있을 수 없지 않은가"라는 주장에서도 알 수 있듯이 그는 노리나가와 달리 신국 일본을 위해서 긴급히 해야 할 정책을 제시했다. 그 내용은 궁극적으로 침략을 통해 주변 지역으로 세력을 확대하여 그들을 지배하는 것이었다.

> 해는 뜨면 지고, 달은 차면 비고, 나라는 융성했다가 바뀌게 된다. 그러므로 나라를 잘 보전하려면 오로지 가진 것을 잃지 않게 해야 할뿐더러 없는 것을 차지하여 늘려야 한다. 지금 서둘러 무비(武備)를 닦고, 함신 계획을 세우고, 총포 계획을 충분히 하여 하이(蝦夷, 홋카이도)를 개척하여 제후로 봉하고, 기회를 봐서 캄차카·오츠크 등을 탈취하고, 류큐(오키나와)를 타일러 조근회동(朝覲會同)하게 하여 내륙의 제후와 나란히 하고, 조선을 꾸짖어 인질과 조공을 바치게 하여 성대한 옛 시대와 같게 하고, 북쪽 만주를 빼앗고, 남쪽으로는 대만·필리핀 등의 여러 섬을 거두어 점진적으로 진취의 기세를 보여야 한다. 그런 뒤에 민을 사랑하고, 사(士)를 양성하고, 신중히 변방 주위를 지키면, 곧 나라를 잘 보전한다고 할 수 있다. 그렇게 하면 얼마 안 되어 많은 오랑캐가 다투어 모인 가운데 앉아서, 능히 다리를 들거나 손을 흔들지 않고서도 나라가 오랫동안 바뀌지 않을 것이다.[53]

558~559쪽.

53 이태진(2014), 559~560쪽.

이러한 쇼인의 주장은 일본판 제국주의라고 할 수 있었다. 그의 신국사상이 형성되는 데는 서구로부터 밀려드는 제국주의의 파고에 직면하여 대응하는 과정에서 고대 이래로 전개되어 오다가 노리나가가 집대성한 침략적 신국사상이 결정적인 영향력을 발휘했다.

앞의 인용 부분에 있는 "조선은 옛날 우리에게 신속(臣屬)되었는데 지금은 그렇지 않으니 먼저 그 풍교(風教)를 상세하게 파악하여 이를 다시 회복해야만 한다"와 뒷부분의 "조선을 꾸짖어 인질과 조공을 바치게 하여 성대한 옛 시대와 같게 한다"라는 표현을 들어 쇼인이 근대 정한론(征韓論)의 창시자라고 한다.[54] 그리고 "황조(皇朝)에 진구황후가 삼한을 정복하고 호조 도키무네[北條時宗]가 몽골을 섬멸하며 히데요시가 조선을 정벌함은 호걸이라고 할 수 있다(『講孟余話』)"는 표현에서 그의 정한론이 『일본서기』에서 시작하여 히데요시의 조선 침략으로 이어지는 신국사상의 연장선에 있다는 것을 확인할 수 있다.[55]

그러나 주목해야 할 점은 쇼인의 정한론이 일본과 조선의 일대일 구도가 아닌 일본의 세계 전략의 일환에 포함되어 있다는 점이다.

54 이기용(2007), 89쪽.

55 이기용(2007), 88쪽.

5. 맺음말

20대 후반의 쇼인이 주재하는 쇼카손주쿠에는 많은 제자들이 찾아와 가르침을 받았다. 그들은 스승이 말하는 국체론과 정한론을 들으며 위기에 처한 일본을 구하는 길을 모색했을 것이다. 거기에는 사이고 다카모리[西鄕隆盛], 기도 다카요시[木戸孝允], 야마가타 아리토모[山縣有朋], 이토 히로부미[伊藤博文] 등이 있었다. 그들이 쇼인 사후 메이지 시대의 주역이 되어 근대 일본을 이끌어 갔다. 쇼인은 자신이 믿는 사상을 실천하다가 30살에 다시 투옥되고 사형에 처해져 짧은 생을 마쳤지만, 그가 남긴 신국사상은 현실에서 실현되었다.

신국사상은 고대의 허구성에서 출발하여 중세와 근세를 거치면서 자기만족의 논리로 확대되었다가 제국주의 시대에 실새적 추동력을 획보했으나, 주변 국가에 막대한 부작용을 남기고 역사의 표면에서 사라졌다. 지금 신국사상의 침략성을 우려할 필요가 있는가, 아니면 다시 소생할 가능성이 없는 과거의 흔적으로 치부해도 좋은가. 이는 연구가 더 필요한 부분이다.

■ 참고문헌

• 기타바타케 지카후사 저 · 남기학 역(2008), 『신황정통기』, 소명출판.
• 모토오리 노리나가(2011), 『일본 '국체' 내셔널리즘의 원형』, 동북아역사재단.
• 박홍규(2002), 「17세기 德川日本에 있어서의 華夷 문제: 중국 · 조선과의 비교 관점에서」, 『한국정치학회보』 제35집 제4호.
• 박홍규(2003), 「山崎闇齋의 理念神國論」, 『정치사상연구』 제8집.
• 박홍규(2011), 「모토오리 노리나가(本居宣長) '일본주의' 탄생의 조건과 과정」, 『아세아연구』 제54집 제2호.
• 배관문(2013), 「'신국 일본'의 이미지 변천사」, 『동아시아문화연구』 제53집.
• 배관문(2018), 『황국의 발견』, 서울대학교출판문화원.
• 사토 히로오 저 · 성해준 역(2014), 『신국일본』, 논형.
• 이기용(2007), 「일본 침략사상의 원형인 '神功皇后說話'」, 『일본사상』 제13호.
• 이태진(2014), 「요시다 쇼인(吉田松陰)과 도쿠토미 소호(德富蘇峰)」, 『한국사론』 제60권.
• 荒野泰典(1988), 『近世日本と東アジア』, 東京大學出版會.
• 有馬祐政 외 편(1919), 『勤皇文庫』 제1편, 大日本明道會.
• 紙屋敦之(1997), 『大君外交と東アジア』, 吉川弘文館.
• 岸本美緒(1998), 「東アジア · 東南アジア傳統社會の形成」, 『岩波講座世界歷史 13』, 岩波書店.
• 坂本太郎 외 주(1994), 『日本書紀』 제2권, 岩波文庫.
• 須田努(2007), 『吉田松陰の時代』, 岩波書店.
• 大隅和雄 외 주(1977), 『日本思想大系』 19 《中世神道論》, 岩波書店.
• 高瀨弘一郎(1993), 『キリシタンの世紀―ザビエル渡日から'鎖國'まで』, 岩波書店.
• 奈良本辰也(1982), 『吉田松陰』, 岩波書店.
• 本居宣長(2009), 『馭戎慨言』, 多摩通信社.
• Hong-kyu Park & Nam-lin Hur(2016), "Choson-Centrism and Japan-Centrism in the Eighteenth Century: Han Won-chin vs. Motoori Norinaga," *ASIAN PHILOSOPHY* Vol. 26 No.1

| 2장 |

야마가 소코의 병학과 무사도론
-일본형 화이사상과 동아시아

이기원 | 강원대학교 철학과 강사 |

1. 머리말
2. 일본식 중화
3. 신국의 문명과 무위
4. 병영국가와 무문의 학
5. 맺음말

1. 머리말

일본에서는 17세기 명·청 교체기 이후에 일본을 중화, 중국이나 조선을 야만이라 보는 일본형 중화주의, 일본형 화이사상이 형성되었다. 아라노 야스노리[荒野泰典]에 의하면 일본형 화이질서는 청의 대두와 명의 쇠퇴, 유럽 세력 안에서 네덜란드의 패권 확립이라는 국제적인 조건을 매개로 하여 성립되었다고 한다.[1]

가쓰라지마 노부히로[桂島宣弘]는 일본형 화이사상을 세 시기로 나누어 설명한다. 첫째 시기는 예(禮)와 문중화주의(文中華主義)에 기초한 '자기상' 형성으로 후지와라 세이카[藤原惺窩, 1561~1619], 아메노모리 호슈[雨森芳洲, 1666~1755], 오규 소라이[荻生徂徠, 1666~1728] 등, 둘째 시기는 본격적인 일본형 화이사상의 출현으로 야마가 소코[山鹿素行, 1622~1685], 구마자와 반잔[熊澤蕃山, 1619~1691], 야마자키 안사이[山崎闇齋, 1619~1682], 아사미 케이사이[淺見絅齋, 1652~1712] 등, 셋째 시기는 18세기 중엽 이후 스이카 신도[垂加神道]에서 보이는 일본중화주의이다.[2]

일본형 화이사상을 주장한 유자들 중에서도 야마가 소코는 두드러진다. 그가 강조하는 성학(聖學)은 무문의 학(武門之學)을 기초로 성립한다.

1 荒野泰典(1988), 『近世日本と東アジア』, 東京大學出版會, 34쪽. 한편 아사오 나오히로[朝尾直弘]는 16세기 후반에서 17세기 초반의 동아시아 국제관계에서 일본이 통일정권을 이룰 수 있었던 것이 '일본형 화의의식'을 형성하는 배경이 되었다고 했다[朝尾直弘(1970), 「鎖國制の成立」, 『講座日本史 4』, 東京大學出版會, 참조].

2 桂島宣弘(1995), 『思想史の十九世紀』, ぺりかん社, 167~172쪽.

소코는 '무사로서의 작법'과 '무장무사(武將武士)의 일용사'를 위한 학문을 구상했다. 따라서 소코의 화이사상은 그의 무사도론을 검토해야 전모를 알 수 있다. 그가 강조한 '일용(日用)'은 무가 사회의 구성 원리와 존재 이유를 사상적으로 지지하기 위한 실천적 과제다.

소코는 15세 무렵(1636) 오하타 가게노리[小幡景憲, 1572~1663]와 호조 우지나가[北条氏長, 1609~1670]에 입문하여 병학을 배웠다. 26세(1647) 무렵부터는 마쓰타이라 사다쓰나[松平定綱, 1592~1652]에게 병법을 가르쳤다. 31세인 1652년에는 아코번[赤穂藩]의 성주 아사노 나가노리[浅野長矩, 1667~1701]에 발탁되어 10년 가까이 병학과 유학을 교육했다.

소코는 기본적으로 병학에 강한 관심을 가졌다. 이것은 보통의 유학자들과는 문제의식이 상당히 다른 것이다. 이러한 점만 봐도 그의 유학사상은 병학을 사상적으로 뒷받침하려는 측면이 강했다. 이 때문에 아코번의 47인의 사무라이가 주군의 원수인 기라 요시나카[吉良義央, 1641~1703]를 죽이고 원수를 갚은 것에 대해 '중조사실에 나타난 대의명분을 밝힌 근본의 충군애국 사상의 감화'였다는 평이 있다.[3]

그렇다면 왜 소코에게 충군애국적 이미지를 덧씌운 것일까?

소코의 무사도론에 대해서는 '무사'에서 유교적 교양을 가진 '사(士)'

3 大阪国学院(1930), 『偉大なる日本民族』奥附, 桃谷印刷, 84쪽. 근대에 오게 되면 소코의 유학사상이 충군애국적 시점에서 독해된다. 예를 들어 '소코의 시대에는 한학이 성행하여 지나를 빈번하게 높여 우리나라를 폄하했다. 이에 대해 소코는 큰 의문을 품고 지나에 영향 받은 많은 한학자를 크게 비난했다. 그의 국가국수주의의 진심이 결집되어 중조사실로 나타났다'는 기술이 그것이다(大阪国学院, 『偉大なる日本民族』奥附, 81쪽). 기누카사 야스키[衣笠安喜]는 소코를 격렬한 배외사상을 특징으로 하는 근대 일본의 내셔널리즘의 원형이라고 지적한다[衣笠安喜(1990), 『近世日本の儒教と文化』, 思文閣出版, 115쪽].

로 전환시켰다는 견해가 일반적이다.[4] 평화가 지속된 도쿠가와 시대가 요구하는 무사는 관료적 무사였으며, 그들은 유교적 교양을 가진 '사도(士道)'가 필요했다.[5] 이러한 견해에는 소코의 무사 직분론이 작용했다. 평화의 시대에 무사에게 필요한 것은 '농공상(農工商)의 교화'적 시선이었다.

하지만 소코가 가르친 무사도는 전쟁을 치르는 기술학적인 측면의 병학 성격이 강하다는 점에 유의할 필요가 있다. 그는 1642년 『병법신무웅비집(兵法神武雄備集)』을 시작으로 1656년(35세)에 『무교전서(武教全書)』, 『무교소학(武教小学)』, 『무교요록(武教要録)』, 『병법혹문(兵法或問)』, 『무교본론(武教本論)』 등을, 1665년(43세)에 무사도 이론에 해당하는 『야마가어류(山鹿語類)』 「성학편」과 「사도편」을, 1669년에 『중조사실(中朝事実)』을, 1673년에 『무가사기(武家事紀)』를 완성하였다.

일본형 중화주의나 화이사상이 동아시아의 국제적 변동과 연동되어 있다면 소코의 화이사상도 동아시아의 국제적 변동이라는 맥락 위에서 고찰할 필요가 있다. 소코의 방대한 병학서 역시 동아시아의 국제 정세 변동과 무관하지 않다. 동아시아의 국제 정세를 시야에 넣는다면 소코의 무사도에서 유교적 교양을 지닌 무사의 직분론이 어떠한 의미를 갖

4 구태훈(2012), 「근세 일본 무사의 직분과 사도론-야마가 소코의 사도론을 중심으로」, 『대동문화연구』 81집, 참조. 사쿠마 타다시는 소코가 무사와 유교적 군자를 동일시했다고 하면서, 군사를 분장하는 무사의 사회적 역할은 보이지 않는다고 했다[佐久間正(2007), 『徳川日本の思想形成と儒教』, ぺりかん社, 168쪽]. 농공상의 사표로서 무사의 역할이 있다는 견해이다. 마에다 쓰토무는 소코의 사도론은 봉건 관료의 삶을 제시한 것으로 추상적인 '사'의 위정자 윤리를 전개한 것은 아니라고 했다[前田勉(1996), 『近世日本の儒学と兵学』ぺりかん社, 155쪽].

5 前田勉(1999), 「兵学と士道論」, 『歴史評論』, 593쪽, 前田勉(2010), 「鹿素行における士道論の展開」, 『愛知教育大学研究報告』 人文 · 社会科学編, 59쪽.

는지도 이해될 것이다.

이러한 점에서 소코의 무사도론을 중심으로 그의 동아시아 인식의 문제, 화이사상의 내용 등을 고찰할 필요가 있다. 그의 무사도론을 동아시아의 국제 정세 속에서 본다면 소코가 무사도론에서 유자(儒者)적 아이덴티티를 가진 무사를 지향했는지, 혹은 전투를 위한 무사들의 체계적 훈련과 이에 따르는 유교적 교양을 가진 무사를 지향했는지도 면밀하게 검토할 필요에 직면한다. 이러한 맥락에서 소코의 '무사직분론'도 다시 평가해야 한다. 소코의 일본 및 동아시아 인식에 나타나는 근본적인 문제에 대한 고찰을 통해 동시대 유자들과는 형태를 달리하는 일본형 화이사상의 한 유형을 볼 수 있을 것이다.

2. 일본적 중화

소코는 『중조사실』에서 '나는 중화문명의 땅에서 태어나 아직까지 그 아름다움을 모른다. 오직 외조의 경전을 즐겨하고 그 사람들을 사모한다'[6]라고 말한다. 일본인들은 일본의 아름다움을 모르면서 중국의 경전만 읽으며 중국을 경모(敬慕)한다는 것이 소코의 시대적 인식이었다. 여

6 山鹿素行(1982), 『中朝事實』序文, 3쪽(『山鹿素行全集』 上, 日本教育思想大系, 日本図書センター)

기서 소코는 '중화문명'과 '외조'를 대비시킨다. 소코가 말하는 '중화문명'은 일본이며, '외조'는 '중국'이다. 이어 소코는 '중국의 수토는 만방에 탁이하고 인물은 팔굉에 정수'[7], 나아가 일본이 '수토의 시작'[8]이라고 했다. 소코는 '이조'로서의 '중국'은 많은 나라들 중 하나에 불과하며 일본이 '중화' 또는 '중국'이라고 인식한다.

그렇다면 일본이 '중화문명'을 가졌으며, 따라서 '중국'이 되는 이유는 어디에 있는가?

소코는 『일본서기』 권2의 '다카미무스히노미코토는 황손인 아마쓰히코히코호노니니기노미코토를 세워서 아시하라노나카쓰쿠니의 왕으로 삼고자 했다(皇祖高皇産靈尊, 遂欲立皇孫天津彦彦火瓊瓊杵尊, 以爲葦原中國之主)'는 기술을 다음과 같이 주해한다.

> 본조는 중국됨을 말한다. 이선에 아마네라스 오미카미가 친상에 있어서 말하길 아시하라노나카쓰쿠니에 우케모치노가미가 있다는 것을 들었다. 그렇다면 중국이라는 칭호는 옛날부터 이미 있었다. (중략) 수토가 기름져 사람과 사물이 깨끗해지니 이것으로 중국이라 칭할 수 있다. (중략) 본조의 신대에 이미 아메노미나카누시노카미가 있었다. (이자나기, 이자나미) 두 신이 나라의 중추를 세웠으니, 즉 본조가 중국이 된 것은 자연스러운 추세다.
>
> –『中朝事實』, 「中國」, 12쪽

7 山鹿素行, 『中朝事實』 序文, 3쪽.

8 山鹿素行, 『中朝事實』, 「中國」, 10쪽.

소코는 일본의 건국신화에 나오는 '아시하라노나카쓰쿠니[葦原中國之主]'의 이름에 '중국'이라는 말이 있다는 것에서 일본이 '중국'이 되는 이유를 찾는다. 이어 일본이 '천지의 정도에 맞고 땅의 중국을 얻었다'[9]고 했다. 소코는 세계의 중심인 '중국'에 사는 사람과 그렇지 않은 사람의 차이를 기술하는데 '평이한 땅에 태어난 자는 평이한 기를 받아 성정이 평이하고, 험난한 땅에 태어난 자는 험난한 기를 받아 성정이 너무나 위험하다. 어찌 사람뿐이겠는가? 금수와 초목도 그러하다'[10]고 했다.

그렇다면 소코가 일본을 '중화'라고 간주하는 이유는 어디에 있는가?

> 사람이 사람된, 일본이 중화가 된 것은 이 예에 의한다. 이적도 또한 사람이 그 나라를 다스린다. (중략) 그래서 그 이적된, 그 금수된 이유는 예에 따라 행하지 않기 때문이다. 사람으로서 예가 없으면 금수와 다를 바 없으며, 중화로 예가 없으면 이적과 다를 것이 없다.
>
> –『中朝事實』,「禮儀」, 91쪽

소코는 중화와 이적(夷狄)의 구분을 '예'의 유무에 두었다. '예'가 없다면 중화도 이적이 된다. 여기서 일본은 고대부터 전해 내려오는 '고례'가 있다는 것을 사실화하고 있다. 그렇다면 중화와 이적의 구분이 되는 '예'는 중국으로부터 전래된 것인가, 아니면 일본에서 독자적으로 형성된 것인가?

9 山鹿素行,『中朝事實』,「中國」, 15쪽.

10 山鹿素行,『中朝事實』,「中國」, 12쪽.

이에 대해 소코는, 일본은 중국과 무관하게 문명국에 필수적인 '예법'을 발전시켜 왔다고 했다. 이어 '본조는 오직 해양에 빛나고 천지의 정수를 받아 사시에 어긋나지 않고 문명이 융성하고 황통이 끊이지 않았다. 그 명실상응한 것을 합하여 상고해야 한다'[11]고 했다. 문명 발전의 원동력이 '황통'이며, '황통'이 '예법'의 근원처이다. 삼강오륜의 도덕은 황통에서 연원하기 때문에 유교에서 형성된 중국적인 삼강오륜과는 다른 것이다. 소코의 이러한 인식의 이면에는 '신국 일본'이라는 논리가 내재되어 있다.

그런데 일본이 세계의 중심으로 '중국'이 되며 조선이나 중국은 그 변방이 된다면, 중국으로부터 문물을 받아들인 역사적 사실에 대해서 소코는 어떻게 평가하고 있는가?

> 혹자가 의심한다. 외조는 우리들에게 통하지 않고도 문명이 밝으며, 우리는 외조에 의해 그 쓰임이 확대되었으니 외조가 우리보다 우수한 것인가? 내가 생각하기에는 틀렸다. 개벽 이래로 신성의 덕행과 명교가 함께 갖추어졌고, 한석을 보든 나고 해도 또한 하나도 빠진 것이 없었다. 다행이 외조의 일에 밝아 그 장점을 취하여 우리 왕을 돕는 것, 또한 넓은 마음이 아니었겠는가?
>
> –『中朝事實』,「神敎」, 46쪽

소코는 일본이 중국으로부터 문물을 받아들이기 이전에 이미 '신성의

11 山鹿素行,『中朝事實』,「中國」, 12쪽.

덕행과 명교'가 갖추어져 있었다는 것을 강조한다. 그는 일본 문명의 독자성과 독립성을 강조하는데 이러한 인식은 일본의 우위성을 드러내는 방향으로 발전해 간다.

소코가 강조하는 일본의 우위성은 '무위(武威)'의 강조에서 여실히 드러난다. 일본의 건국신화에 등장하는 이자나기·이자나미 두 신이 국토를 생성할 때 사용한 '경모(瓊矛)', 즉 옥구슬이 달린 창이 신기(神器)로 강조되었다. 소코는 '경모'라는 무구(武具)의 신성함을 강조하는데 '중국의 무위는 외조 및 여러 양이가 끝내 바랄 수 없는 것'[12]이라 하여 '무위'로서의 일본은 양이의 나라와 전혀 같지 않다는 점을 강조한다. 중국에서 '무위'는 문명국이 아니라 이적에 해당한다.

이에 반해 소코는 '무위'를 문명의 중심에 두고 있다. '문'을 중심으로 하는 중국적인 중화주의는 소코에 의해 '무위'를 중심으로 하는 일본적인 중화주의로 변용되었다. 이러한 점에 소코의 중화주의의 진면목이 보인다.[13]

12 山鹿素行, 『中朝事實』, 〈神器〉, 32쪽.

13 前田勉(2010), 「山鹿素行『中朝事実』における華夷観念」, 『愛知教育大学研究報告』59호, 50쪽.

3. 신국의 문명과 무위

1) 탈중화적 독법

후지와라 세이카[藤原惺窩, 1561~1619]의 문인 호리 쿄안[堀杏庵, 1585~1643]이 쓴 『조선정벌기』(1659)는 임진왜란을 중심으로 중국과 조선, 일본의 입장을 기술한 것으로 이후 일본인들의 임진왜란 인식 정립에 많은 영향을 준 것으로 평가받는다.

『조선정벌기』에는 중국과 일본의 임진왜란 강화 회담 내용이 묘사되어 있다. 그런데 이 회담은 단순한 강화회담이 아니라 명에서 일본의 쇼군 도요토미 히데요시[豊臣秀吉, 1537~1598]를 일본의 왕으로 삼는다는 책봉에 관한 성격을 띠었다. 명의 사신으로 일본에 파견된 심유경(沈惟敬, 1527~1599)은 고명(誥命)과 칙유(勅諭)를 가지고 오사카성에서 히데요시를 알현했다. 이때 책봉문과 금인, 관복도 함께 가지고 갔다. 이러한 내용이 『조선정벌기』에 상세하게 기술되어 있다.

> 유경이 금인을 건네고 봉왕의 관면의복을 바쳤다. 함께 일본 신하들의 면복 50여 벌을 올리고 위계에 따라서 착용해야 한다고 아뢨다.[14]

14 堀杏庵(1989), 『朝鮮征伐記』(早稲田大学編輯部 編, 『通俗日本全史』 第20巻, 早稲田大学出版部), 45쪽.

명이 일본을 봉왕(封王)하면서 금인과 관복을 하사하는 장면은 강화 회담 성격을 상징한다. 히데요시는 명 황제가 하사한 관복을 명 사신 앞에서 입고 기뻐했다.

하지만 다음 날 히데요시는 새서(璽書)의 내용을 파악하고는 분노하는데, 『조선정벌기』는 다음과 같이 기술하고 있다.

> 태합이 (중략) 새서를 읽게 하셨다. 이것을 듣고 크게 노하여 말하길 "대명에서 나를 일본 국왕으로 봉한다는 것은 언어도단이다. 나는 나 스스로가 일본의 왕인데 저들이 나를 허락한다니? (나를) 대명의 왕으로 봉한다고 고니시 유키나가가 아뢰어 군대를 철수했는데, 고니시를 불러라. 목을 베어야 한다"고 노했다.
>
> –『朝鮮征伐記』,「於伏見城饗応大明両使事」

임진왜란 종식을 위한 강화 회담은 결국 명과 일본의 상이한 입장을 그대로 노출했다. 명은 히데요시를 일본 국왕으로 임명한다는 '봉왕'을 하고자 했고, 히데요시는 '봉왕'을 명나라의 왕으로 봉한다는 것으로 이해했다. 일본을 책봉질서 안으로 포섭하려는 명과 이를 거부하는 일본의 태도가 드러났다. 스스로가 질서를 만드는 입장에 서고 싶은 히데요시의 생각이 이면에 드러나 있음도 생각해 볼 수 있다. 중국을 중심으로 하는 책봉질서가 동아시아의 전통적인 질서였다면 히데요시는 일본을 중심으로 하는 새로운 질서를 만들고자 한 것이다.

한편, 하야시 라잔[林羅山, 1583~1657]의 『풍신수길보』에도 '유키나가가 말하길 대명이 나를 대명의 국왕으로 삼는다'[15]는 기술이 있다. 18세기의 아라이 하쿠세키[新井白石, 1657~1725]는 명의 책봉식에 대해 '히데요시가 봉작을 물리친 것은 참으로 일본의 면목을 세운 것'[16]이라고 했다. 하쿠세키는 히데요시가 명의 책봉을 받은 사실이 없다고 간주한다.

히데요시의 '책봉식'에 대한 조선의 기록을 살펴보자. 심유경이 히데요시의 책봉을 위해 일본에 갈 때 조선통신사 역시 함께 했다. 조선통신사로 심유경을 보좌한 황신(黃愼, 1562~1617)은 1596년 8월 18일 오사카의 사카이[堺]에 도착했다. 이때 명 황제의 책봉 고서와 칙서를 가지고 왔다. 이전의 고서와 칙서는 책봉식의 정사였던 이종성(李宗城)이 도주한 일 때문에 명 황제가 다시 내린 것이다. 『선조실록』에는 책봉식의 명나라 부사였던 양방형이 「병부에 보낸 게첩」에 다음과 같이 기록하였다고 한다.

> 수길은 황제께서 하사하신 규인과 관복을 받아 즉시 찰 것은 차고 입을 것은 입고는, 중국의 궁궐을 향하여 오배삼고두례를 행한 다음 고명을 받았습니다. 봉을 받은 다음 우리들이 머무는 곳에 이르러 다시 황제의 은혜에 감격하면서 저희들이 멀리 바다를 건너오느라 수고했다는 등의 말로 위로하였습니다.
>
> –『宣祖實錄』 83권, 선조 29년 12월 7일 기사 5번째

15 林羅山, 『豊臣秀吉譜』 下, 34쪽(日本国立公文書館デジタルア__カイブ, 請求記号 148-0005). 『豊臣秀吉譜』는 상중하 3권으로 되어 있다. 1558년 9월을 시작으로 1599년 4월 도요토미 히데요시의 사망까지 기록하였다.

16 新井白石(1883), 『五事略』 上, 「日本国王の御事」, 白石社, 2쪽.

『선조실록』과 『조선정벌기』는 내용의 차이를 보인다. 조선통신사 황신이 쓴 『일본왕환일기(日本往還日記)』「9월 3일 자」에도 히데요시는 명의 책봉을 받았다고 기록하고 있다.[17] 이 강화 회담은 결국 결렬되어 이듬해인 1597년 7월 정유재란이 발발하였다.

여기서 중요한 것은 책봉식이 거행된 것은 사실이지만 일본은 책봉을 인정하지 않는다는 점이다. 책봉을 인정한다는 것은 중국 중심의 중화질서를 받아들인다는 것을 의미한다. 히데요시가 '책봉식에 만족했다'는 것과 책봉을 받아들여 '일본이 중국의 속국이 된다'는 것 사이에는 큰 간격이 존재한다.

그렇다면 소코는 '히데요시의 책봉'을 어떻게 독해하고 있는가?

소코가 관심을 가진 것은 책봉 거행 유무에 있지 않았다. 히데요시가 '분노'하는 이유와 '분노' 해소에 있었다. 그는 『무가사기』에서 책봉식과 그 후에 발생한 히데요시의 '분노'에 대해 다음과 같이 기록하였다.

> 히데요시가 크게 노하여 "나는 무위로 일본을 다스리는데 명왕이 나를 일본 왕으로 봉한다는 것은 무슨 말이냐? 나는 명을 멸하고자 했는데 명왕이 화친을 구하여 나를 대명의 황제로 한다고 하여 회담했다. 그런데 일본의 왕으로 봉한다는 것은 명왕이 나를 속이는 것이 심

17 黃愼(1977), 『日本往還日記』(『海行摠載』 85, 고전국역총서, 민족문화추진위), 관백이 책봉을 받고 왜장 40인이 관대를 갖추고 벼슬을 받았다고 했다(聞關白已爲受封° 諸倭將四十人. 具冠帶受官云)는 기록이 있다. 히데요시가 책봉식에 만족을 표했다는 것은 여러 연구에서도 인정하고 있다[김경태(2014), 「임진전쟁기 강화 교섭 결렬에 관한 연구」, 『대동문화연구』 87집, 참조].

> 하다." 이에 명이 보내온 관복을 버리고 그 책서를 내던지고는 (중략) 이에 태장로(兌長老) 등이 아뢰길 "대명은 사해의 우두머리로 언제든지 그 나라의 왕호를 하사하는 것으로 법도로 삼는 일은 예로부터 그 전례가 있으며, 특히 책사를 세워 왕에 봉하는 일은 가장 큰 무위의 일입니다"라고 했다. 히데요시는 이로 인해 노기가 조금 가라앉았다.
>
> –『武家事紀』 巻11, 속집, 368~369쪽

위의 기록을 보면 히데요시는 책봉식이 자신을 명나라의 왕이 아니라 일본의 왕으로 봉한다는 것에 대해 분노한다. 그가 분노를 가라앉히게 되는 이유는 명이 '책사를 세워 왕에 봉하는 일은 가장 큰 무위의 일'이라고 했기 때문이었다. 소코는, 명이 책봉을 통해 이민족들에게 명의 '무위'를 보이면서 동시에 책봉국의 '무위'를 인정해 왔다고 기술한다. 히데요시가 '무위'라는 말을 무엇보다도 중히 여긴 것은 '나는 무위로 일본을 다스린다'는 위의 기술과 연결되어 있다. 소코는 일본이 '무위'의 나라임을 자랑스럽게 생각해 왔다는 것을 히데요시에 중층화시키고 있는 것이다.

위 내용에 대해 호리 쿄안의 『조선정벌기』에는 '태장로(兌長老)가 간하여 말하기를 대명은 각국과 싸워 이기면 예로부터 나라들이 책봉을 받는 일, 전례가 없는 일이 아닙니다. 지금 위광(威光)을 축하하기 위해 책사를 보내온 일은 고금에 드문 일입니다. (히데요시의) 안색이 조금 누그러졌다'[18]고 기록되어 있다.

18 堀杏庵, 『朝鮮征伐記』, 46쪽.

한편, 하야시 라잔은 『풍신수길보』(하)에서 "히데요시가 듣고 눈을 부릅뜨고 크게 노하며 큰 소리로 말하기를 '명주가 나를 봉하여 일본 국왕으로 삼는다니 너무나 가증스럽다. 나는 무략(武略)으로 이미 일본에서 군주인데 어찌 그의 힘을 빌리겠는가?'"[19]라고 기술하였다. 히데요시는 '무략'으로 일본의 군주가 되었음을 말하고 있다. 책봉식에 대해 호리 쿄안과 소코, 라잔은 '위광'과 '무위', 또는 '무략'이라고 하여 '무'라는 측면에서 히데요시의 입장을 기술하였다. 책봉식은 일본의 '위광'을 드러내는 일이며, 명이 일본의 '무위'를 인정했다는 것으로 이해할 수 있다. 소코는 책봉을 둘러싼 '히데요시의 분노'에서 '무위'를 끌어내면서 일본적 '무위'에서 '책봉'을 보고 있는 것이다.

2) 조선 침략과 조선 정벌

일반적으로 화이 관념에서 중화주의는 '예악'이라는 문물제도의 유무로 말한다. '예악'의 문물제도가 있는 나라가 '중화'가 되고, 없는 나라는 '이적'이 된다. 소코는 '예악'의 중요성에 대해 '사람으로 예가 없으면 금수와 같고, 중화로 예가 없으면 이적과 다르지 않다'[20]고 하면서도 일본이 처한 지리적 우위성에서도 '중화'를 찾는다. 그는 중국이 중화가 될 수 없는 이유를 다음과 같이 설명한다.

19 林羅山, 『豊臣秀吉譜』下, 34쪽.

20 山鹿素行, 『中朝事實』, 「禮儀」, 91쪽,

외조는 그 강역이 크고 넓어 지역을 봉쇄할 핵심이 없다. 변방의 둔융(屯戎)이 너무 많아 지킴이 요약하지 못하다. 잃어버린 것이 하나이다. 가까이는 네 이적이 접근해 오니 장성 요새에 인민을 고역스럽게 한다. 잃어버린 것이 둘이다. 둔융의 무리들이 적(狄)과 통하여 난을 생각하고 혹은 적으로 내달려 정을 통한다. 잃어버린 것이 셋이다. 흉노, 계단, 북로 등이 살피기 쉬워 수시로 빼앗긴다. 그 잃어버림이 넷이다. 끝내 그 나라를 깎아 그 성을 바꿔 천하의 옷깃을 왼쪽으로 하니 그 잃음이 다섯이다.

–『中朝事實』,「中國」, 15쪽

중국은 광대한 땅을 다스리기 위한 요체가 없다 보니 이적의 끊임없는 침입으로 민생이 고통에 처하고 이적들끼리 서로 내통하여 끊임없이 중국을 노린다. 중국이 중화가 되지 못하는 이유는 중국이 처한 지리적인 환경 때문이다. 소코는 '외조에서는 역성이 거의 서른 번이고, 융적이 들어와 왕이 된 것도 여러 번이고, 춘추 240여 년간 신하가 그 군주를 시해한 것이 스물다섯 번이나 된다. 하물며 그 전후의 난신적자는 이루 헤아릴 수도 없다'[21]고 하여 이적이 된 중국의 지리를 기술한다.

지리적인 면에서 중화와 이적을 구분한 소코의 논리는 조선에 대해서도 마찬가지였다.

조선은 기자가 명을 받아 왕이 된 후 성이 바뀐 것이 네 번이고, 나라

21 山鹿素行,『中朝事實』,「皇統」, 30쪽.

가 멸망하여 (중국의) 군현으로 강등되기도 하고, 혹은 고씨의 대가 끊어진 것이 두 번이며, 이씨에서는 28년 사이에 왕을 시해한 것이 네 번이니, 하물며 그 전후의 난역은 짐승이 서로 죽이는 것과 다르지 않다.

–『中朝事實』,「皇統」, 30쪽

조선도 중국과 마찬가지로 왕조가 끊임없이 교체되었다. 소코는 이러한 왕조 교체를 짐승이 서로 죽이는 것과 다르지 않다고 기술하였다. 조선에서 끊임없이 왕조 교체가 이어진 것은 결국 지리적인 문제가 크기 때문이라는 것이다.

이에 비해 일본은 '개벽 이래로 인황에 이르기까지 이백만 세를 내려오고 인황으로부터 지금에 이르기까지 이천삼백 세를 지났지만 천신의 황통은 끝내 바뀌지 않았다'[22]고 하여 한 번도 왕조가 교체된 사실이 없음을 강조한다.

소코는 이러한 인식에 기초하여 히데요시가 조선을 침략한 이유를 다음과 같이 기술하였다.

조선이 약속을 바꿔 조공하러 오지 않기에 오랑캐를 정벌하는 도(道)로 분록 원년에 조선을 정벌하여 무위를 이국에 떨쳤다. (중략) 히데요시는 만년에 이르러 조선을 정벌하여 그 용맹함을 고금에 발휘했는데, 조선이 본조의 속국 변방인 것은 옛 진구황후가 삼한을 정벌한 때

22 山鹿素行,『中朝事實』,「皇統」, 30쪽.

부터 대대로 그 내역이 옛 기록에 명백하다.

－『武家事紀』 卷14, 「續集」, 485~487쪽

소코는 임진왜란을 조선이 일본의 속국이라는 인식 위에 '조공'하지 않은 조선에 대해 만이(蠻夷)를 벌하는 도에 따라 일으킨 정벌이라고 인식하였다. 또한 임진왜란을 통해 일본의 무위를 알렸다고 했다. 그의 이러한 인식의 근원에는 진구황후의 삼한 정벌이 있다.

조선이 오랫동안 본조에 조공으로 섬기는 것이 끊어지고, 중엽부터 단지 교린으로 수호한다고 하니, 히데요시 치세에 동서남북에서 무화(武化)를 사모하여 알현하러 오지 않는 신하가 없었다. 그러므로 히데요시가 조선 정벌을 계획했다. (중략) 이것은 본조의 무용의 길이 삼국에 비할 바가 아니기 때문이다. 히데요시가 붕어함에 따라 그 공이 완전하지는 못했다 해도 본조의 무위를 이역에 떨친 일은 진구황후 이후 히데요시의 치세에 있다. 그렇다면 조선 정벌은 주공의 '융과 적을 치니 형과 서가 징계되었다'는 것에 해당한다.

－『武家事紀』 卷14, 「續集」, 488쪽

여기에서 보듯이 소코는 진구황후의 삼한 정벌을 사실로 받아들였다. 히데요시의 조선 침략 정당성을 확보하기 위해 진구황후를 소환하는 논리는 소코뿐만이 아니라 당시 다른 유자들에게도 나타난다. 소코가 조선 침략의 정당성 근거로 제시한 『시경』 「노송」편의 '융과 적을 치니 형과 서가 징계되었다(戎狄是膺, 荊舒是懲)'는 것은 주 왕조를 세운 주공

(周公)이 북쪽 이적인 융·적과 남쪽 이적인 형·서를 정벌하여 건국의 기틀을 마련한 것을 말한다. 소코가 이적을 정벌한 주공 고사를 인용한 이유는 히데요시가 조선을 침략한 것이 아니라 문명을 전파했다는 문명 전파의 논리를 펴기 위해서였다. 즉 지리적 우위성에서 일본이 '중화'라고 주장하면서 그 이면에 있는 일본의 '무위'가 조선과의 조공관계로 발전했다고 이해한다. 또한 '무위'에 의한 조선 침략은 '침략'이 아닌 '문명' 전파라는 인식을 갖고 있었다.

4. 병영국가와 무문의 학

1) 무사와 무도

소코는 국가의 치평은 '무'에서 나온다고 했는데, 이 '무문의 학'은 결국 병학이다. 그는 '무장의 일이란 무직에 힘쓰는 것인데 무직이란 병법이다. 병법이란 무의 법을 바르게 하여 국가를 편안히 다스리는 도'라고 기술한다.[23] 소코는 병학에 유교의 치국평천하의 도를 접목시킨다. 병학

23 山鹿素行, 『武家事紀』, 巻55 別集. 마에다 쓰토무는 소코의 병학이 기술학보다는 무사의 윤리도덕, 국가통치를 위한 것으로 보고, 전투를 위한 무사도에서 평화로운 시대에 필요한 자기통제, 직분론으로 전환했다고 했다[前田勉(1996), 『近世日本の儒学と兵学』, ぺりかん社, 139~141쪽]. 하지만 소코가 강조하는 병학은 전투를 위한 기술학, 일상 도덕의 윤리학, 나

에 유교의 도를 접목시킨 이면에는 무사들을 개조시키려는 당시 여론들이 있었다는 점도 작용했다. 나카에 도주[中江藤樹]나 구마자와 반잔[熊澤蕃山]처럼 유교적 사도론을 주장하는 유자들이 출현하면서 17세기에는 사무라이들에게 '문' 수양을 요구하는 논의도 활발해진다.

나카에 도주는 유교적 사도론을 제시하면서 '유교가 즉 사도'[24]라 했다. 구마자와 반잔은 '문무는 하나의 덕으로 각기 다른 것이 아니'라고 하면서도 '무가 없는 문은 진실한 문이 아니며, 문이 없는 무는 진실한 무가 아니다. 음은 양의 근본이 되고, 양은 음의 근본이 되는 것처럼 문은 무의 근본이 되고 무는 문의 근본이 된다'[25]고 했다. 도주는 무사들에게 문(학문)의 중요성을 말하면서 유교적 사도로서의 무사도상을 제시하였다. 반잔 역시 도주와 같은 입장에 서서 '무사된 자는 학문에 힘써 사물의 도리를 알고 그 위에 무도에 힘쓰면 지금의 무사가 곧 옛 사군자'[26]라 하면서 유학을 공부하여 사물의 도리를 깨닫는 것에 대한 중요성을 강조하였다. 가이바라 에키켄[貝原益軒]은 『무훈』에서 무사의 길과 유자의 길은 둘이 아니라고 했다. 유자들은 무사들에게 위정자로서 갖추어야 할 학문과 도덕의 겸비를 요구했다.

소코의 병학이 병영국가를 지향한다는 것은 『무교소학』이나 『무교전서』에 잘 나타나 있다. 『무교전서』와 『무교소학』은 무사가 실전에 배치되어 어떻게 전투를 치러야 하는지 실제적인 내용을 담고 있다. 『무교소

아가 천하국가를 다스리는 방법이 복합적으로 작용한다는 점에 유의할 필요가 있다.

24 中江藤樹(1974), 『翁問答』, 113쪽(『日本思想大系』 29, 岩波書店).

25 中江藤樹(1925), 『文武問答』, 403~404쪽(『中江藤樹文集』, 有朋堂書店).

26 熊沢蕃山(1971), 『集義和書』, 19쪽(『日本思想大系』 30, 岩波書店).

학』은 무사들의 행동을 중심으로 숙기야매(夙起夜寐), 연거(燕居), 의식주, 사냥, 자손 교육 등을 중심으로 농공상의 장이 되는 무사의 구체적인 일상생활을 기술하였다. 일종의 병법서인 『무교전서』는 인재 등용과 인재 배치법, 군령 · 군법 등에 관한 견해, 그리고 구체적 전술로서 척후병, 행군 및 주둔법, 축성법, 성 공략법, 수군 활용법 등 실제 전쟁에 사용되는 병법을 기술하였다.

『무교전서』에 나타난 '무'에 대해 살펴보면 권1 「찬장(撰将)」의 〈대장을 보좌하는 모노가시라부교[物頭奉行]에 어울리는 인품의 일〉에는 대장의 보좌역에 어울리는 무사에 대해 기술하였다. 여기에서 소코는 '아주 용감하게 태어난 자, 지혜와 재각(才覺)이 있는 자, 온화하고 자애로운 자, 진실함이 깊은 자, 충절충공한 자'[27] 등을 들었다. 또한 모노가시라부교에 어울리지 않는 인품으로는 '혈기가 강하여 자신의 생각만 내세워 승부의 선악을 모르는 자, 나쁜 지혜가 많고 경박한 자, 우유부단하여 기가 약하며 남들에게 휘둘리는 자, 무예 경험이 많으나 길을 모르고 의를 바로 세우지 못하여 천착하지 못하는 자, 나쁜 욕심이 많은 자'[28] 등을 들었다. 이어 〈가문에 없어서는 안 되는 삼신(三臣)의 일〉에서는 '사귐이 좋은 신하, 문무 지변이 있는 신하, 무도정의의 신하'[29] 등을 들었고, '사귐이 좋은 신하'로는 집안 섬기기를 오래하여 용기 · 지혜 · 덕이 있으며, 대장도 친부처럼 여기고 숭경하는 자, '문무 지변이 있는 신하'로는 정도(正道)

27 山鹿素行(1943), 『武教全書』 上, 巻1, 44쪽(『山鹿素行集』 第二巻, 国民精神文化研究所, 目黒書店).

28 山鹿素行, 『武教全書』 上, 巻1, 44쪽.

29 山鹿素行, 『武教全書』 上, 巻1, 44쪽.

를 밝히고, 나라를 다스리며, 사심이 없어 멀리 내다볼 수 있는 지변과 모략이 있는 자, '무도정의의 신하'로는 무사도 정의에 달하여 성을 취하고, 진법을 펴며, 방비를 세우고, 사리를 함께 갖춘 자로 설명하였다.[30]

여기서 주목되는 것은 '무도정의'에 대한 설명이다. 위에서 보듯이 소코는 무사도를 '성을 취하고, 진법을 펴고, 방비를 세우는 것'으로 설명하였다. 이것은 전술가로서의 무사도이다.

이와 관련하여 소코의 외손이며, 병학자인 쓰가루 마사가타[津軽政方, 1682~1729]는 『무교전서』의 주석서 『무교전서강의』를 남겼다. 그는 위의 '무도정의'에 대해 '무교의 무는 본조 치평의 근본으로 문무를 총괄한다'[31]고 주해했다.

소코는 무장으로서 어기면 안 되는 잘못 10가지를 제시하였다. 그 내용을 보면, 용감하여 죽음을 가볍게 여기는 자, 성격이 급하여 마음을 급히 정하는 자, 탐욕이 있어 이익을 즐겨하는 자, 인한 마음이 있어 남들에게 차마 어찌하지 못하는 자, 지식이 있지만 마음이 나쁜 자, 믿음이 있어 남 믿기를 좋아하는 자, 청렴하고 깨끗하여 남을 좋아하지 않는 자, 마음이 약한 자, 자신의 강함을 쓰는 자, 나약하여 남에게 맡기는 자 등을 들고 있다.[32] 이외에도 『무교전서』는 전법, 무기, 축성, 방비 등 전쟁에 필요한 모든 것을 자세하게 기술하고 있다.

소코는 『무교전서』 서문에서 '사람은 병법의 큰 이치에 맞아야 한다.

30 山鹿素行, 『武教全書』 上, 巻1, 44~45쪽.

31 津軽政方(1944), 『武教全書講義』, 143쪽(廣瀬豊 編, 『山鹿素行兵学全集』 권4, 教材社).

32 山鹿素行, 『武教全書』 上, 巻1, 45쪽.

그렇지 않으면 무공을 즐겨 사(士)의 대도를 모르게 된다'[33]고 했다. 그는 무사들에게 유자적인 덕행 수양의 필요성을 강조했지만 그렇다고 해서 유자적인 무사를 기대하지는 않았다. 소코는 무사들이 무사로서의 아이덴티티를 가지면서 일상생활에서 무사의 길을 체현해 나가는 것, 즉 항상 '무'를 의식하면서 일상을 영위하는 방법을 자세히 기술하였다.[34]

소코는 무사에게 부과된 수신과 치국평천하의 직분을 수행하지 않는 자를 '하늘의 적민(賊民)'이라 했다.[35] 무사의 직분은 치국평천하를 위한 '무'에 있다. 이러한 점에서 보면 소코의 무사도는 도주나 반잔 등이 주장한 유자적인 사도론으로서의 무사도와는 결이 다르다. 『무교전서』에 나타난 무사는 유교적 무사보다는 전쟁에 어떻게 임할 것인가를 상정한 실전적 무사를 상정하고 있다.

2) 병영국가와 무사의 직분

소코가 지향하는 병학은 군대처럼 자신의 직분을 충실하게 수행하는 과정에서 성립된다. 버려지는 사람은 아무도 없기 때문이다. 전 인민에게 직분이 있다는 소코의 병학은 전 인민을 군대처럼 조직화하는 것과

33 山鹿素行, 『武教全書』 上, 序段, 40쪽.

34 谷口真子(2012), 「武士道と士道-山鹿素行の武士道論をめぐって」, 早稲田大学大学院文学研究科紀要. 第4分冊 58, 10쪽.

35 山鹿素行(1982), 『武教小学』 序, 1쪽(『山鹿素行全集』 上, 日本教育思想大系, 日本図書センター).

다르지 않다. 무사의 직분도 군대를 구성하고 책임지는 측면에서 의미를 강화시킨다. 군대조직의 편성 원리와 동일한 유기적 사회를 이루는 것으로 작용한다.[36] 이를 위해서는 무용한 인간을 배제시키는 것이 무엇보다도 필요하다. 소코는 '유민은 밭과 산업을 가지면서 그 삶이 사치하여 일을 하지 않는 자, 혹은 백성의 자제가 밭과 산업이 없이 항상 놀면서 시간을 보내는 자'[37]라고 했는데 결국 '유민'은 자신의 직분을 망각한 자들이다. 병영국가의 안정과 발전을 위해서 '유민'은 배제의 대상인 것이다.

소코는 인간의 도덕은 후천적인 교육으로 형성된다고 하며 예법을 강조하였다. 그는 인간관계를 규정하는 것은 예법이라 하면서, 외면에 위의를 보여 주고 절제된 행동을 특히 강조한다. 예법에 기초한 위의는 검술과 궁마 등의 훈련과 함께 형성된다. 이에 더하여 유교를 성학(聖學)이라고 하면서 무사로서의 도리와 직분을 공자의 노에서 찾았다. 그는 공자를 무문(武門)과 관련된 '위의'로 이해했다. 도덕적 수양은 내면적 수양이 아니라 신체의 외면적 '위의'를 드러내는 것이다.

소코는 『야마가어류』의 「사도」에서 '사의 직분이란 그 몸을 돌아보고 주인을 얻어 봉공의 충을 다하고 붕우와 교제하여 믿음을 두텁게 하고 홀로 그 몸을 조심하여 오직 의에 힘쓰는 것'[38]이라 했다. 무사의 직분은

36 前田勉, 『近世日本の儒学と兵学』, 153쪽. 마에다는 소코의 사회조직론에 대해 소코는 전 인민이 모두 자신의 직분 수행에 생의 의미를 갖는다는 점을 강조한다고 하면서 소코가 지향한 국가는 군대조직처럼 유기적으로 이루어진 사회라고 지적한다.

37 山鹿素行(1982), 『山鹿語類』 巻5, 323쪽(『山鹿素行全集』 下, 日本教育思想大系, 日本図書センター).

38 山鹿素行, 『山鹿語類』 巻21, 「士道」, 352쪽.

학문보다는 '무'에 집중하는 것으로 '학문을 널리 배우고 넓은 재능을 말하여 도리를 높인다고 해도 무에 전일하는 것을 모르면 그 일은 결국 쇠해진다'[39]고 하였다. 무사는 무사 본연의 임무인 '무'를 실천하는 것에 무사의 직분이 있다. 소코는 관료적인 무사보다는 무국 일본을 지탱할 수 있는 무사 본연의 직분을 강조하였다.

소코는 무사가 직분을 망각해서 발생하는 문제에 대해 실례를 들어 설명하였다.

> 스승이 말하길, 다이라노 기요모리는 무장을 갖추고 공을 세워 관위가 높아져 부귀는 사해를 손에 넣었다. 그러나 그 자손이 겨우 이십여 년에 풍속이 모두 변하고 그 직분을 잊어 다이라씨 일족이 멸망에 이르렀다.
>
> -『山鹿語類』 巻22,「士談一」

헤이안시대 말기의 무장 다이라노 기요모리[平清盛, 1118~1181] 집안이 망하게 되는 이유는 직분을 망각했기 때문이다. 그는 1156년 발생한 호겐[保元]의 난과 1160년 헤이지[平治]의 난을 진압하여 무사로는 최초로 태정대신이 되었고, 최초로 무가정권을 세웠다.

> 스승이 말하길, 평생 그 가문의 풍속을 오로지 하니 무가는 무를 가풍으로 삼는 것처럼 마음을 써야 한다. (중략) 무사의 직분에 대해서는

39 山鹿素行,『山鹿語類』 巻22,「士談一」, 440쪽.

더욱 그 가풍을 소상히 하여 그 집안의 기물 모두 무의 가풍으로 이것을 궁구하고, 집안은 이에 따라 그 품격을 지켜 자연히 직분을 지키는 것처럼 해야 한다.

–『山鹿語類』 巻22, 「士談一」

소코는 무사의 직분에 대해 가토 기요마사[加藤清正, 1562~1611]가 자신의 가신들에게 가르친 무사로서 지켜야 할 조목을 예로 설명하였다.

말하길, 봉공의 도를 유단하면 안 된다. 아침에는 진시에 일어나 병법을 쓰고, 음식을 먹고, 활을 쏘고, 총을 쏘고, 말을 타고, (중략) 큰 칼을 취하여 사람을 벨 것을 생각하니 그렇다면 만사는 마음을 어디에 두는가에 따른다. 무예 외에 난잡한 춤을 계고하는 자들은 할복해야 한다. 무사 집안에서 태어나 큰 칼을 취하여 죽는 길이 본의이다. (중략) 이것이 무의 직분을 바르게 한다고 하는 것이다.

–『山鹿語類』 巻22, 「士談一」

무사의 직분은 '무' 외에는 없다. 무사가 무예를 도외시한다면 무사가 아니다. 무사가 무예를 익혀 국가에 봉공하며, 국가를 위해 죽는 것이 가장 명예로운 길이다. 무사가 두 마음을 품는 것은 가장 큰 수치이다. 무사는 죽음을 부끄러워하면 안 된다. 무사가 해야 할 일은 진영을 설치하여 방패를 삼고, 용맹스런 병사로 적을 포로로 삼는 일이다.[40]

40 山鹿素行, 『山鹿語類』 巻22, 「士談一」, 453쪽.

소코는 주군을 위해 대신 죽는 것에 충효라는 것으로 당위성을 부여했다.

> 전장에서 주군의 은혜에 죽고 혹은 말을 바쳐 주인을 피신시키고 혹은 앞서가 많은 아군을 조심하게 하고 혹은 주군에게 병사를 앞세워 도망가게 하여 많은 아군을 살리는 일은 모두 강직하여 절개를 지켜 충의를 첫째로 삼는 일이다. 그러므로 순직을 칭찬하는 일은 세상에서 중한 일이다.
>
> –『山鹿語類』 巻28,「士談七」

소코는 주군을 위해 죽는 일을 충의라 하면서 그 실례로 사토 쓰구노부[佐藤継信]가 그의 주군 미나모토 요시쓰네[源義経, 1150?~1185]를 위해 다이라노 노리쓰네[平教経, 1160~1184]가 쏜 화살을 대신 맞고 죽은 일을 기술하였다. 무사는 주군을 위해 죽는 것이 명예로운 일이며, 그것이 직분이다.

소코가 무사의 직분론에서 주장하는 내용들은 유자(儒者)적인 '사도'보다는 무사의 직무를 수행하기 위해 필요한 것이다. 무사들에게 학문이 필요한 이유도 이와 관련되어 있다. 이러한 점에서 본다면 소코가 제시하는 무사도는 전쟁에서 승리하기 위한 병법적 성격을 강하게 띠고 있다.

5. 맺음말

소코는 일본이 중국이며, 중화라고 할 때 그 근거를 고대 일본을 형성한 황통에서 찾았다. 소코의 중화주의에는 중국이나 조선과는 달리 천양무궁한 황통이 왕조의 교체 없이 계속 이어져 왔다는 것이 강조되어 있다. 그렇다면 도요토미 시대를 거쳐 도쿠가와 막부에 이르는 무가정권과 고대부터 일본을 통치해 온 천황을 어떻게 이해해야 하는가?

이 문제에 대해 소코는 천황보다는 막부를 인정했다. 그는 히데요시를 무너뜨리고 패권을 장악한 도쿠가와 이에야스를 성인의 반열로 높였으며, 무가정권이 천명이라는 인식을 가졌다. 신국 일본은 무가에 의해 계승·유지·발전된다. 소코는 천황을 중심으로 하는 왕도와 막부를 중심으로 하는 패도(霸道)를 하나라고 했는데, 이것은 도쿠가와 정권이 왕도이자 패도라는 것을 의미한다. 즉 일본의 실질적인 통치자는 천황의 조정이 아니라 도쿠가와 정권이다.

소코는 병영국가를 표방했다. 무사도론은 병영국가를 지탱하는 사상적 원리를 제공한다. 전 인민에게 직분을 부여하고, 그 직분을 성실하게 수행하는 것에 인민으로서의 존재 이유를 두었다. 무사에게는 전 인민을 통치하는 치자의 위치를 부여했다. 그의 무사도론은 병영국가를 지탱하는 데 필수적인 요소를 갖추고 있다. 유사시 전 인민이 조직적으로 일사분란하게 자신의 직분을 담당할 수 있는 체계적인 시스템으로 이해할 수 있다. 또한 무사에게 유교적인 교양을 강조했다고 하지만 무사는 어디까지나 무사의 아이덴티티를 벗어나지 못한다. 이러한 점은 무사도를 주장하는 다른 유자들과 차이나는 부분이다.

소코의 병학과 무사도 인식의 기저에 우환의식을 볼 수 있다. 그의 우환의식은 무가사회의 영속을 저해하는 요소들에서 나온다. 소코가 「사담」에서 기술하는 실례들, 예컨대 무사가 자신의 직분에 충실하였을 때와 직분을 망각했을 때 발생하는 사례들의 이해와 관련된다. 그는 이러한 사례들의 기술을 통해 무사들이 직분을 철저히 지킬 때 국가가 보전된다는 것을 보여 주었다. 무가사회의 지속성을 위해서는 철저한 직분의 수행이 절실한 것이다.

소코는 중국적 중화질서를 상대화시키고, 일본을 중심으로 한 일본형 중화질서를 내세웠다. 그러한 배경에는 일본이 처한 지리적 우월성이 작용했다. 중국과 조선은 끊임없는 왕조의 교체가 있었지만 일본은 그러한 역사를 경험하지 않았다. 소코는 일본이 중화의 보편성을 가진 문화이며 보편성에 기초한 정치를 시행해 왔기 때문이라고 했다. 이러한 소코의 중화주의는 중국을 중심으로 하는 예악에 기초한 중화주의와는 이질적이다. 중국 중심의 중화주의는 예악의 유무에 따라 중화와 이적이 구분된다. 하지만 소코는 중화의 구분을 '위의'와 '무위'에서 찾았다. 신국 일본에서 생성된 '예'도 위의와 무위를 바탕으로 하고 있다. 소코는 일본적 '예'의 연원을 황통에서 찾았다. '무위'는 신국 일본이 중심에 있다. 소코는 고대 신화에 기초한 신국사상을 실제적인 것으로 이해하기 때문이다. 이러한 유학 사상에 기초하여 임진왜란이 일본형 중화문명의 조선 전파이며, 조공을 하지 않고 신의를 버린 조선에 대한 정벌이라는 논리를 만들었다. 침략은 정벌, 문명의 전파로 변용되었다. 소코의 이러한 면은 근대의 충군애국 정신의 연원으로 재생산되었다.

■ 참고문헌

- 山鹿素行(1982), 『山鹿語類』, 『武教小学』, 『中朝事實』(『山鹿素行全集』, 日本教育思想大系, 東京 : 日本図書センター).
- 山鹿素行(1943), 『武教全書』(『山鹿素行集』第二巻, 国民精神文化研究所, 東京: 目黒書店).
- 山鹿素行(1918), 『武家事紀』(『山鹿素行先生全集』, 東京: 山鹿素行先生全集刊行会).
- 山鹿素行(1970), 『配所残筆』(『日本思想大系』 32, 東京: 岩波書店).
- 津軽政方(1944), 『武教全書講義』(廣瀬豊 編, 『山鹿素行兵学全集』 권4, 東京: 教材社).
- 中江藤樹(1974), 『翁問答』(『日本思想大系』 29, 東京: 岩波書店).

  ________(1925), 『文武問答』(『中江藤樹文集』, 東京: 有朋堂書店).
- 熊沢蕃山(1971), 『集義和書』(『日本思想大系』 30, 東京: 岩波書店).
- 『宣祖實錄』(朝鮮王朝實錄, 한국고전종합DB).
- 黃愼(1977), 『日本往還日記』(『海行摠載』 85, 고전국역총서, 서울: 민족문화추진위).
- 新井白石(1883), 『五事略』, 東京: 白石社.
- 堀杏庵(1913), 『朝鮮征伐記』(早稲田大学編輯部 編, 『通俗日本全史』 第20巻, 東京: 早稲田大学出版部).
- 林羅山, 『豊臣秀吉譜』(日本国立公文書舘デジタルアーカイブ, 請求記号 148-0005).
- 荒野泰典(1988), 『近世日本と東アジア』, 東京: 東京大學出版會.
- 桂島宣弘(1995), 『思想史の十九世紀』, 東京: ぺりかん社.
- 大阪国学院(1930), 『偉大なる日本民族』 奥附, 東京: 桃谷印刷.
- 衣笠安喜(1990), 『近世日本の儒教と文化』, 京都: 思文閣出版.
- 佐久間正(2007), 『徳川日本の思想形成と儒教』, 東京: ペリカン社.
- 前田勉(1996), 『近世日本の儒学と兵学』, 東京: ペリカン社.

  ______(2010), 「山鹿素行『中朝事実』における華夷観念」, 愛知: 『愛知教育大学研究報告』 59호.

  ______(1999), 「兵学と士道論」, 『歴史評論』.

  ______(2010), 「鹿素行における士道論の展開」, 愛知: 『愛知教育大学研究報告』人文・社会科学編.
- 구태훈(2012), 「근세 일본 무사의 직분과 사도론-야마가 소코의 사도론을 중심으로」, 서울: 『대동문화연구』 81집.
- 김경태(2014), 「임진전쟁기 강화 교섭 결렬에 관한 연구」, 서울: 『대동문화연구』 87집.
- 谷口真子(2012), 「武士道と士道-山鹿素行の武士道論をめぐって」, 東京: 早稲田大学大学院文学研究科紀要, 第4分冊 58.
- 朝尾直弘(1970), 「鎖國制の成立」, 『講座日本史』 4, 東京: 東京大學出版會.

| 3장 |

가토 히로유키의 진화론과 전쟁 인식
–청일·러일 전쟁 관련 저술 분석을 중심으로

김도형 | 성균관대학교 책임연구원, 초빙교수 |

1. 머리말
2. 가토 히로유키의 진화론 궤적과 과제
3. 『일본지십대승산』 – ‘도덕법률’의 진화와 청일전쟁 전망
4. 『진화학으로부터 관찰한 일러의 운명』 – ‘적자’와 ‘부적자’ 간 다툼으로서의 러일전쟁 전망
5. 맺음말

1. 머리말

모든 전쟁에는 명분이 필요하다. 그 전쟁의 계기가 군주의 개인적 독단이건 국가의 위신이건 또는 집단의 이익이건 어떻게든 명분을 찾아내 전쟁을 합리화해야 한다. 명분이 없는 전쟁은 그 최대의 목적인 승리를 이루어 내기도 어렵다는 점을 생각하면 더욱 그러하다. 전쟁 수행을 위해 동원되는 군인들(백성, 신민, 인민 등)의 전투력을 극대화시키기 어렵기 때문이다. 메이지시대 일본이 외부를 향해 수행했던 대표적인 두 전쟁인 청일전쟁과 러일전쟁 역시 그러했다. 그 전쟁이 정당하다는 명분이 필요했고, 양쪽 모두 많은 지식인들과 언론인들, 가종 신문 및 언론매체들 대부분이 전쟁의 정당성을 구축하기 위한 명분을 쏟아냈다.

메이지시대 초기의 담론 공간을 주도하였던 소위 '문명개화'론자들 역시 예외는 아니었다. '자유', '평등', '민권' 등을 앞세워 정부와 정치적 대립각을 세우던 인사들도 전쟁 앞에서는 '충군', '애국', '희생' 등을 강요하며 전쟁 참가자들을 독려하고, '문명'의 이름으로 '야만'을 격파하자는 선전을 행했다. 이러한 사례를 살펴볼 때 가장 많이 언급되는 것은 후쿠자와 유키치[福澤諭吉]일 것이다. 가령 후쿠자와는 「日淸의 전쟁은 文野의 전쟁이다」를 『지지신포[時事新報]』에 발표하여 '신문명' 대 '구문명', '진보' 대 '퇴보'라는 견해를 표방하였다. 이는 '문명'의 이름으로 전쟁이 어떻게 정당화될 수 있는지를 보여 주는 대표적인 언술이다.

저들(청국인)은 완미불령하며, 보통의 도리를 모르고, 문명개화의 진보를 보고 이를 기뻐하지 않을 뿐만 아니라, 반대로 그 진보를 방해하고자 하여 무법하게도 우리에게 반대의 뜻을 표하였기 때문에, 어쩔 수 없이 일이 여기에 이른 것일 뿐 … 세계의 문명진보를 위해서 그 방해물을 배제하고자 함에 다소의 살풍경을 연출하는 것은 도저히 모면할 수 없는 일이므로 … 그 운명의 운이 없음에 대해 스스로 체념하는 수 밖에 없을 것이다.[1]

이러한 논의는 그때까지 서양 문명에 입각한 기준들을 내면화하여 전쟁에 적극적으로 찬동하기를 주저하던 많은 이들의 심적 모순을 해결해 주는 역할을 하였음에 분명하다. 여기에서 청나라가 '문명'적인 일본에 비해 '야만'의 위치에 놓이게 된 중요한 계기가 되는 것이 바로 전쟁의 무대였던 조선의 존재다. 조선의 '내정 개혁'과 '독립'을 지지하는 일본과 그것을 방해하는 청나라라는 대립구도를 배경으로 두고, 이제 '당초의 이익선론에서 조선의 내정 개혁을 추진하는 나라, 거절하는 나라라는 논리에, 나아가 개화와 보수의 싸움과 같은 논리의 변천'[2]을 후쿠자와가 완성시켰던 것이다.

비단 후쿠자와 사례뿐 아니라, 청일전쟁 시기까지만 해도 대부분의 일본 지식인, 언론인들은 전쟁이라는 행위에 명분 만들기나 정당화에 열을 올리고 있었다. 가령 러일전쟁 시기에는 '비전론(非戦論)' 입장을 표방

1 福沢諭吉, 「日清の戦争は文野の戦争なり」, 『時事新報』(1894년 7월 29일), 『福沢諭吉全集』 第14巻(1961), 岩波書店, 491쪽.

2 가토 요코 저 · 박영준 역(2003), 『근대 일본의 전쟁 논리 – 정한론에서 태평양 전쟁까지 –』, 태학사, 111쪽.

한 것으로 유명했던 우치무라 간조[内村鑑三]도 청일전쟁에 대해 '의전(義戰)'이라는 용어를 써 가며 전쟁의 정당화에 열을 올렸다. 독실한 기독교인이자 「교육칙어」 봉독식에서 예를 갖추지 않아 문제가 된 '불경사건(不敬事件)'으로 유명했던 그조차 청일전쟁에 대해서는 '… 일청전쟁은 우리에게 있어서는 실로 의전임을 믿는다. 그 의로움은 법률적으로만 의로운 것이 아니라 윤리적으로도 그러하다'[3]고 적고, '신문명을 대표하는 소국', '동양의 진보주의의 전사'와 '구문명을 대표하는 대국', '세계 최대의 퇴보국' 간의 충돌이라고 평가[4]한 것을 보면 청일전쟁에 대한 당시 일본 지식인들의 지지가 어느 정도였는지 짐작할 수 있을 것이다.[5]

이와 같이 '문명'을 표방한 메이지시대의 지식인들이 전쟁을 옹호할 수 있게 하는 판단 근거가 된 지식들은 여러 가지가 있겠으나, 그중 대표적인 것 가운데 하나로 진화론의 영향과 그로부터 구축된 세계관의 문제를 지적하지 않을 수 없다. 위의 사례처럼 메이지 초기의 지식인들 상당수는 서양 문명을 일종의 '절대 가치'로 상정하고 거기에 입각하여 자신들의 주장의 정당성을 확보하는 방식으로 논리를 펼쳐 갔다. 특히 서양 문명을 '진보' 내지 '진화'의 법칙에 입각하여 '우월'한 위치에 있는 것으로 인식하고 여기에 따라오지 못하는 이들을 '퇴보'나 '도태' 대상으로 파악하

3 内村鑑三, 「日清戦争の義」, 『国民之友』234号(1894년 9월 3일), 『内村鑑三全集』 3(1981~1984), 岩波書店, 105쪽.

4 『内村鑑三全集』 3(1981~1984), 111쪽.

5 이후 우치무라는 잘 알려진 대로 청일전쟁 이후 비전론 입장으로 돌아서게 되며, 러일전쟁기에 이르면 철저하게 전쟁을 비판하는 주장을 전개하였다. 이에 관해서는 박은영(2013), 「우치무라 간조(内村鑑三)의 비전론(非戰論)에 관한 연구 – 의전론에서 비전론으로의 사상적 전환을 중심으로」, 『日本思想』 제24호를 참조.

는 논법은 당시 매우 상식적인 것이었다. 이러한 경향은 일본의 학술계에서도 동일하게 전개되어, 가령 근대적인 교육 및 연구체계를 수용하여 확립하기 시작했던 대학 안에서도 진화론은 서양 문명의 대표적인 '과학적 지식'으로 유입되어 일본 학자들을 매료시켰다. 스펜서(H. Spencer)를 위시한 사회진화론은 물론, 다윈(C. Darwin), 라마르크(J. B. Lamarck) 등의 생물진화론이 단지 학설 차원을 넘어 세계관 자체에 커다란 영향을 끼치는 진리로 받아들여지는 형국이었다. 그리고 이러한 '진리'로부터 파생되는 '우승열패'라는 유행어에 쏟아졌던 맹신을 빼놓고는 위와 같은 '전쟁의 정당화'라는 현상을 설명하기 어려운 측면이 있다.

이 문제와 관련하여 일본의 진화론 수입 및 유행의 산파이자 전도자 역할을 수행했던 가토 히로유키[加藤弘之, 1832~1912]의 진화론과 전쟁 인식에 대해 살펴보는 것 또한 의미가 있을 것이라 생각된다. 잘 알려진 것처럼 가토는 천부인권론에 입각한 의회제와 입헌체제를 주장하다가 자유민권운동이 본격화되자 자신의 입장을 일변[6]하여 철저한 유물진화론에 입각한 논의를 전개하였다. 일본 역사에서는 소위 '전향(轉向)'이라고 알려진 이 사건 이후로 가토는 승승장구하였고 동경대학 종리, 제국학사원 회원, 제국대학 총장, 추밀원 고문관 등을 역임하고 남작작위를 수여받는 등 평생 일본 학술계의 정점에서 활약하였다. 그리고 위에서 살펴본 지식인들과 마찬가지로 가토 또한 서양 문명의 우월성을 목표로

6 대표적으로 초기 자신의 저작들[『眞正大意』(1870), 『國體新論』(1874)]을 스스로 절판하면서 이 저술에 담겨 있던 '천부인권주의'가 '망상으로부터 나온 것'이라고 격하하고, 자신은 새롭게 익힌 '진화주의'로써 '천부인권주의'를 배격하겠다는 입장을 표명하였다[『人權新說』(1882)].

삼아 문명과 야만, 진화와 퇴보, 우승열패 논리에 따라 일본 사회를 진단하며 자기 학설을 펼쳐 나갔고, 이윽고 청일·러일 전쟁 등의 시기에는 자기 나름의 학문적 입장으로부터 전쟁의 정당성을 강변하였던 것이다.

이에 이 글에서는 가토 히로유키 진화론의 사상적 궤적을 개관하면서 그의 주요한 문제의식을 도출하고, 그것이 가토가 청일·러일 전쟁에 관하여 남긴 저술들과 어떻게 연관되고 있는지를 통해 그의 전쟁 인식을 살펴보고자 한다. 동시에 거기에서 전개되는 논리가 갖는 의미는 무엇인지에 대해서도 고찰해 볼 것이다.

2. 가토 히로유키의 진화론 궤적과 과제

우선 가토 히로유키가 전개하였던 진화론의 특징은 언제나 자신을 둘러싼 정치 환경이나 갈등상황에 크게 영향을 받으면서 형성되어 갔다는 점을 지적해 둘 필요가 있다. 애초에 그가 진화론으로 눈을 돌린 계기에 대해서도, 기존에는 최초 천부인권론에 기초한 의회론, 입헌론 등을 전개하던 그가 메이지 14년을 전후한 시기에 어용학자로 소위 '전향'하면서 기존의 자기 업적을 부정하고 메이지 정부의 입장을 추종하는 무기로서 진화론을 받아들였다는 시각이 대부분이었다.[7]

7 松本三之介(1969), 「加藤弘之の転向」, 『天皇制国家の政治思想』, 未来社; 山脇直司(1991),

그러나 그의 연구 메모 『의당비망(疑堂備望)』[8]에 나타나는 초기 진화론 수용 양상을 살펴보면 그것이 이미 소위 '전향' 이전부터 연구되고 있었고, 기존에 알려진 사회진화론의 영향보다는 다윈·헤겔류의 생물진화론의 영향이 압도적이었으며, 무엇보다 진화론에 관심을 가지고 이끌려 가는 과정이 당시 그가 지니고 있던 문제의식들과 연결되면서 자연스럽게 이루어지고 있었다는 점 등을 확인할 수 있다.[9] 특히 그가 『국체신론(國體新論)』(1874)을 저술하는 단계까지 주요한 학문적 문제의식은 '문명개화'와 '근대 국가'의 흐름 안에서 '천황'이라는 낯선 형태의 군주를 어떻게 규정할 것인가를 둘러싼 일련의 문제들로부터 나온 것이었다. 이로부터 그 해결을 모색하는 과정에서 자연스럽게 다윈 등의 저술에 접

「近代日本における社会ダ―ウィニズムの受容と展開」, 鵜浦裕「近代日本における社会ダ―ウィニズムの受容と展開」(柴谷篤弘, 長野敬, 養老孟司 編『講座進化② 進化思想と社会』, 東京大学出版会.

8 加藤弘之「疑堂備望」, 上田勝美 [ほか]編, 『加藤弘之文書』 第1巻(1990), 同朋舎, 161~250쪽 수록.

9 가토가 '진화'의 법칙으로부터 사회를 설명하기 시작한 시기의 연구 메모들을 확인해 보면 대부분 다윈(Charles Darwin)의 『인간의 유래(The Descent of Man, and Selection in Relation to Sex)』 독일어 번역본과 헤켈(Ernst Haeckel)의 『조화사(Natürliche Schöpfungsgeschichte)』를 집중적으로 읽고 있었고, 이외에 여러 박물학자(博物學者)들의 저서를 참고하면서 진화론 이해를 심화하고 있었음을 알 수 있다. 정작 당시 유명한 사회진화론자이자 일본의 사회진화론 유행에 큰 영향을 끼쳤던 스펜서를 위시한 영미권의 사회진화론 관련 서적을 읽은 흔적은 발견되지 않고, 또한 읽었다고 해도 독일어 요약본이나 연구논문 정도를 읽은 흔적이 발견된다. 이것은 당시 스펜서류의 사회진화론이 자유민권운동 진영의 주요 텍스트로 읽혔던 것과도 무관하지 않을 것이라 생각된다. 즉 가토는 사회 진화를 논하면서 그것을 자신이 읽은 생물학의 텍스트에 입각하여 '과학적'으로-스펜서류보다 더욱 철저하게-적용하고자 했던 것이다. 가토가 진화론 수용 과정에 읽었던 텍스트와 그 경향에 관해서는 武田時昌(2003), 「加藤弘之の進化学事始め」, 阪上孝 編 『変異するダ―ウィニズム 進化論と社會』, 京都大學學術出版會; 김도형(2014), 「加藤弘之의 進化論受容理解-「疑堂備望」 독해를 중심으로」, 『日本思想』 제27호 참조.

촉하였던 점을 감안하면, 그의 진화론 수용을 '전향'이라는 단어 하나로 설명하는 것은 부적절한 측면이 있다.

물론 가토가 진화론으로 자신의 지적 입각점을 옮겨가는 과정에서 일어났던 절판 사건이나 『인권신설(人權新說)』(1882)의 '성급한' 출판 등으로 많은 비판과 논란의 여지가 있었던 점을 부정하기 어렵지만, 그로 인해서 그의 진화론 수용이 가지고 있는 나름의 문제의식마저도 통째로 외면해 버릴 필요까지는 없을 것이다. 가령 『인권신설』에서 진화론에 입각한 이론을 전개하면서 받은 비판은 그의 이론이 가진 허술함, 모순 등을 드러내주는 것이기도 하지만, 동시에 동아시아에서 진화론이 수용되는 양상과 과정을 잘 보여 주는 것으로도 읽을 수 있다.

『인권신설』에 가해진 비판은 여러 가지가 있겠으나 대표적인 것만 몇 가지 언급하자면 ① 사회 현상과 자연 현상은 구별되어야 한다. ② 가토가 우승열패를 '양정(良正)'한 것과 '사악(邪惡)'한 것으로 구분한 것은 타당한가? ③ 가토는 진화를 '점진'적이라고 하지만 정말 그러한가? ④ 천부인권이 망상일지언정 유해한 것이 아니다. ⑤ 권리 발생이 국가 성립으로부터 이루어진다는 설 역시 망상이 아닌가? 등의 여러 비판이 있었다.[10]

그중에서도 특히 가토의 모순을 드러낸 것은 ②, 즉 진화를 '양정'한 것과 '사악'한 것으로 구분하여 자기주장을 전개시키고 있었던 점이라고 여겨진다. 가토는 인간은 동물과 완전히 동일하며, 철저한 유물론으로부터 모든 형이상학적 전제들을 부정한다는 입장에서 자신의 논지를

10 吉野作造 編(1967), 『明治文化全集 第二卷 自由民權編 第4版』, 日本評論社.

펼쳐 나갔는데, 그렇다고 한다면 자연현상으로서의 '진화'에 '양정'이나 '사악'과 같은 가치판단이 개입될 여지가 존재하지 않아야 마땅하기 때문이다. 이것은 애초에 가토의 주안점이 '진화론' 그 자체가 아닌 '사회이론으로서 진화론'을 지향하고 있었기 때문에 발생한 모순으로 '천황'이나 '상등평민'과 같은 근대 국가의 주요 담당자나 구성원을 어떻게 정당화하고 국가 안에 포섭할 것인가에 대한 고민으로부터 발생한 모순이었다고 말할 수 있다. 특히 '상등평민'은 사회의 '우자(優者)'로서 '열자(劣者)'를 누르는 '우승열패'의 원리로부터 사회가 발전하는데, 이들 '우자'가 능력이 된다면 종국에는 군주의 자리까지도 올라가는 것이 '우승열패'의 자연스러운 이치이다.

그러나 가토는 이 부분을 용인할 수 없었던 사정으로 '인민이 권리의 진보만 도모하면 사회의 불리, 불행을 가져온다'[11]고 설명하였다. 사실 이와 같은 논리는 진화론과 정면으로 배치되는 것임은 명약관화했다. 즉 '우승열패'의 단순한 적용은 사회 질서를 뒤흔들 위험성을 가지고 있었고, 처음 『도나리구사[隣草]』(1860) 시기부터 '인화(人和)'[12]를 사회의 핵심적 가치로 보았던 가토로서는 이와 같은 우승열패를 그대로 인정하기 어려운 측면이 존재했던 것이다. 결국 사회의 구성원이 자유롭게 경쟁할 '권리'를 인정하는 것에서부터 출발하는 우승열패의 원리는, 다시 그 권리를 어떻게 제한할 것인가의 문제를, 적어도 그것을 '사회'라는 이름의 인간세계 내부에서 통용시키기 위해서는 필연적으로 야기할 수밖에 없

11 加藤弘之(1986), 『人權新說』, 植手通有 編, 『日本の名著34 西周·加藤弘之』, 中央公論社, 448쪽.

12 가토 히로유키 저·김도형 역(2014), 『도나리구사』, 도서출판 문사철, 26쪽.

기 때문이다. 이로부터 가토는 '진화' 안에서 어떻게 '질서'를, 그것도 천황·관료·인민 등을 입헌제와 의회제라는 근대국가의 틀 안에서 안정적으로 위치시킬 '일본적' 질서를 구상할 수 있을까라는 지점에서 가장 핵심적인 문제의식을 획득하였던 것이라고 말할 수 있을 것이다.

이후 도쿄대학의 초대 종리 및 학사회원, 다시 제국대학 총장 등으로 다양한 활동에 힘을 쏟던 가토는 1893년 10여 년 만에 『강자의 권리 경쟁[強者の権利の競争]』을 세상에 내놓게 된다. 특이하게도 독일에서 독일어판으로 처음 출판되고 이후 일본어판이 출판된 이 책은, 1880년대부터 의회 개설까지 일본에서 치열하게 벌어졌던 '권리론'을 둘러싼 논쟁에 대한 가토 나름의 결론을 담고 있었다. 여기에서 가토는 철저한 유물론과 진화론적 사회관에 입각하여 인간의 '천부인권', 즉 '자연적 권리'란 존재하지 않으며 모든 권리는 권력자의 등장과 공동체(즉 국가) 성립으로부터 발생하고, 그 권력자가 아래의 저항과 원활한 통치를 위해 자신의 권력을 스스로 제한함으로써 피치자에게 '권리'를 '인허'해 주는 것이라고 설명한다. 그런 의미에서 모든 권리는 본질상 권력이며, 이것은 국가와 법률에 따라서 규정되는 것이었다. 다만 가토는 의회제 일본이라는 현실이 존재하는 이상 피치자의 '저항에 의한 권리 획득'이라는 차원을 열어두기는 했는데, 거기에서 발생하는 갈등을 어느 선에서 조정할 것인가의 문제는 여전히 남아 있었다.

'피치자는 권리 획득을 위해 저항할 수 있지만, 어느 선 이상으로 저항해서는 안 된다.' 가토는 이러한 질서 구축을 위해 '심신에 강약과 우열을 낳는' 자연 현상을 전제하고 인정하는 상태에서 권리의 차등, 곧 자연적인 차원의 권력 차등이 존재하고 유지되는 것이야말로 '천칙(天則)'이라고 설명한다.[13] 이로부터 남성과 여성, 주인과 노예, 자유민과 부자유민 등의 차이가 역사적으로 실존해 온 사례들을 설명하며 세상의 '천칙'적인 차이를 애초부터 전제한다.

그러자 이제 다시 두 가지 문제에 직면하게 된다. 하나는 그와 같이 불평등한 '천칙'의 원리를 인정하고 구성원 스스로가 자신의 권리를 제한할 만큼의 정당성과 설득력을 갖춘 '도덕' 체계를 갖추는 것이고, 다른 하나는 이러한 '천칙'의 일본적 형태(즉, 천황 지배의 정당성)가 어떤 것인지를 제시해야 했다. 특히 근대국가를 이룩한 일본 대다수의 구성원들, 즉 신민들이 납득할 만한 도덕과 법률 내용을 구상하고 이를 교육시키는 작업은 만만치 않은 것이었음에 분명했다. 그런 만큼 가토는 더더욱 '자유'와 '인권'에 대한 '망상'적인 개념[14]을 익혀 실제 언론 및 생활을 통해 '천칙'에 입각한 '도덕과 법률의 진보 발달'이라는 진리를 분명하게 보여 주지 않으면 안 된다는 사명감을 가지게 되었던 것이다.

이후 가토는 『강자의 권리 경쟁』에서 도출된 문제의식으로부터 『도덕법률지진보[道德法律之進步]』(1894)를 내놓으면서 이에 대한 연구를 이어가게 되었다. 하지만 이 책에 대한 비판이 쏟아지자 다시 『도덕법률진화의 리[道德法律進化の理]』(1900), 『도덕법률진화내리[道德法律進化迺理]』(1903) 등을 내놓으면서 도덕법률의 진화 과정을 나름대로 규명하고, 이를 사회적 통념이자 상식으로 만들어 내기 위한 노력을 이어 갔다. 그가 '도덕법률'에 관한 연구에 매진하던 시기는 일본이 수행한 두 전쟁, 즉 청일전쟁

13 加藤弘之(1893), 『強者の権利の競争』, 哲學書院, 67쪽.

14 加藤弘之(1882), 『人權新說』, 谷山樓, 1~16쪽.

과 러일전쟁이 벌어진 시기와 비슷하기 때문에 '도덕법률'의 진화 상태를 국가의 전쟁 수행 능력이나 승패와 관련지어 설명하는 것은 어쩌면 자연스러운 논리적 전개였다고 해도 무리는 아닐 것이다.

그렇다면 '도덕법률'의 진화에 관한 가토의 논의는 청일·러일 전쟁에 대한 전망과 어떻게 연결되고 있을까.

3.『일본지십대승산』-'도덕법률'의 진화와 청일전쟁 전망

가토는『강자의 권리 경쟁』에서 도출된 문제의식을 토대로 1894년(메이지 27) 2월 3일『도덕법률지진보』를 내놓으며 연구를 이어가던 중 청일전쟁이라는 역사적 격변에 처하게 되자 같은 해 11월에『일본지십대승산(日本之十代勝算)』을 발간하였다. 이 책은 철학서원(哲學書院)에서 1894년 11월 10일 인쇄, 15일 발행한 45페이지 가량의 소책자로, 모두에 '지난날 모처의 모임에서 연설한 것을 다시 교정·증보하여 인쇄에 부친 것'으로 '한 시간 남짓한 연설로 대단히 개략'한 것을 옮겨 적은 것이라며 양해를 구하는 서언[15]을 11월 9일 날짜로 적었다. 이어 '우리나라는 연전연승하고 청국은 연전연패하여, 이미 청국 판도의 일부분마저도 약취(略取)하여 민정청(民政廳)마저 둘이므로, 금후의 일도 미리 추지(推知)할 수

15 加藤弘之(1894)a,「緒言」,『日本之十代勝算』, 哲學書院.

있으리라'[16]고 적어 아마도 일본군이 대고산(大孤山)을 점령한 이후 안동현(安東県)에 민정청을 설치한 11월 5일 이후의 연설을 기록한 것으로 보인다. 이처럼 연설 및 발간까지 이어지는 짧은 시간을 감안하면 새로운 문제의식을 가지고 전쟁에 대한 견해를 밝힌 것이라기보다는, 이전까지 지니고 있던 연구의 연장선상에서 청일전쟁의 전망을 분석하고 예상한 것이라 볼 수 있다.

참고로 이 저작이 발간된 당시 청일전쟁 전황은 이미 풍도해전으로부터 평양전투, 황해해전, 압록강전투까지 일본군이 압도적 우위 속에서 연승을 거두고 있던 상황이었다. 이런 시점에 작성된 기록인 만큼 어느 정도 승패가 정해진 이후에 적은 내용이라 해도 무리는 없을 것이다. 이런 전황에 대해 가토는 '일본이 대단히 강하고 청국이 대단히 약하여 종국(終局)의 전승(戰勝)이 우리에게 있을 것임은 처음부터 믿고 있었지만, 일본이 이 정도까지 강하고 청국이 이 정도까지 약하다고는 생각하지 않았다. 이에 그 강약의 현격함이 의외로 큰 데 놀랐다'[17]며 '일본의 연전연승, 청국의 연전연패는 결코 불가사의한 현상이 아니라 완전히 필연의 원인으로부터 생겨난 필연의 결과'[18]라는 관점에서 전쟁의 승산에 대해 열 가지 이유를 제시하고 분석하였다.

제일(第一). 일본 인민은 충애 정신이 풍부하고 청인은 이와 반대이다.

16 加藤弘之(1894)a, 1쪽.
17 加藤弘之(1894)a, 2쪽.
18 加藤弘之(1894)a, 3쪽.

제이(第二). 일본 인민은 기꺼이 유럽의 새로운 학술을 취하여 스스로 개화로 나아갔고 청인은 그 반대이다.

제삼(第三). 일본의 장졸은 무용의 기상이 풍부하나 청국의 장졸은 이와 반대이다.

제사(第四). 일본에는 정비된 군제군율, 정련된 장졸과 예리한 병기가 있지만 청국은 그렇지 않다.

제오(第五). 일본은 국가가 통일정연하나 청국은 이와 반대이다.

제육(第六). 일본인은 대단히 부유하지 않지만 군자금을 모으는 일이 매우 쉽다. 청인은 약간 부유하나 군자금을 모으는 일이 매우 어렵다.

제칠(第七). 일본은 농양의 안위를 일아 미리 대비할 경륜이 있지만 청국은 그렇지 않다.

제팔(第八). 일본은 적정(敵情)을 상세히 알지만 청국은 이와 반대이다.

제구(第九). 일본은 오로지 국제법의 본지를 준수하며 정의를 행하지만 청국은 그렇지 않다.

제십(第十). 우리 천황폐하의 성덕은 사천만 신민을 감읍시켜서 상교·병졸들로 하여금 일사보국(一死報國)의 정신을 왕성하게 하지만, 청국황제의 거동은 이와 반대다.

단, 이 순서에 대해서는 별다른 깊은 의미가 있는 것은 아니다.[19]

위와 같은 기술은 철저히 진화론적으로 앞서 있는 나라와 그렇지 않

19 加藤弘之(1894)a, 4~6쪽.

확립에서 이루어진다고 하였다. 즉 치자와 피치자는 통치권을 둘러싸고 '강자의 권리 경쟁'을 행하게 되며, 이렇게 '강자의 권리 경쟁'이 진행한 현 단계에서 성립하는 것이 입헌제이며, 입헌군주제의 군주는 '인민에 대한 약자'가 되고, '점차로 자기의 권력을 제한하여 인민의 자유권을 인허한다'[23]고 한다.

그러나 그러한 치자와 피치자의 '강자의 권리 경쟁'은 점차 억제되어야 하는 것으로, '사회 생물, 즉 국가'는 '자기 자신인 국가 전체와 그 세포인 각 개인의 유지·진보를 함께 목표'로 삼고, 만일 국가가 국가 자신의 유지·진보에 치우친다면 '국가는 천자폭학(擅恣暴虐)한 병'에 빠지며, 각 개인의 유지·진보만 진행되면 '무정(無政)의 대불행'[24]을 보게 될 것이라고 말한다.

이러한 가토의 주장은 『강자의 권리 경쟁』에서 전개된 권리론과 경쟁론이 『인권신설』 이후 계속 이어지고 있던 문제, 즉 인간이 모두 '강자'가 되고자 경쟁에 뛰어들 경우 사회의 질서를 어떻게 유지할 것인가의 문제를 여전히 껴안고 있음을 확인시켜 준다. 그것은, 즉 천황을 중심으로 하는 기존의 '강자'들의 지배 질서를 해치지 않는 한에서 '경쟁'이 이루어질 수 있도록 하는 방법을 찾아야 하는 데에서 발생하는 문제라고 말해도 무리는 아닐 것이다. 『인권신설』 이전에는 '상등평민'[25]이라는 진화의 촉매제 역할을 담당하는 존재를 상정하였지만, 이들이 강력한 힘

23 加藤弘之(1893), 47쪽.

24 加藤弘之(1893), 9쪽.

25 加藤弘之(1986), 434쪽.

을 손에 넣었을 때는 스스로 '최대우자'[26]가 되면 안 되는 이유를 논리적으로 설명하는 데 실패했다. 일본 사회의 새로운 진화 동력으로 '상등평민'이 등장하여 영국의 젠트리나 융커 같은 역할을 수행해 주는 것이 '사회 진화의 법칙'상 이루어져야 하는 순리임에도 불구하고, 이들이 강대한 권리를 손에 쥐었을 때 '최대우자'(일본의 경우 천황)가 되지 않은 채 사회의 안정을 위해 봉사해야 할 어떠한 논리적 근거도 진화론 내부로부터는 발견할 수 없었기 때문이다. 실제로 우에키 에모리[植木枝盛]나 야노 후미오[矢野文雄]를 위시한 많은 지식인·언론인들은 이 모순을 지적했고,[27] 가토는 이에 대해 명쾌한 답을 하지 못한 채 10년간 침묵을 지켰다. 그리고 마침내 그 침묵을 깨고 나온 저작이 『강자의 권리 경쟁』이었다는 점은 주목할 만하다. 여기에서 가토는 앞에서 언급한 개인과 국가가 서로 자신만의 유지·진보를 목적으로 삼았을 경우 나타나는 혼란을 방지하는 것이야말로 중요하며, 이것이 바로 '강자'인 개개인이 '사회생물, 즉 국가'를 함께 고려하는 것이 자신의 유지·진보를 도모할 수 있는 방법임을 깨달아야 하는 이유라고 설명하였다.

사실 이러한 논리 전개의 목적은 명백하다. 가토는 '개인'이 자신의 안

26 加藤弘之(1986), 444쪽.

27 가토는 『人権新説』의 개정 3판 서언에서 "이 책의 초판이 간행된 이래 지금까지 아직 겨우 70일을 지나지 않았는데, 논자들이 이를 반박하는 것이 자못 왕성하여 이미 石川正美編(1881), 『人権新説駁撃新論』, 共同社; 梶木甚三郎(1883), 『人権新説駁論集』, 私家版; 中村尚樹(1881), 『人権新説駁論集』, 私家版; 矢野文雄(1883), 『人権新説駁論』, 私家版; 植木枝盛(1883), 『天賦人權弁』, 私家版 등이 속속 간행되었다. 그렇지만, 그것이 아직 전편이 모두 나오지 않은 것이 많아서, 이 책들이 모두 나올 때를 기다려 서서히 내가 재반론을 하고자 한다"고 언급하기도 하였다.

녕을 진정으로 도모하는 길은 '국가'의 안녕을 도모함으로써 가능해진다는 점을 말하고 싶었던 것이다. 이 시점에 이르러서 가토의 주안점은 어디까지나 '사회 생물, 즉 국가'의 안정과 유지를 도모하는 데 집중되고 있었다고 해도 과언은 아니다. 그러기 위해서는 '권리'를 충분히 획득할 능력이 있는 개인들, 즉 '강자'가 스스로 '사회 생물, 즉 국가'의 안녕이 자신의 안녕임을 자각해야 하는 단계에 이르렀다. 그리고 그것을 위해서 '강자'인 개인들이 스스로를 규율하는 '도덕법률'이 요청되었다는 점에서 『도덕법률지진보』는 『강자의 권리 경쟁』의 '보유'로서 구상했던 것이다.

가토는 『도덕법률지진보』에서 '도덕법률'은 '우리 인류사회의 유지·진보'에 필요하며, 군사력 등 '물질적인 요구(要具)'와 짝을 이루는 '심신적인 요구'라고 말한다. 왜냐하면 원래 인간은 '이기심'만을 가지고 있으며, 사회관계를 맺으면서 '이기심' 일부를 '이타심'으로 변화시킬 필요성을 느끼기 때문이다. 그리고 사회를 구성한다는 것은 개인의 '이기심'을 '이타심'으로 변성시키는 것으로, '이타심'을 양성하는 '종교덕교(宗教德教)'는 '사회의 상등계급, 즉 강자'가 '강자의 유지·진보'[28]를 위해 만들어낸 것이다. 사회가 개화하면 종래의 약자가 강자로 성장하며, '귀천남녀 총체의 유지·진보'를 이롭게 하기 위한 '고상우대한 도덕법률'[29]이 형성된다고 하였다.

이렇듯 『도덕법률지진보』에서는 '국가라는 것은 자못 진보한 일종의

28 加藤弘之(1894)b, 56쪽.

29 加藤弘之(1894)b, 46쪽.

유기물, 즉 사회 유기물'[30]이며, '도덕법률'은 '사회 전체의 이익'을 위해서 '개인'의 행동이나 사고를 규제하는 것이었다. 그런 의미에서 가토가 이상적이라고 생각하는 도덕은 바로 '충군애국'이 일치하는 이상적인 것이다. 게다가 일본은 '만세일계의 제실'에 의한 통치가 행해져 왔으므로 '애국'과 '충군'은 '잠시도 떨어지는' 일이 없는 것이다.

이 '충군애국'의 도덕은 '감정적 이타심'에 속한다. 감정적 이타심이란 '친척고고(親戚故古)'를 '제2의 자신'으로 간주하고, '친척고고'의 '고통'을 간과하지 못하는 마음, 혹은 '신명 또는 군부와 기타 사람으로부터 받은 은혜'를 갚고자 하는 '존숭경애의 정'이다. 즉 '감정적 이타심'의 일종인 '충군애국' 도덕은 '종교덕교'[31]에 따라서 교육하는 것이 아니라 일본인의 내면에 각인된 도덕인 것이다. 그런 의미에서 유기체인 국가에서 '개인'의 '이기심'에 의한 '강자의 권리 경쟁'을 억지하고 국가통치가 요구되는 것이야말로 '도덕법률'이라고 말할 수 있을 것이다. 특히 헌법 제정 이후 일본에서는 다스리는 자, 특히 천황과 신민의 관계를 '충군애국' 도덕에 의한 친밀한 것으로 묘사하고 있다는 점에서 이 시기 가토의 국가사상은 '도덕법률'론과 '사회 생물, 즉 국가'라고 하는, 국가유기체설로 보다 체계화되어 가는 공동체론을 채택함으로써 『강자의 권리 경쟁』 이전의 과제였던 진화론에 기초한 권리론에 질서를 부여하고,[32] 천황을 정점으로 하는 현실의 메이지국가를 '자연적인 실체, 즉 천칙'으로서 증

30 加藤弘之(1894)b, 34~35쪽.

31 加藤弘之(1894)b, 13쪽.

32 田中友香理(2016), 「日清戦争前後の「道徳法律論」-加藤弘之における進化論的国家思想の展開」, 『史境=En marge de l'histoire』 Vol. 72, 6쪽.

명해 내고자 하는 것이었다.

이상에서 살펴본 가토의 '도덕법률'론은 청일전쟁을 맞이하여 '충애의 정신이 풍부'하며 '내부가 통일정연'하고, '일사보국하는 정신'을 지닌 일본의 신민이 갖추어야 할, 혹은 청나라에 비해서 일본이 보다 많이 갖추는 데에까지 '진화'한 형태의 '도덕법률'을 설명하는 데 적합한 것으로, 가토는 이런 도덕을 갖추고 있는 것이야말로 『일본지십대승산』을 저술할 당시 일본이 청나라에게 승리하고 있는 이유라고 생각하였을 것이다. 그리고 당시 일본의 '승승장구'는 가토로 하여금 자신의 '도덕법률'론이 '진화의 법칙'에서 어긋나지 않는 올바른 주장이었음을 확신케 하는 분명한 증거를 제공해 주는 것으로 여겼으리라 생각해도 무리는 아닐 것이다.

4. 『진화학으로부터 관찰한 일러의 운명』 - '적자'와 '부적자' 간 다툼으로서의 러일전쟁 전망

청일전쟁 직후 일본은 승전의 기쁨이 채 가시기도 전에 삼국간섭이라는 외교적 굴욕을 경험하였고, 이후 청일전쟁으로 어느 정도 우위를 점했다고 여겼을 한반도의 정세도 일본에게 유리하게 돌아가지 않았다. 무엇보다 '조선의 독립'이라는 명분을 내세워 자신들을 '문명'으로, 청나라를 '야만'으로 설정하고 치른 전쟁이었던 만큼, 이제 이익을 회수하고

자 개혁을 핑계로 조선의 내정에 대한 적극적인 간섭에 나섰으나[33] 이 역시 을미사변(1895)과 아관파천(1896) 등 일련의 사태로 어려워졌다. 이렇듯 조선에 대한 러시아의 영향력 확대는 곧바로 일본의 '이익선'을 침범하는 데 그치지 않고, 나아가 '일본의 명운이 다했다고 여겨질 만큼의 위기 상황'[34]으로 다가왔다.

또한 청일전쟁 이후 일본의 신민들은 가토가 기대했던 만큼 '도덕법률'을 체현하는 단계까지 '진화'하기는커녕, 소위 '충군애국'이라는 구호가 가진 논리적 빈약함과 모순 등에 많은 비판을 쏟아냈다. 당시 일본 사회에서는 청일전쟁 이후 동맹 파업이나 노동조합 결성 등이 본격화되고, 빈민 문제가 등장하는 등 이른바 '사회적 모순'이라는 문제들이 대두하기 시작하였다. 이와 같은 상황에서 본래 사회주의에 대단히 비판적이었던 가토는[35] 자신의 '도덕법률'론에 쏟아진 비판들을 보완하고, 보다 논리적으로 일관되고 '진화'된 '도덕법률'로부터 구성되는 '사회 생물, 즉 국가'를 구상하고자 했다.

앞서 나온 『도덕법률지진보』는 이후 두 차례 증보가 이루어지게 된

33 가토 히로유키 역시 일본이 주도하는 조선의 개혁에 많은 관심을 기울이고 있었던 듯하다. 갑오개혁의 구체적 내용을 언급하며 평가하는 기사를 잡지 『天則』에 실어 '우리 제국의 公正義俠한 誘導에 따라서 조선 국왕이 종래의 政弊를 悔悟하여 마침내 단연히 지나의 속박을 벗고 제국의 보호를 받아 일대 혁신을 시행함으로써 진성한 독립국이 되려는 모색을 계획하기에 이른 것은, 오직 조선 국왕을 위해서 축하해야 할 일일 뿐만 아니라, 나아가 동양 전반의 행복이라 하지 않을 수 없다'던가, '우리보다 수 등이나 열등한 조선국의 革制에 대해서… 충분히 주의를 기울여서 결코 輕躁急遽에 빠지는 일이 없도록 해야 할 것'이라며 주의를 촉구하기도 하였다. 加藤弘之, 「朝鮮の一大革新」, 『天則』(1895年 8月 17日), 第七編 第八號. 참조.

34 가토 요코 저 · 박영준 역(2003), 129쪽.

35 加藤弘之(1986), 462쪽.

다. 가토는 먼저 1900년에 『도덕법률진화의 리』를, 다시 1903년에 『도덕법률진화내리』를 간행하였다. 여기에서 주목할 점은 '사회적 생존의 중요 수단인 도덕 및 법률이 원래 어떻게 발생하고 진보하는지에 대해, 대개 사람의 통유성(通有性)과 각 인종, 각 민족, 각 국민 등의 특유성이 사회 안에서 또는 다른 사회와의 여러 생존경쟁과 국민 개화의 진보·발달 및 기타 여러 가지 자연적 및 사회적 현상에 영향을 받고, 나아가 또 심적·유전적(心的遺傳的) 및 응화(應化) 작용으로 인하여 점차 각 사회의 특수한 풍속 습관을 낳게 되어, 해당 사회의 생존에 이로운 것은 자연도태에 따라 존속 및 진보하여 결국 도덕법률이라고 칭할 만한 것이 되어서 점차 더욱 진보·발달하고, 불리한 것은 존속·진보할 수 없어서 마침내 소멸'[36]하게 되는 것이라고 하여, 도덕법률의 시대, 사회, 인종, 민족 등에 따른 역사주의적인 입장을 전면에 내세우고 있음을 알 수 있다. 이 시기 가토의 관심은 일본이 갖는 특수성, 특히 '천황'이라는 존재를 '사회 생물, 즉 근대 국가'인 일본의 어디에 위치시킬까, 또 거기에 대한 인민(=신민)의 관계는 어떻게 설정시킬 것인가에 있었다고 생각된다. 그 모색의 결과 나오게 되는 가토의 독특한 이론이 바로 일본을 '입헌족장정치(立憲族長政治)'의 나라로 간주하는 것이었다.

위에서 언급하였듯 '도덕법률'은 시대에 따라 거기에 맞게 변화하거나 소멸되기도 한다. 즉 '도덕법률'은 '사회'가 미개 단계에 있는지 개화 단계에 있는지에 따라 그 방식을 바꾼다. '사회'가 미개 단계에 있을 때 '사회를 조성하는 요소'란 '권력'을 손에 쥔 '치자와 귀족' 같은 '우강 계

36 加藤弘之(1903), 『道徳法律進化の理』, 博文館, 163~164쪽.

급'이며, '도덕법률'은 '우강 계급'의 '안녕과 행복'을 유지하기 위한 것이다. 그러나 개화 단계에 이르면 '열약 계급'도 '지식'과 '재산'을 소유하여 '권력'을 손에 쥔다. 이렇게 '우강 계급'과 '열약 계급'은 '권력이 서로 충돌하고 대항'하는 상황이 되어, '사회'는 모든 '계급'에 따라서 구성되고, '도덕법률'은 일부의 '우강 계급'을 위해서가 아니라 모든 '계급'을 포함하는 '사회'[37]를 위한 것이 된다.

단, '사회'가 개화하면 개인의 '이기심'은 억제되고 '변성적 이타심'이 됨과 동시에 '도덕'의 작동에 따라서 개인의 '안녕과 행복'은 '사회의 안녕과 행복'에 일치하고, '도덕법률'은 '사회의 안녕과 행복'[38]을 유지하기 위한 것이 된다. 즉 가토는 '우강 계급'과 '열약 계급'의 격차가 축소되기까지는 국가의 질서를 어지럽히지 않는 범위 내에서 '권력 경쟁'을 시인하고 있다. 우열의 차이가 축소되면 개인은 '이기심'을 억제하고 '사회의 안녕과 행복'이라는 공통의 목적을 가지고 하나의 '사회'를 구성하도록 요구하고 있는 것이다. 그것을 촉구하는 기능을 가지는 것이야말로 '도덕법률'이다.

그리고 이러한 '도덕법률'이 일본에서 특수하게 작용한 결과로 나타나는 것이 '순연한 족장정치이며 또 입헌정치'로, 이것은 '실로 만국에 비할 데 없는 입헌족장정치(Konstitutionellen Patriarchie)'이며 '애국과 충군의 융화합일도 필경 이 점에서 나온 것으로, 유럽인이 우리나라의 역사를 상세히 알지 못하고, 족장정치를 야만적 정체로 오인한다면 웃어주면 그

37 加藤弘之(1903), 235~246쪽.

38 加藤弘之(1903), 221~225쪽.

만일 것'[39]이라는 것이 가토의 견해였다. 나아가 "'충군'과 '애국'의 도덕은 우리 일본이 국가를 시작한 이래로 언제나 일본 민족의 종가인 일계의 황실을 봉대하고, 시종 달라지지 않고, 이를 신하로서 섬기기 때문에, 결국 나라와 군주를 동일시"[40]하여 지금까지 계속해서 유지되고 있는 것으로 간주하여 일본의 특수성을 강조하였다.

그리고 이러한 '특수 일본'을 이론적으로 강력하게 지지해 주는 것이 바로 국가 유기체설, 특히 가토 특유의 '삼단계 유기체설'이었다. 그는 세 번째 개정판인 『도덕법률진화내리』에서 이 '삼단계 유기체설'을 강력하게 주장하는데, 제1단계 유기체를 자체 의사를 갖지 못하는 단세포생물 내지 단일 세포로, 제2단계 유기체를 제1단계 유기체들의 집합체인 단일 생물로, 이 제2단계 유기체인 단일 생물들이 생존경쟁을 통해 집단을 형성하고 마침내 사회를 이루게 되면 이것을 제3단계 유기체로 간주한다. 각각의 세포와 생물들이 우열의 강약, 생존 수요의 결핍과 같은 '모순'을 겪으면서 '근본 동향으로서의 이기심'을 가지고 유기체 간 경쟁을 반복하는 사이에 진화를 거듭하면 제3단계 유기체, 즉 사회를 형성하는 데 이르게 된다는 것이다.

이 제3단계 유기체는 이제 '국가적 사회가 과연 제3단계 유기체인 이상 반드시 이기심을 가지고, 자기의 유지·발전을 도모하기 위해서 그 세력이 미치는 한 다른 나라와 경쟁(공벌적 혹은 경제적으로)함으로써 다른

39 加藤弘之(1903), 229쪽.
40 加藤弘之(1903), 227쪽.

나라를 자기의 생존 수요에 충당하고자 하는 것은 당연한 일'[41]이며, 이로부터 '국가적 사회의 세포인 개인과 전체인 사회와의 사이 및 개인 상호 간에 이타가 능히 행해지고 도덕법률이 능히 정돈되어 이로써 인민의 일치협동이 견고하게 된다면 이로부터 비로소 국가적 사회의 강대한 이기가 발생하기에 이르는 것이다. 이와 같은 사회는 다른 나라와의 경쟁에서 저절로 승리를 점하기 쉬운 이치이기는 하지만, 만일 이에 반하여 이타가 능히 행해지지 않고 도덕법률이 잘 정돈되지 않아서 인민의 일치협동이 박약하다면 도저히 이기적 정신을 떨칠 수 없으므로 결국 패자가 되지 않을 수 없는 이치'[42]인 것이다.

결국 가토의 '도덕법률' 진화는 '국가적 사회'='제3단계 유기체' 경쟁을 정당화하고, 이를 위해 개개인들은 자신을 거기에 종속된 세포로서 '이타'하는 자세를 요구하고 있다. 세포는 생물이 살아남는 것을 자기생존의 최대 목표로 삼게 되는 이상, '국가적 사회'='제3단계 유기체' 차원의 경쟁이 일어나면 개개인은 거기에 '충군애국'하는 것이 자신의 근본동향인 이기심을 근원적으로 충족시키는 행위가 되는 것이므로 마땅히 '최고의 이기'로서 '이타'적 행위가 정당화된다고 말하는 것이다. 이와 같은 과정으로부터 가토는 '충군애국'의 '도덕'을 생물학적 진화론을 동원해 나름의 논리 구조를 만들어 냈다.

이렇게 정당화되는 '이타'적인 '충군애국'은 러일전쟁을 맞아 어떻게 활용되고 있었을까?

41 加藤弘之(1903), 246쪽.
42 加藤弘之(1903), 247쪽.

『진화학으로부터 관찰한 일러의 운명[進化學より觀察したる日露の運命]』은 1904년 3월 24일 박문관(博文館)에서 발행되었으며, 실제 강연은 3월 7일에 이루어진 것으로 기록되어 있다. 러일전쟁의 전단이 열린 것이 2월 8일 일본의 뤼순 기습부터이므로, 개전 후 대략 한 달 정도 지난 시점에서 강연이 이루어졌고, 역시 2주 정도의 짧은 시차를 두고 출판되었음을 확인할 수 있다.

출판된 저술은 전체 89쪽으로, 크게 세 장으로 이루어져 있다. 제1장에서는 '진화학의 대의[進化學の大意]'를 다루었고, 제2장에서는 '인류세계상 생존경쟁자연도태[人類世界に於ける生存競争自然淘汰]'를, 제3장에서는 '금일 이후 일러의 운명[今日以後に於ける日露の運命]'이라는 제목을 붙여 구성하였다.

가토는 먼저 제1장 '진화학의 대의' 초입에서 '일러의 장래 운명을 진화학에 입각지로부터 관찰'하고자 하며, 만일 진화학에 비추어 이를 예상하지 않는다면 '정확히 관찰할 수 없고 완전히 공상에 빠질 것으로 생각'한다고,[43] 진화론의 대강을 설명하였다. 기본적인 우승열패로부터 생존경쟁, 적자생존, 자연도태, 인위도태 등을 설명하고 이어서 맬서스의 인구론으로부터 소위 '자연조화상의 3대 모순'에 대한 설명으로 들어간다. 즉 ① 생존 수요의 부족함, ② 동물이 자신의 동일 부류인 유기체를 식섭하는 일, ③ 유기체의 심신에 우열강약의 차등이 존재함 등의 세 가지 모순으로부터 이기심과 경쟁 그리고 진화가 일어난다는 기본 원리를 설명하고 있다. 특히 '동물이 반드시 다른 유기체, 즉 동물 혹은 식물

43 加藤弘之(1904), 『進化学より観察したる日露の運命』, 博文館, 1~2쪽.

을 식섭하지 않으면 도저히 생존할 수 없다는 것은 실로 대단히 잔혹한 일로 가장 큰 모순'[44]이며, 이로부터 '반드시 대단한 생존경쟁이 일어남은 필연의 기세'[45]라고 설명을 이어간다. 이렇듯 진화론 안에서도 특히 '자연계의 3대 모순'에 대한 설명이 중점적으로 이루어지는 것은 러일전쟁이 발생하게 된 이유를 설명함과 동시에 본래 '이 우주간은 실로 살육잔인이 극에 달한 수라장임은 말할 것도 없지만, 다만 우주가 이와 같이 살육잔인한 수라장이기 때문에 진화라는 것이 일어나는 점에 주의해야 한다'[46]는 것을 말하고 싶었던 것으로 보인다. 결국 현재의 전쟁은 '만물의 영장인 인간세계에서 가장 성행하는 것'으로, 궁극적으로는 '진화'의 과정이라는 것이다.

이어서 제2장 '인류세계상 생존경쟁자연도태'에서는 '진화학에 의거해 국가의 흥망성쇠에 관해 언급'[47]한다고 하며, 먼저 인간의 단체에서 내외의 두 가지 종류의 생존경쟁을 나누고 있다. 즉 '단체 내의 개인 혹은 소단체 상호 간의 경쟁으로, 내경쟁(內競爭)'과 '단체 상호 간의 경쟁으로, 외경쟁(外競爭)'을 구분한 뒤 '내경쟁에서는 원래 대단히 격렬한 경쟁은 불가능하다. 만일 내경쟁이 극렬하면 단체를 유지할 수 없어 다른 단체에게 멸망당할 것'이라며, 앞에서도 언급했던 '단체 안에 도덕 및 법률이라는 것이 점점 일어나고, 또 개인의 이기심이 점점 변성하여 이타심을 낳

44 加藤弘之(1904), 18~19쪽.

45 加藤弘之(1904), 21쪽.

46 加藤弘之(1904), 23~24쪽.

47 加藤弘之(1904), 26쪽.

게 되는 이유'를 설명하였다.[48] 하지만 '단체 간의 경쟁'[49]에서는 이와 같은 도덕이나 법률이 일어나지 않고, 이기심이 이타심으로 변성하는 일도 없으며, 거기에는 거의 무한한 경쟁이 존재할 뿐이다. 이와 같은 단체 간의 경쟁에서도 평화롭게 교제하는 일이 가능하나, 이것은 어디까지나 국가와 같은 '절대적 합동'이 아니라 이익과 불이익에 따르는 '상대적 합동'이며, 여기에는 '고래로부터 철학자나 윤리학자 또는 종교가가 인도니 박애니 하여 세계 전 인류 상호 간에도 역시 일 국가 안에서와 마찬가지 윤리도덕이 행해져야 할 것처럼 생각하고 있는 것은 대단한 착각이다. 윤리도덕이 절대적으로 필요한 것은 절대적 합동, 즉 국가 안에 한정되는 것으로, 나라와 나라 간에는 오직 조건적으로만 윤리도덕이 필요한 것'[50]으로 애초에 단체 간에 평화로웠다면 '개화'나 '진화'는 일어나지도 않았을 것이라 강조한다.

그러나 세상이 진화함에 따라서 세계가 서로 영향을 주고받게 되고, 종교나 학문으로부터 철도, 전신 등에 이르기까지 세계 문명국들이 관계를 맺게 되면서 '문명국 상호 간의 이해가 동일해지'기에 이르렀다. 그리고 이런 상황이 진전되어 '문명국 각각의 관계가 금후 더욱 밀접해지게 되면, 그 결과로서 후세에는 마침내 문명국이 모두 일대 단체가 되어버리지 않으면 안 되게 될 것이라고 생각'[51]하여 '세계의 통일국'에 대한 구상을 언급하였다. 여기에서도 소위 '국제 도덕'이나 '국제 법률'이 나올

48 加藤弘之(1904), 28~30쪽.
49 加藤弘之(1904), 30쪽.
50 加藤弘之(1904), 38~39쪽.
51 加藤弘之(1904), 46~47쪽.

수 있을 가능성도 인정하면서 '지금 각국이 모두 자국의 이익만을 목적으로 해서 다른 나라의 이해를 조금도 돌보지 않고 행동을 멋대로 하는 일은 즉시 불가능해졌음을 인정하지 않으면 안 된다'[52]고 지적한다. 즉 자국의 이익만을 앞세워 이기적 행위를 하는 것이 불가능해진 현재의 시세에서는 그러한 이기적 행위를 하는 나라가 시대의 '부적자(不適者)'이며, 시세에 따라 다른 문명국들과 이해를 함께 자국의 이익을 지혜롭게 도모하는 나라가 '적자(適者)'라는 설명이다.

이제 가토는 위와 같은 논리로부터 제3장 '금일 이후의 일러의 운명'을 통해 일본이 '적자'이며 러시아가 '부적자'임을 논증하였다.

현재의 러시아는 과거 '표트르 대제의 병탄적 유훈'[53]을 준봉하는데, 이것이 현재의 시세에는 맞지 않으며,[54] 이로부터 러시아가 유럽의 열강에 속해 있음에도 불구하고 '국성(國性), 국정(國情) 등에 대해서 보면 다른 열강들의 중고시대 모습과 서로 닮아 있는 듯한 느낌이 든다'[55]거나 민족적으로도 슬라브 민족은 '지금도 여전히 문명이 강성해지지 못하여, 이로부터 점차 강성함에 달할 것인즉 소년과 같은 … 개구쟁이 어린이'[56]라며 아직 완전히 야만적 사상을 벗어나지 못했다고 평가하고 있다. 또

52 加藤弘之(1904), 48쪽.

53 加藤弘之(1904), 57쪽.

54 표트르 대제의 유훈은 근대 일본에서 지속적으로 등장하는 '러시아 공포'의 가장 상징적인 것이라 말할 수 있다. 가령 1874년 가토가 동인으로 활동했던 『明六雜誌』에서도 표트르 대제의 유훈에 관한 경계를 담은 기사가 실렸었다(杉亨二, 「峨國彼得王ノ遺訓」, 『明六雜誌』 第三號, 1874年 3月).

55 加藤弘之(1904), 58쪽.

56 加藤弘之(1904), 59쪽.

최근 러시아의 행태가 '다소간의 국제 도덕법률을 지키지 않는' 등 '강도적 사기적 행위'[57]를 자행하고, 여러 난폭한 행위를 하는 것을 보면 '오늘날의 시세에 있어서 적자라고 말할 수 없다'[58]는 것이다.

또한 러시아 내부적으로 보아도 '러시아의 신민은 지금도 여전히 귀족과 노예, 두 종류로 성립해 있어'[59]서 '소위 중등문지(中等門地)로서 귀족과 빈민의 중간에 위치하여 국가의 중추가 될 수 있는 것이 아직 발달하지 않고 있다'[60]고 평가한다. 그 안에서는 여전히 '전제정치'가 행해지고, 내부적으로 국가의 파괴를 기도하는 이들이 존재하는 등 도저히 '입헌정치 등이 불가능'[61]한 상황으로 문명시대의 '적자'가 아닌 큰 '부적자'로 점점 사멸해 가는 존재라고 했다.

이에 비해 일본은 '봉건을 폐지하고, 무문(武門)의 전횡을 고치며, 사민의 권리와 의무를 평등하게 하고, 그런 이후에 입헌정치를 베풀고, 자치제도를 세우는 등 오늘날의 문명에 적응하는 처치를 하여 겨우 수년 사이에 지금의 모습까지 진보'[62]하였으니 '크게 우세한 지위를 취하여 교전하게 된 상황'[63]에 이르렀다고 말한다. 특히 앞에서 살펴본 『도덕법률진화내리』를 언급하며 '원래 일본 민족 고유의 천성에서 나오는 것일 텐데, 특히 만세일계의 황실을 봉대하여 군민이 완전히 동심일체가 되어

57 加藤弘之(1904), 62쪽.
58 加藤弘之(1904), 69쪽.
59 加藤弘之(1904), 70쪽.
60 加藤弘之(1904), 71쪽.
61 加藤弘之(1904), 72쪽.
62 加藤弘之(1904), 74~75쪽.
63 加藤弘之(1904), 75쪽.

있기 때문'에 '애국심과 충군심이 완전히 융화합일하여 조금도 떨어지지 않는 … 만세일계의 황실을 모시는 우리나라만의, 다른 곳에서는 거의 볼 수 없는 현상'[64]이라고 하여 일본의 특수성을 강조했다. 이러한 특수성은 앞으로 전개될 러시아와의 전쟁에서 일본이 우위를 점할 수 있는 '신민의 우위'를 강조하고자 한 것이며, 전쟁 자체에 대해서도 인도주의나 인류애 등의 관점에 구애받지 않고 오직 '이익과 불이익'의 관점에서, 내부적으로는 '완전히 일치협동하여 단지 구국에 진력하고자 하는 마음'[65]을 가지고 임하라는 점으로부터 전쟁의 승패를 점치고 있는 것이다. 그런 의미에서 '적자' 일본이 '부적자' 러시아에 승리를 거두는 일은 '진화의 법칙'상 당연한 일이며, 양국의 운명은 적자생존의 법칙을 그대로 따르게 될 것이라는 전망과 함께 글을 맺었다.

이렇게 가토는 러일전쟁을 앞둔 시기까지 진화론에 따른 사회와 국가의 발달, 그리고 그 구성원인 '신민'의 '충군애국'을 강조하는 '노력법률'론을 전개하였고, 이 이론을 그대로 적용하여 러일전쟁에 소위 '진화론적 전망'을 내놓았던 것이다. 이로부터 전쟁의 부도덕성이나 비극성, 그 안에 일어나는 개개인들의 비극은 모두 소거되고, '자연스러운 진화의 영위'로서의 전쟁, 도덕적 관점이 아닌 철저한 '이익'과 '불이익'의 관점으로부터 판단되는 국제관계의 일부로서 전쟁이 정당화되고, 이 당연한 진화적 순리의 일부인 전쟁에서 '충군애국의 신민'과 '문명에 적응'하여 '진보'한, 그리고 그것을 가능케 한 '만세일계의 황실을 봉대하여 일심동

64 加藤弘之(1904), 80쪽.

65 加藤弘之(1904), 81쪽.

체 하는 고유한 천성을 가진' '적자' 일본의 승리를 당연시하는 논리적 적합성이 가토 내부에서 완성되고 있었던 것이다.

5. 맺음말

이상 가토 히로유키의 청일전쟁과 러일전쟁 관련 저술들을 중심으로 그의 전쟁 인식, 특히 그 명분과 정당화가 진화론의 전개와 그로부터 연역되는 '도덕법률'론과 어떻게 연관을 맺으며 구성되었는지를 살펴보았다. 사실 그의 진화 관련 이론은 언제나 일원론적인 논리적 구성에 집착하는 경향을 보였고, 그런 나머지 많은 약점을 노출시키기 일쑤였다. 그리고 그러한 약점을 보완해 가는 방식으로 자신의 유물진화론적 일원론 이론 체계를 나름대로 완성시키고자 하는 과정을 밟아갔다.

사실 본 논문은 가토 히로유키 진화론이 갖는 논리 구조를 분석하고 그 이론 자체를 평가하기보다는, 진화론을 앞세운 그의 논리가 어떻게 전쟁 명분을 제공하고, 그것을 정당화하는지를 살펴보는 데 주안점을 두었다. 그리하여 그의 '충군애국'에 대한 진화생물학적인 증명은 청일전쟁의 승리를 확신하게 하는 가장 중요한 근거를 제공해 주었고, 진화 상태로부터 본 '적자' 일본과 '부적자' 러시아의 구별이 러일전쟁에서 일본의 우위를 확신하게 해 주는 증거로 활용되었음을 확인하였다.

이와 같은 가토의 작업은 앞에서 예시하였던 후쿠자와나 우치무라의 그것과 기본적으로는 비슷한 구조를 갖는다. 서양의 '문명'과 이를 방해하는 '야만' 간의 충돌이라는 명분으로부터 청나라와 러시아를 야만으로 상정함으로써 전쟁을 정당화하고자 하는 구조를 가토 역시 공유하기 때문이다. 또한 가토의 논리는 소위 '멸사봉공(滅私奉公)'을 그대로 담고 있는 것으로, 공동체(=국가)의 이익을 자신의 이익과 동일시하며, 나아가 그것을 위해 개인을 희생시키는 것이야말로 개인의 진정한 행복을 달성하는 것이라는 주장을 펼친다. 후쿠자와나 우치무라 역시 청일전쟁을 맞아 진화론의 지적 영향하에서 나름의 논리를 구축하고, 그 안에서 전쟁을 정당화하며, 인민들의 자발적 참여와 희생을 강조했다는 점에서 유사한 지점이 있음을 확인할 수 있다.

그러나 가토가 위의 두 사람과 구별되는 측면은 철저하게 '과학'으로서의 진화론, 특히 당대의 주류 과학으로 떠오른 '생물학'에 자기 논리의 입각점을 두고 있었다는 점이었다. 후쿠자와나 우치무라가 영국류의 사회진화론, 특히 스펜서의 사회학 등에 영향을 받으면서 경쟁과 그로부터 파생되는 우승열패의 논리를 긍정함으로써 전쟁을 정당화하는 이론적 근거로 사용했다면, 가토의 경우는 보다 철저한 생물학적 지식을 동원하여 이를 사회 내지 국가에 적용시킴으로써 '멸사봉공'의 '과학화' 내지 '과학적 논증'을 도모한 점에서 또 다른 사상사적인 의미를 갖는다고 말할 수 있다. 이러한 '멸사봉공의 과학화'는 여러 이유에서 당시 큰 호응을 얻지 못했지만, 그럼에도 그것이 '과학'의 이름을 내세우고 있다는 점에서, 그것은 차라리 '일본 문명'이나 '종교'를 내세웠던 여타 담론들보다도 훨씬 '보편적'으로 받아들이기 쉬운 담론으로 재생산되기에 용이한 측면이 있었다. 그렇기 때문에 이 '멸사봉공의 과학화'는 일본 이외의 여타 지역에서도 특정한 상황이나 조건하에서라면 나름의 설득력을 지닌 논리로서 활용될 가능성을 가지고 있었다고 생각된다.

전쟁은 언제나 가장 그럴듯한 명분 안에서 확신되는 것이다. 진화론은 '과학'의 이름으로 유행했기 때문에 의심하기 어렵고, 확신을 주기 쉬웠다. 지금은 그것이 얼마나 허술하고 무근거한 내용을 담고 있는지 곧 깨달을 수 있지만, 그 시대를 사는 이들에게는 지금처럼 쉽지 않았을 것이다. 사실 가토의 진화론에 입각한 담론들은 이미 당시에도 많은 비판을 받았다. 그는 언제나 논쟁적인 인물로 많은 사람들과 학술 교류를 가졌는데, 그럼에도 그의 논의에 동조하는 이는 별로 없었다. 그의 논의가 오히려 지금 새롭게 다가오는 부분은, 인간에 대한 모든 고찰 방식이 인간의 직관에서 오는 힘이 아닌 기계와 데이터, 신경 세포와 전기 신호에 대한 분석으로 대체되는 지금 시대의 지적 태도가, 철저하게 진화론을 고집하며 모든 종교를 포함한 형이상학을 거부하고자 했던 가토와 닮아 보이기 때문이다.

게놈이 분석되면 과연 인간은 자기 존재에 대한 모든 것을 깨닫게 되는 것일까? 그로부터 인간은 행복을 느끼게 될 것인가? 모든 종교와 형이상학이 해체된다면, 거기에서부터 인간은 가토의 표현대로 '망상'으로부터 해방되는 것일까? 만일 과학이 인간의 모든 비밀을 풀어내어 인간을 '자연=유물(唯物)'로서 다루기 시작한다면, 그래서 소위 '망상'이 개입할 시공간을 인간이 모두 잃어버리게 된다면, 가토의 저와 같은 '당연한 자연 과정의 일부로서의 전쟁'이라는 '진화'를 원용하는 논리가 도리어 더 설득력을 갖는 순간이 도래하지는 않을지, 아니 이미 도래해 있지는 않은지 새삼 생각해 보게 된다.

■ 참고문헌

- 가토 요코 저·박영준 역(2003), 『근대 일본의 전쟁 논리-정한론에서 태평양 전쟁까지-』, 태학사.
- 가토 히로유키 저·김도형 역(2014), 『도나리구사』, 도서출판 문사철.
- 김도형(2014), 「加藤弘之의 進化論受容理解-「疑堂備望」 독해를 중심으로」, 『日本思想』 제27호.
- 박은영(2013), 「우치무라 간조(内村鑑三)의 비전론(非戰論)에 관한 연구-의전론에서 비전론으로의 사상적 전환을 중심으로」, 『日本思想』 제24호.
- 加藤弘之(1882), 『人權新說』, 谷山樓.
  _______(1893), 『強者の権利の競争』, 哲學書院.
  _______(1894)a, 『道德法律之進步』, 敬業社.
  _______(1894)b, 『日本之十代勝算』, 哲學書院.
  _______(1895), 『天則』 第七編 第八號, 8月 17日.
  _______(1903), 『道德法律進化廼理』, 博文館.
  _______(1904), 『進化学より観察したる日露の運命』, 博文館.
  _______(1986), 植手通有 編, 『日本の名著34 西周·加藤弘之』, 中央公論社.
- 『内村鑑三全集』 3(1981~1984), 岩波書店.
- 『加藤弘之文書』 第1卷(1990), 同朋舍.
- 『福沢諭吉全集』 14(1961), 岩波書店.
- 『明六雜誌』 第三號, 1874年 3月.
- 吉野作造 編(1967), 『明治文化全集 第二卷 自由民權編 第4版』, 日本評論社.
- 武田時昌(2003), 「加藤弘之の進化学事始め」, 阪上孝 編 『変異するダーウィニズム 進化論と社會』, 京都大學學術出版會.
- 松本三之介(1969), 「加藤弘之の転向」, 『天皇制国家の政治思想』, 未来社.
- 山脇直司(1991), 「近代日本における社会ダーウィニズムの受容と展開」, 鵜浦裕 「近代日本における社会ダーウィニズムの受容と展開」(柴谷篤弘´長野敬´養老孟司編『講座進化② 進化思想と社会』, 東京大学出版会.
- 田中友香理(2016), 「日清戦争前後の「道徳法律論」-加藤弘之における進化論的国家思想の展開」, 『史境=En marge de l'histoire』 Vol. 72.

| 4장 |

교육의 전쟁 책임에 관한 고찰
–청일·러일 전쟁 시기를 중심으로

이권희 | 한국외국어대학교 일본학과 특임강의교수 |

1. 머리말
2. 일본 근대교육의 국가주의적 성격
3. 일본 근대교육의 군국주의적 성격
4. 청일·러일 전쟁과 교육
5. 맺음말

1. 머리말

'교육(教育)'을 자의(字意) 그대로 해석하자면 '가르쳐 키우다'라는 뜻으로, 인간을 바람직한 상태로 만들기 위해 몸과 마음 양면에 의도적으로 작용을 미치는 영위라 할 수 있다. 보다 포괄적인 의미에서는 지식을 늘리고, 기능을 가르치고, 인간성을 키워 그 사람이 갖고 있는 능력을 계발(啓發)하는 영위라 정의할 수도 있다. 또한 교육은 각 시대마다 요구되는 바람직한 인간상을 만들어 내고, 특정 시대의 특정한 교학 이념은 학교제도를 통해 교육의 내용을 강제한다. 따라서 교육은 인간의 자아와 가치관뿐만 아니라 나아가서는 세계를 인식하는 방법을 강하게 지배하는데, 특히 유년기에 학교 교육을 통해 주입된 공적 가치체계는 개인의 일생을 통해 특정적 사유와 행동을 통제하는 '규범'으로 작용한다. 교육이 시대가 요구하는 '바람직한 인간상'을 창출하는 효율적 기재라 할 때 교육정책이 국가정책의 근간을 이루는 것은 당연하다. 메이지시대뿐만 아니라 아시아·태평양 전쟁 시기에 이르기까지 나라의 운영을 책임졌던 최고 책임자들이 누구 하나 할 것 없이 국민 교육에 지대한 관심과 심혈을 기울여 왔던 이유가 바로 여기에 있다. 따라서 특정 시대의 교육 이념과 제도 그리고 이를 실천하고 수용하는 방법에 관한 연구는 그 시대와 사회를 고찰하는 중요한 단초를 제공한다. 특히 국가와 민족을 강하게 의식하는 만드는 메이지기 국민 교육에 관한 고찰은 비단 당대뿐만 아니라 20세기, 나아가 21세기 극우·보수 성향의 일본 사회를 이해하기 위한 출발점이 된다.

이 글에서는 '일본의 근대교육과 전쟁'이라는 커다란 주제를 설정하고, 1890년 공포되었던 「교육에 관한 칙어(勅語)」(이하 「교육칙어」라 약칭함)를 중심으로 「교육칙어」 공포 이전과 이후의 교육이념과 제도를 근대교육의 국가주의, 군국주의(軍國主義)적 성격에 초점을 맞춰 이를 조감(鳥瞰)해 보고자 한다. 1872년 학제의 실시와 더불어 서구 사회의 보편적 교육이념을 채용함으로써 자아의 독립과 입신출세라는 사적 가치를 추구하는 한편으로 천황과 국가를 강하게 의식하는 분열적 사유체계의 형성, 다시 말해 충군애국사상을 핵심으로 하는 국체사상 형성이라는 근대 일본인들의 공적 사유체계의 형성 과정에 대한 고찰을 통해 교육의 전쟁 책임에 대해서 추급해 보고자 한다.

교육의 전쟁 협력 또는 전쟁 책임에 대한 고찰을 시도하고자 할 때는 두 가지 연구 방법을 상정할 수 있을 것이다. 하나는 학교나 교사들이 담당했던 개별적이고도 직접적인 전쟁 협력의 실태를 파악하는 것이다. 이것은 일본이 치렀던 대외 전쟁 당시의 각종 기록물, 특히 교사 혹은 학생들의 수기나 회고록 분석을 통해 교육의 전쟁 책임에 대해 실제적으로 분석해 나가는 방법이다. 그러나 아시아·태평양 전쟁 당시의 수기나 회고록이 비교적 많이 남아 있는 것에 비해 그 대상을 메이지 시대의 청일·러일전쟁 시기로 한정했을 때는 상황이 그리 녹록치 않다. 따라서 이 글에서 다루고자 하는 메이지기의 교육과 전쟁 책임에 대한 고찰을 교사 혹은 학생들의 수기나 회고록 분석을 통해 파악하는 것은 자료 빈곤에서 오는 제약으로 인해 많은 노력과 시간을 요하는 지난한 과제가 될 것이다. 다른 하나는 근대교육 제도 자체에 내재돼 있는 국가주의적·군국주의적 성격을 분석하는 것으로 일본 근대교육의 시작과 전개를 국가주의 또는 군국주의와 관련지어 이를 분석하는 방법이다. 이 글에서는 후자의 방법을 통해 메이지기 보통교육의 전쟁 책임 내지는 협력에 관한 고찰을 시도해 보고자 한다.

종래 근대 일본의 교육제도사, 혹은 교육사상사에서는 메이지기 국민교육의 교육이념에 대해 지육(智育)과 덕육(德育)의 길항, 혹은 메이지 초기의 지육 중시에서 중·후기의 덕육 중시라는, 지육과 덕육의 이항대립 구조로 파악해 왔다. 필자 또한 이와 같은 설정에 이견을 갖고 있지는 않으나 본고에서는 다소 관점을 달리하여 메이지기 일본의 공교육제도에는 처음부터 국가주의·군국주의적 요소가 내재하고 있었으며, 지육이든 덕육이든 국민 교육의 궁극적인 목적은 다름 아닌 충군애국사상을 핵심으로 하는 국체사상 형성에 있었음을 규명하고자 한다. 또한 교육을 통해 형성된 국체사상이라는 일본인들의 특정적 사유체계는 메이지 후기 일본 사회가 군국주의 국가로 나아가는 데 있어 마치 종교와도 같이 일본인들의 신체와 정신을 지배했음을 밝히고자 한다.

2. 일본 근대교육의 국가주의적 성격

메이지 신정부가 1872년 일본 최초의 교육에 관한 법령인 학제(學制)의 반포·시행을 통해 근대교육의 체제를 정립하고, '국민개학(國民皆學)'이라는 슬로건 아래 전 국민을 대상으로 보통교육을 시행하려 했던 가장 큰 이유는 교육을 통해 고급 인재 양성과 교육된 양질의 노동력을 확보함으로써 식산흥업과 부국강병(富國强兵)을 이루기 위함이었다. 즉, 메이지 신정부의 핵심 관료들은 교육을 국가 부강을 위한 기재로 인식했던 것이다.

> 원래 국가의 부강은 국민의 부강으로, 일반 인민이 무식빈약의 경우에서 벗어나지 못하면 왕정유신의 미명(美名)이 결국 공명(空名)에 속하게 되고, 세계 부강의 각국과 대치하는 목적도 반드시 그 알맹이를 잃게 됩니다. 그리하여 일반 인민의 지식진보를 기대하여, 문명 각국의 규칙을 취사하여 서서히 전국에 학교를 진흥시키고, 크게 교육을 펼치시는 것이 오늘날의 급무라 생각합니다.[1]

기도 다카요시[木戸孝允, 1833~1877]는 메이지 원년(1868)년 12월, 보통교육 진흥에 대한 건언을 통해 국가를 부강하게 하기 위해서는 국민 전체의 지적 수준을 향상시키는 것이 중요하며, 그러기 위해서는 하루빨리 전국에 학교를 설치해 교육을 시행해야 함을 주장했다.[2] 즉 교육은 국

1 메이지 신정부의 핵심 요인 가운데 이와쿠라 도모미와 함께 교육정책에 가장 큰 관심을 갖고 있던 또 한 명의 인물이 바로 기도 다카요시[木戸孝允]다. 기도는 그리 길지 않은 기간이기는 하지만 1874년 1월부터 5월까지 문부경(文部卿)의 자리에 올라 직접 교육행정을 총괄하기도 했다. 기도는 메이지 원년(1868)년 12월, 인민의 부강이야말로 나라 부강의 기초이며, 사람들이 무식해서는 유신이 공명(空名)으로 끝나버릴 것이므로, 인민의 지식진보를 위해 문명 각국의 지식을 취사선택하여 전국적으로 보통교육을 하루 속히 시행해야 함을 강조하는 '보통교육의 진흥을 급무로 해야 하는 건언 서안'을 조정에 제출했다.

2 普通教育の振興につき建言書案
臣準一郎謹て奉建言候. 王政維新未出一年東北之反徒尽伏其罪. 従今勉て武政之専圧を解

가 부강을 위한 길임을 주장하고 있는 것이다. 그러나 1872년 학제의 그 어디에도 '국가를 위한 교육'이라는 언급은 보이지 않을 뿐만 아니라 오히려 국가를 위해서 학문을 하는 것은 '종래의 연습의 폐', 즉 오랫동안 이어져 내려온 나쁜 습관이라고까지 단정 짓고 있다. 학제는 '국민개학(國民皆學)'이라는 슬로건 하에 교육을 통해 갖추게 되는 능력 여하에 따라 입신출세(立身出世)가 가능한 능력주의라는, 당시 서구 사회의 보편적 교육이념을 채용함으로써 신분제 해체로 특권적 지위를 상실했던 무사 계층을 위무함과 동시에, 일반 서민이나 농민에게 공평하고 균등한 교육 기회를 제공함으로써 양질의 노동력을 확보하고자 했던 지극히 개인적이며 실용적인 교육관을 명시하고 있다.[3]

き, 内は人民平等之政を施し, 外は世界富強之各国え対峙する之思食, 断て毫も不容疑儀と奉恐察, 微臣も夙に広大之朝旨を奉体し, 不顧駑鈍尽微力, 熟将来之形勢を推考仕候に, 一般之人民無識貧弱にして終に今日之体面を不一変時は, 譬二三之英豪朝政を補賛仕候共, 決し不能振起全国之富強して, 勢王政も亦不得不陥専圧. 元来国之富強は人民之富強にして, 一般之人民無識貧弱之境を不能離ときは王政維新之美名も到底属す空名, 世界富強之各国に対峙する之目的も必失其実. 付ては一般人民之智識進渉を期し, 文明各国之規則を取捨し徐々全国に学校を振興し大に教育を被為布候儀, 則今日之一人急務と奉存候. 今日より端緒を被為開候とも, 固より不尽多少之歳月ば不能挙其実は当然之道理にて, 匆卒文明各国之形様而已を模擬いたし候は必良図に有之間敷, 却って国家人民之不幸を醸成候も難計と奉存候. 宜速に御決定被為在度奉仰願候. 誠惶々々頓首再拝. 戊辰十二月二日 木戸準一郎敬白. 이권희(2017), 『국가와 교육』, 케포이북스, 45쪽.

3 유신 초기에는 사족(士族)과 농민들의 반란이 도처에서 일어났다. 정부는 재정을 주로 지조(地租)에 의존했기 때문에 지주(地主)들을 보호하고 우대하는 정책을 폈고, 이로 인해 종종 지주에게 투기적 이익을 가져다주었다. 반면 하층 농민들의 생활은 점점 궁핍해져만 갔는데 이에 각지에서 봉기(一揆)가 끊이질 않았다. 하루아침에 일자리를 잃게 된 무사 계급들의 상실감은 말할 나위도 없을 것이다. 실제로 42만 호가 넘는 화족(華族)·사족(士族) 대부분이 유신 정부에서 관직을 갖지 못했다. 1874년의 중앙과 지방의 관리 총수 2만 1486명 가운데 화족·사족 출신은 1만 6,897명(약 79%)에 불과했다. 그것은 화족과 사족 전체 호수의 약 4%에 지나지 않는 수였다. 고토 야스시 외 저·이남희 역(2006), 『천황의 나라 일본』, 예문서원, 158쪽.

메이지 신정부의 관료들은 서구 선진 제국과 일본의 차이가 '문명'에 있음을 발견했다. 문명개화론자의 대표격이라고도 할 수 있는 후쿠자와 유키치[福沢諭吉]를 비롯한 당시의 계몽사상가, 교육사상가들 역시 다양한 루트를 통해 경험한 서양을 일본 사회에 소개하였는데, 서양 제국의 '문명'은 다름 아닌 학문과 교육을 통한 인재 양성임을 강조하였다. 이에 일본 최초의 근대적 교육법령이었던 학제가 전통적 지배 학문이었던 한학의 공리허담을 배격하고, 서양의 실학주의 사상에 근거한 개인주의적·실학주의적 교육관을 표명하고 있음은 유신 초기라는 시류에 비추어 볼 때 어찌 보면 당연한 것이었을지도 모르겠다. 게다가 학제의 서문이라 불리는 '피앙출서(被仰出書)'가 후쿠자와 유키치의 계몽사상에 영향받은 바 크다는 것은 이미 정설이 되어 있다. 피앙출서는 이른바 관판(官版)의 『학문의 권장(学問のすすめ)』이었다고 해도 과언이 아니었다.[4]

메이지 신정부가 학제 반포를 통해 제시했던 교육이념은 사민평등(四民平等)의 원칙하에 취학에 대한 차별을 없애고, 수신(修身)하고, 지식을 넓히고, 재능과 재예를 신장시킴으로써 출신성분과 지위 여하에 상관없이 누구나 입신출세를 할 수 있다는 지극히 개인적이면서도 이기적인 교육관이었다. 또한 종래와 같이 학문이 일부 사람들만의 것도 아니며, 국가를 위한 것도 아니라는 점을 강조함으로써 개인의 자립이나 사적 이익 추구라는 근대교육의 보편적 가치를 지향하였다. 그러나 전술한 바

4 土屋忠雄(1962), 『明治前期教育政策史の研究』, 講談社, 84쪽. 1872년 2월 간행된 『학문의 권장』에서는 학문을 함으로써 '귀인(貴人)도 될 수 있고, 부인(富人)도 될 수 있다'며 학문의 목적을 개인의 입신출세에 두고 있는데, 이는 그야말로 학제의 교육이념과 상응하는 것이었다.

와 같이 일본의 근대교육이 문명개화를 통한 국가의 부강이라는 공적 가치 실현을 위해 발족했음에도 불구하고 학제에서 '국가'는 완벽하게 자취를 감추고 있다. 아이러니다. 그 이유에 대해서는 몇 가지 가설이 존재한다.

첫째, 민중의 자발적 취학을 독려하기 위해서는 '국가의 부강이라는 대의명분'보다는, '입신출세'라는 개인적 효용을 강조하며 국민의 이기적 관심에 호소하는 편이 효과적이었을 것이라 판단했을 것이라는 것이다.[5] 둘째, 봉건적 학문관을 불식하는 것에 중점을 두었기 때문이라는 것이다. 즉, 자본주의 생산 양식을 채용하기 위해서는 국민을 종래의 신분제 관념의 틀에서 해방시킬 필요가 있었기 때문에 근대 국민국가의 성원이라는 자각을 개인의 입신이라는 측면에서 설명하려 했다는 것이다.[6] 셋째, 국가 재정과 관계가 있었을 것이라고 보는 시각이다. 한마디로 교육비의 국가 부담을 회피하기 위해 '국가'를 위한 교육이 아닌 개인의 입신출세를 위한 교육이라는 점을 강조했다는 것인데, 그러는 편이 취학률도 높일 수 있다는 계산이었다는 것이다. 가장 많은 이들로부터 지지를 받는 견해다. 그런 반면에 학제는 국가를 위한 학문·교육을 부정하고 있지 않으며, 전혀 개인주의적이지도 않다는 주장 또한 존재한다.[7] 이는 피앙출서의 개인주의·입신출세·치산창업은 궁극적으로

5 尾形利雄(1971), 「明治初期国民教育理念に関する考察」, 『ソフィア』 第20巻 第3号, 上知大学, 18~19쪽

6 國立教育研究所編(1973), 『日本近代教育百年史 1』, 教育研究所振興会, 75~76쪽.

7 다케나카 데루오는 후쿠자와가 1869년 2월 마쓰야마 도안[松山棟庵]에게 보낸 서간 안에서 '일신 독립해야 일가가 독립하고, 일국이 독립하고, 천하가 독립한다. 그 일신을 독립시키는 것은 다른 방법이 없다. 먼저 지식을 여는 데 있다(一身独立して一家独立, 一国独立, 天

'식산흥업' 개념으로부터 나온 것으로 개인의 입신출세는 결국 국가의 부강과 연결된다고 보는 것이다.

그럼에도 불구하고 필자는 학제의 교육이념이 지극히 개인주의적·실학주의적 교육관에 경도되어 있다고 본다. 메이지 초기의 '문명개화', '서구화 만능'이라는 당시의 풍조를 고려할 때 이는 오히려 당연한 것이었다. 표면적으로는 개인주의적·실학주의적 교육관에 경도되어 있어 보이지만 이것 또한 결국엔 국가 부강으로 이어지고, 후쿠자와 유키치의 교육사상 또한 결국에는 '국가 부강', '국가 안태'를 위한 포석이었다는 식의 해석에는 동의할 수 없다.[8] 이와쿠라 사절단[岩倉使節団]에 동행했던 기도 다카요시 등 정부 요인들은 자신들이 조사한 결과를 바탕으로 새로운 학교제도가 만들어져야 했음에도 불구하고 그들이 부재한 상황에서 정부가 새로운 학제를 반포했다는 점에서 그리고 국가를 위한 교육관이 부재했다는 점에서 1872년 학제에 대해서는 처음부터 반대했었고, 결국 반포된 지 불과 7년 남짓 만에 학제가 폐지되었다는 것이 이를 뒷받침해 준다. 물론 학제가 폐지된 이유는 여러 가지가 복합적으로 작용했지만 그중 하나가 학제의 국가주의적 성격 부재였음은 부정할 수 없다. 분명 학제에서는 개인의 입신출세를 강조하는 지극히 개인적이며 이기적 가치를 교육의 이념으로 설정하였다. 한마디로 학제에서 국가는 소거되어 버렸다. 학제 반포 이전에도, 그리고 학제가 폐지되고 이를 대

下独立. 其一身を独立しむるは, 他なし. 先づ智識を開くなり)'라는 부분을 가지고 후쿠자와의 교육사상 또한 결국에는 국가의 부강을 강하게 의식하는 것이라 하고 있다. 竹中暉雄(2013),『明治五年「学制」』ナカニシヤ出版, 72~86쪽.

8 이권희(2017), 83쪽.

신한 교육령에서도 '국가'는 그 어떤 교육적 가치보다도 우선하고 있었음에도 왜 학제의 교육이념에서는 자취를 감추고 있을까. 어차피 학제 제정에 참가했던 인사들이 학제를 기초하는 과정을 기록한 의사록(議事錄)이 발견되지 않는 한 그 어떤 가설도 상상과 추측의 역을 벗어나기는 어렵다. 따라서 학제에서 찾아볼 수 없는 교육의 국가주의적 성격을 견강부회 식으로 주장하기보다는 분명 일본의 근대교육은 처음부터 강하게 국가와 군대를 의식하며 출발했다는 명제를 설정하고, 학제 이외의 다른 정황과 언설들의 분석을 통해 메이지 초기 교육의 국가주의적 혹은 군국주의적 성격을 규명하는 것이 보다 효율적일 것이다.

3. 일본 근대교육의 군국주의적 성격

근대 국가 형성 시기에 있어 군대는 중앙집권체제를 유지하고 치안 유지와 대외 전쟁에 대비하기 위한 필수불가결의 요소다. 더구나 막부 말기 서양의 무력시위로 국가 존망의 위기를 맞본 메이지 신정부가 근대적 군사집단을 조직하고 국민군 양성에 주력했던 것은 어찌 보면 지극히 자연스러운 흐름이었다고 할 수 있다. 이에 메이지 신정부 3대 개명정책 중 하나인 징병제(徵兵制)가 학제 반포와 때를 같이해 시행되었음은 결코 우연이 아니다.

천황의 이름으로 징병에 관한 칙명이 내려지고, 이를 받아 태정관(太政

官)의 징병고유(徵兵告諭)가 1872년 11월 28일 태정관 포고 제379호로 발표되었다. 이를 근거로 1873년 1월 10일 '징병령(徵兵令)'이 시행되었다.[9] 학제의 국민개학주의와 마찬가지로 '국민개병(國民皆兵)'의 원칙하에 만 20세의 남자를 징집하여 3년간 육군에 복무하도록 하는 근대적 군사제도가 시작됐다. 이에 징집되는 병사들에게는 병사에게 필요한 기본 소양과 능력 형성이라는 새로운 과제가 주어졌으며, 이를 위해 국민 교육의 중요성이 부각됨은 자연스러운 이치라고 할 수 있었다.

실제로 문부성이 학제 제정을 즈음하여 태정관에게 제출한 품의서(伺文), 오늘날의 입법취지(취의)서를 보면 국가의 부강안강(富强安康), 즉 국가의 독립과 번영을 위한 부국강병 · 식산흥업을 꾀하는 정책의 하나로써 교육이 유용, 또는 필요하므로 인민에게 취학을 독려해야 한다는설명이 보인다.[10] 또한 부현에서 '피앙출서'를 받아 학제 반포 후 약 10년간 각 지역의 지도자들이 학문의 필요성과 취학을 강조하기 위해 주민을 대상으로 발표한 취학고유(就學告諭)에서도 품의서의 취지와 일맥상통하는 내용을 확인할 수 있다. 이처럼 국가의 독립과 번영, 즉 식산흥업과 부국강병을 위해 교육이 필요하다는 발상은 앞에서 언급한 기도 다카요시뿐만 아니라 당시 위정자나 교육자들 사이에서는 오히려 일반적이었다고도 할 수 있다.[11] 이렇게 본다면 근대적 학교제도를 출범시킴으로써 정부가 목표했던 국민개학의 목적은 비록 학제에서 표방하고 있는 교

9 이후 징병 규칙에 따라 매년 1월 10일은 신병의 입영일이 되었다.

10 荒井明夫(2008), 『近代日本黎明期における「就学告諭」の研究』, 東信堂.

11 柿沼肇(2005), 『国民の「戦争体験」と教育の「戦争責任」』, 近代文芸社, 160쪽.

육이념이 개인주의·공리주의적 가치를 우선으로 하는 것이기는 했지만 그 본질은 오히려 국가 통일 및 국력 확충·강화를 통한 국가주의 사상 주입에 있었으며, 이는 결과적으로 부국강병책의 일환으로 병사들에게 필요한 기본 지식과 소양을 전수하기 위함이었음을 간과해서는 안 될 것이다.

일본의 공교육사상 '소학교(小學校)'라는 명칭이 처음으로 사용된 것은 1868년 12월에 개설된 시즈오카번[静岡藩]의 누마즈병학교[沼津兵学校] 부속 소학교였다는 것은 주목할 만하다. 거기에서는 데라코야[寺子屋], 향교(鄕校) 같은 전 시대의 교육기관과는 다른 교육 활동이 전개되었다. 교과목은 『박물신론(博物新論)』, 『지리전지(地理全誌)』, 『영환지략(瀛環志略)』, 『손자(孫子)』 등의 서사강론(書史論講) 이외에 영어나 프랑스어 중 하나를 선택해 회화나 문법 수업이 이루어졌다. 또한 만국지리, 당시 구리계략(究理概略)이라 불린 물리나 화학, 천문, 만국사, 경제설대략(経済説大略) 등을 배웠으며, 대수(代数), 기하(幾何), 삼각(三角) 등과 같은 수학과 실제 측량 등의 연습이 이루어졌다. 나아가서는 보병학교(歩兵学校), 포병학교(砲兵学校), 축조장교(築造将校, 오늘날의 공병학교) 등의 각 분과로 나누어 근대적·과학적 과목을 교육하고 훈련하였다. 소학교는 그야말로 병학교를 입학하기 위한 예비교 성격을 갖고 있었으며, 소독(素読), 학서(学書), 산술(算術), 지리, 체조, 강역(講釈), 청문(聴聞) 등 6개 과목을 본과로 삼고, 여기에 검술, 수련(水練, 오늘날의 수영) 등을 수의과목(随意科目)으로 두었다.[12] 이처

12 당초의 명칭은 도쿠가와케병학교[德川家兵學校] 부속 소학교. 누마즈병학교는 프랑스식 군대 조직을 목표로 스루가[駿河国] 누마즈의 누마즈성 내의 건물을 사용하여 개설되었다. 입학 자격은 14세부터 18세까지의 도쿠가와케의 가신이 원칙이었다. 초대 학장은 니시 아마

럼 비록 학제 반포 이전이기는 하나 일본에서 근대적 소학교의 발상(發祥)이 서양식 병학을 가르치기 위한 병학교에 부속된 소학교였다는 것은 일본 근대교육의 군국주의적 성격을 파악하는 데 시사하는 바가 크다고 할 수 있다.

1879년 다나카 후지마로[田中不二麻呂]의 주도로 학제를 대신한 '교육령(자유 교육령)'이 반포되었다. 다나카는 1871년 이와쿠라 사절단의 일행으로 서양 여러 나라를 시찰하고 귀국한 후 재차 1876년 유학생 감독관으로 미국으로 건너가 각 주의 교육제도를 둘러보고 귀국했다. 총 47조로 이루어진 교육령에서는 소학교의 수학연한을 학제의 정규과정 8년에서 4년까지 단축하는 것을 허락하였고, 실제 취학의무는 그 4년 가운데에서 16개월 이상이면 된다고 이를 더욱 완화하였다. 또한 교육행정 면에 있어서는 학구제(學區制)와 독학국(督學局)을 폐지하고 주민이 선출한 교육위원이 직접 학교를 관리·감독하도록 하였으며, 학교에서 가르치는 과목 또한 지방의 특성에 맞춰 각각의 교육위원회에서 정하도록 하였다. 다나카는 미국식 자유주의 교육 이식에 힘썼다. 그러나 당시 지방자치가 뿌리내리지 못한 상황에서 교육 자치, 자유주의라는 개념을 일반 인민들은 이해하지 못했으며, 세이난전쟁[西南戰爭]으로 인한 정부의 재정 부족으로 인해 소학교를 없애거나 통폐합하는 곳이 속출했다. 이는 취학률 저하로 이어졌고, 이러한 상황을 타개하기 위해 1880년에 교육

네[西周]. 1870년 병부성(兵部省)의 직할이 되었고, 1872년에는 정부의 육군병학료(陸軍兵学寮)와 통합되어 도쿄로 옮겨갔다. 부속 소학교는 현재의 누마즈 시립 제1소학교의 전신이다. 누마즈병학교는 일본 근대교육의 발상이라고도 여겨진다. 樋口雄彦(2005), 『旧幕臣の明治維新–沼津兵学校とその群像』, 吉川弘文館 참조..

령 개정이 이루어진다.

1879년 메이지 천황은 호쿠리쿠[北陸] 도카이[東海] 지역 순행(巡幸) 후 교육에 관한 시찰 의견을 당시 내무경(內務卿) 이토 히로부미[伊藤博文]와 문부경 데라지마 무네노리[寺島宗則]에게 제출하였다. 이를 골자로 하여 '교학성지(教學聖旨)'가 공포되는데, 교학대지(教學大旨)와 소학조목 2건(小學條目二件)으로 이루어진 교학성지의 내용은 유신 이후 일본의 근대교육이 서양의 실학적 교육사조에 경도되어 있음을 비판하고, 대안으로써 '인의(仁義)'·'충효(忠孝)'·'애국심(愛國心)' 등의 유교적 윤리를 중시하는 '덕육(德育)'의 필요성을 강조하는 것이었다.[13]

교학성지(教學聖旨) 공포 배경에는 1878년 오쿠보 도시미치[大久保利通] 암살을 계기로 정부의 강력한 리더가 부재한 호기를 틈타 전통 유학과 존황사상을 합체시킨 교학 이념을 세우고 천황의 친정(親政)을 도모하고자 했던 모토다 나가자네[元田永孚]를 위시한 황도파(皇道派) 세력의 정치적 의도가 있었다.[14] 막부 말기 이래 줄곧 유교주의 교학 이념을 통해 황

13 '教学ノ要仁義忠孝ヲ明カニシテ智識才藝ヲ究メ以テ人道ヲ盡スハ我祖訓國典ノ大旨上下一般ノ教トスル所ナリ然ルニ輓近専ラ智識才藝ノミヲ尚トヒ文明開化ノ末ニ馳セ品行ヲ破リ風俗ヲ傷フ者少ナカラス然ル所以ノ者ハ維新ノ始首トシテ陋習ヲ破リ知識ヲ世界ニ廣ムルノ卓見ヲ以テ一時西洋ノ所長ヲ取リ日新ノ效ヲ奏スト難トモ其流弊仁義忠孝ヲ後ニシ徒ニ洋風是競フニ於テハ將來ノ恐ルル所終ニ君臣父子ノ大義ヲ知ラサルニ至ランモ測ル可カラス是我邦教学ノ本意ニ非サル也故ニ自今以往祖宗ノ訓典ニ基ヅキ専ラ仁義忠孝ヲ明カニシ道徳ノ学ハ孔子ヲ主トシテ人々誠實品行ヲ尚トヒ然ル上各科ノ学ハ其才器ニ隨テ益々畏長シ道徳才藝本末全備シテ大中至正ノ教学天下ニ布満セシメハ我邦獨立ノ精紳ニ於テ宇内ニ恥ルコト無カル可シ' 「교학성지」는 일본 문부과학성 홈페이지 http://www.mext.go.jp의 '学制百年史 資料編'에서 인용.

14 모토다 나가자네, 니시무라 시게키[西村茂樹] 등 천황 측근 세력은 일본의 정치가 성지(聖旨)에 의한 것도, 민(民)에서 나오는 것도 아닌 일부 관리에 의한 권력 독점과 전제(專制)에

도 이데올로기 확립을 사상적 기반으로 마련하고자 했던 황도파 세력의 시도는 정권의 실세였던 이토 히로부미, 이노우에 고와시[井上毅] 등을 중심으로 하는 개명파 관료들의 반대로 번번이 좌절되었다.[15] 그러나 마침내 교학성지의 발표와 개정 교육령 공포를 통해 '황도주의 교육'이라는 새로운 패러다임이 등장한다.

개정 교육령에서는 수신 과목이 필수 교과로 자리매김하였으며, 수신 교육 강화를 통해 전통적 유교주의를 사상적 기반으로 하는 새로운 차원의 교육이념이 국민 교육의 전면에 등장했다.[16] 개정 교육령 이후 국

의해 좌지우지되고 있음을 우려하며 '천황친정(天皇親政)' 운동을 꾸준히 전개하며 호기를 노리고 있었다.

15 이른바 궁정파, 혹은 황도파라 부르는 천황과 천황의 시강(侍講)이었던 모토다 나가자네를 중심으로 하는 세력들은 학제의 실학주의 사상은 물론이거니와 당시 사회 전반에 만연하고 있던 구화만능주의 사상에 대해서도 강한 불만을 갖고 있었다. 이에 천황은 모토다를 통해 그 대책을 강구케 하였다. 모토다는 이를 받아 1979년 8월인가 9월경에 교육의 개량을 통한 풍속 교정(矯正)에 대한 천황의 하문을 이토에게 전달했다. 이에 이토는 1879년 9월 이른바 '교육의(教育議)'라는 상표문을 통해 현재의 혼란은 커다란 사회 변동에 따른 일시적 현상에 지나지 않음으로 '구시대의 누습(旧時の陋習)'으로 돌아가지 말고 개화정책을 성공리에 완수해야 하는 것이 급무라 하여 이를 일축하였다. 이토는 일단 풍속의 폐해를 인정하면서도 그 원인은 교육에 있는 것이 아니라 세변(世變)에 있다고 보았다. 그리고 무엇보다도 이토는 덕육의 내용을 정부의 손으로 통제하는 것 자체에 대해 부정적이었다. 이에 대해 모토다는 '교육의부의(教育議附議)'를 통해 이에 반론을 제기했다. 이토와 모토다 간에 벌어졌던 이른바 '교육의논쟁'이다. 이토의 '교육의(教育議)'와 모토다의 '교육의부의(教育議附議)'의 전문은 山住正己編(1990), 『教育の体系』 日本近代思想大系 6(岩波書店)을 통해 확인할 수 있다.

16 '小学校ハ普通ノ教育ヲ児童ニ授クル所ニシテ其学科ヲ修身読書習字算術地理歴史等ノ初歩トス土地ノ情況ニ随ヒテ罫画唱歌体操等ヲ加ヘ又物理生理博物等ノ大意ヲ加フ殊ニ女子ノ為ニハ裁縫等ノ科ヲ設クヘシ但已ムヲ得サル場合ニ於テハ修身読書習字算術地理歴史ノ中地理歴史ヲ減スルコトヲ得". 개정 교육령 제3조는 일본 문부과학성 (http://www.mext.go.jp/b_menu/hakusho/html/others/detail/1317967.htm 검색일 2018. 9. 20)의 '学制百年史 資料編'에서 인용.

민교육의 덕육 중시는 1879년 메이지 천황 명의로 발표된 「교학성지」와 무관하지 않다. 이 「교학성지」는 후술하는 「교육칙어」의 원형이다. 이 시점에서 메이지의 개명파 관료들이 유신 이후 줄곧 고수해 왔던 교학 이념, 즉 지육(智育) 중시의 국가주의 교육 방침을 고집할 수 없었던 것은 1874년 이타가키 다이스케[板垣退助]에 의한 '민선의원설립건백(民選議院設立建白)'을 계기로 불붙기 시작한 자유민권운동(自由民權運動)에 대한 민중교화책으로서 유교주의적 도덕 교육을 적극적으로 활용하고자 했기 때문이다.

교학성지 발표, 그리고 이와 연동하는 형태로 개정 교육령이 반포되고 얼마 지나지 않아 1882년 '육해군 군인에게 내리시는 칙유(勅諭)' 이른바 '군인칙유(軍人勅諭)'가 발포된다.[17] 칙유 전문(前文)에는 '짐은 너희들 군인의 대원수이다(朕は汝ら軍人の大元帥なるぞ)'라 하여 천황이 군에 대한 통수권을 갖고 있음을 명기하고 있다. 이어서 '하급자가 상관의 명령을 따르는 것은 곧 나의 명령을 따르는 것이니 명심하라(下級の者が上官の命令を承ること, 実は直ちに朕が命令を承ることと心得よ)'고 하면서 군인에게 충절(忠節)·예의(礼儀)·무용(武勇)·신의(信義)·검소(質素) 등 다섯 가지 덕목을 설유하는 주문이 오고, 성심껏 이것들을 준수·실행할 것을 명령하는 후문이 이어진다.

자유민권운동의 기세에 눌려 입헌제 정치를 약속했던 메이지 정부는

17 니시 아마네[西周]가 기초하고 후쿠치 겐이치로[福地源一郎]·이노우에 고와시[井上毅]·야마가타 아리토모[山縣有朋] 등이 가필·수정하였다. 하사 당시 세이난전쟁[西南戰爭]·다케바시사건[竹橋事件]·자유민권운동 등의 혼란한 정세에 따라 설비된 지 얼마 되지 않은 군부에 동요가 일어났기 때문에 이를 가라앉히고 정신적 지주를 확립할 의도에서 작성되었다.

제2부

오늘날의 메이지유신 재인식

제5장 아베 정권의 메이지 기억과 정치 – 박삼헌
-메이지 150년 기념사업을 중심으로

제6장 메이지유신 150년과 천황의 '원수화' – 유지아

제7장 가고시마현과 메이지유신 150년 – 김선희
-사이고 다카모리에 대한 기억을 중심으로

제8장 우경화하는 현대 일본과 메이지유신에 관한 표상 – 김병진
-고바야시 요시노리의 『대동아론』을 중심으로

제9장 일본 대중 출판물에 나타난 메이지유신의 재인식 문제 – 이원우

| 5장 |

아베 정권의 메이지 기억과 정치
-메이지 150년 기념사업을 중심으로

박삼헌 | 건국대학교 일어교육과 교수 |

1. 머리말
2. ‘정치가’ 아베 신조의 메이지 ‘기억’
3. 메이지 150년 ‘정치’의 선언
4. ‘메이지 150년’ 기념사업의 기본적 사고방식
5. 맺음말

* 이 글은 『일본역사연구』 제48집에 수록된 것을 수정한 내용임.

1. 머리말

2018년 10월 23일, 일본 정부가 주최하는 '메이지[明治] 150년' 기념식이 도쿄 나가타초[永田町]의 헌정기념관에서 개최되었다. 10월 23일은 1868년에 원호를 게이오[慶應]에서 메이지로 바꾼 날을 양력으로 계산한 것이다.[1] 지난 1968년의 '메이지 100년' 기념식도 같은 날 개최되었다.

〈그림 1〉 메이지 150년 관련 시책 추진 로고

아베 정권은 2016년 10월 6일부터 '메이지 정신을 배우고 일본의 강점을 재인식하는 것'[2]을 목표로 제시하고, 메이지 150년 기념사업을 추진하였다. 이를 배경으로 아베 정권의 역사인식을 비판하는 용어로 '메이지 150년 사관(史觀)'[3]이 새롭게 제기되었다. 이것은 아베 정권이 주도

1 제1차 메이지 100년 기념 준비회의(1966. 5. 11)에서는 메이지 100년의 기산점(起算點)에 대해 ① 메이지 천황 즉위일(1867. 2. 13), ② 대정봉환 칙허(1867. 11. 10), ③ 왕정복고 대호령(1868. 1. 3), ④ 5개조 서문 발포(1868. 4. 6), ⑤ 메이지 천황 즉위식(1868. 10. 12), ⑥ 메이지로 원호 개원(1868. 10. 23) 등이 논의되었다. 그 결과 계절과 알기 쉬운 점 등을 고려하여 10월 23일로 결정되었다(内閣総理大臣官房, 1969년 7월, 『明治百年記念行事等記録』, 31쪽).

2 「明治維新150年の記念事業 政府, 2018年計画『明治の日』制定動きも」, 『朝日新聞』(2016. 10. 08), 4쪽.

3 야마다 아키라[山田朗]가 2018년 한 해 동안 『歴史地理教育』에 연재한 「歴史修正主義と『明治150年史観』」이 대표적인 사례이다. 세부 제목은 다음과 같다. 「歴史修正主義と『明治150年史観』克服のために」(No. 874); 「改憲問題は歴史認識問題である」(No. 875); 「そもそも『歴史修正主義』とは何か」(No. 876); 「『明治150年史観』としての安部談話」(No. 878); 「歴史認

하는 메이지 150년 기념사업이 전쟁(청일전쟁 · 러일전쟁), 아시아(타이완과 조선의 식민지화), 민중(여성 등 국내 모순) 등을 소거하고, 부국강병과 식산흥업의 '메이지'만 강조하는, 일종의 만들어진 '메이지의 성공 스토리'[4]를 비판하기 위한 개념이다.[5] 예를 들어 야마다 아키라[山田朗]는 다음과 같이 '메이지 150년 사관'을 설명한다.

> ① 근대 일본의 변천에 대해 부분적으로 부정적인 평가(부분적 반성)를 하는 흐름이 있다. 이것은 메이지 시대의 팽창주의 · 전쟁은 성공 사례(일본의 국제적 지위 상승)로 보는 반면, 쇼와[昭和] 전전(戰前) 시기의 팽창주의 · 전쟁 · 인권 억압 등은 실패 사례로 보는 것이다(단, '식민지 지배와 침

識問題の焦点(1)－近代化と膨脹」(No. 879);「歴史認識問題の焦点(2)－日露戦争」(No. 880);「歴史認識問題の焦点(3)－日中戦争」(No. 881);「歴史認識問題の焦点(4)－靖国神社」(No. 883);「歴史認識問題の焦点(5)－日本の開戦と敗戦」(No. 884);「歴史認識問題の焦点(6)－植民地支配」(No. 885);「歴史認識問題の焦点(7)－『明治の日』」(No. 886);「歴史認識問題を深めるために」(No. 888). '메이지 150년 사관' 이외에도 '메이지 익찬(翼贊)'(一色清 외 7인, 2017,『明治維新150年を考える－「本と新聞の大学」講義録』, 集英社;「総特集 明治維新の光と影」『現代思想』2018年 6月号, 2018. 5. 15. 등), '메이지 예찬'(斎藤貴男, 2018,『「明治礼賛」の正体』(岩波ブックレット No. 986), 岩波書店) 등과 같은 용어가 사용되고 있으며, 그 비판 내용은 거의 동일하다. 본고에서는 '메이지 150년 사관'이라는 용어를 사용하고자 한다.

4 만들어진 '메이지의 성공 스토리'에 대해서는 2018년 3월 3일 일본의 역사 관련 학술단체(日本史研究会 · 歴史科学協議会 · 歴史学研究会 · 歴史教育者協議会)가 공동으로 개최한 심포지엄에서 분야별로 비판되었다(『創られた明治, 創られる明治–明治150年を考える－』). 공동 심포지엄의 결과물은 日本史研究会 · 歴史科学協議会 · 歴史学研究会 · 歴史教育者協議会 編, 2018,『創られた明治, 創られる明治－「明治150年」が問いかけるもの－』, 東京: 岩波書店로 출판되었다.

5 '메이지 150년'을 계기로 '메이지유신'의 의미를 재고하는 움직임도 있었다. 小路田泰直 · 田中希生 編, 2018,『明治維新とは何か?』, 東京: 東京堂出版; 서울대학교 일본연구소 편, 2018,「메이지유신에 '동아시아 근대(성)을 묻는다: 메이지유신 150주년 특집」,『일본비평』제19호, 서울대학교 일본연구소, 2018 참조.

략'은 직시하지 않음). 이 흐름은 이전에 '시바[司馬] 사관'이라 일컬어지던 것이다. '새로운 역사교과서를 만드는 모임(이하, 새역모)'은 '시바 사관'을 '자유주의 사관'으로 바꿔서 이용하려고 했지만, '새역모'의 역사인식은 역사수정주의 입장이고, 오히려 '자학 사관' 공격으로 영향력을 발휘했다. 이에 비해 ① 시바 료타로[司馬遼太郎] 자신의 역사인식은 『료마가 간다(竜馬がゆく)』, 『언덕 위 구름(坂の上の雲)』 단계부터 (중략) 메이지 시대 예찬론이라 말할 수 있다. '시바 사관'은 오늘날에도 대두되기 시작하는 메이지 시대 예찬론, 즉 '메이지 150년 사관'의 골격을 이루는 것이라 할 수 있다. (중략)

② '메이지 150년 사관'이란, 메이지 시대 · 메이지 헌법 · 메이지 천황을 기준으로 한 국가 전략을 기반으로 삼는 것이다. 천황의 생전 퇴위를 둘러싼 논의를 보더라도 메이지의 '황실전범' 원칙을 바꾸려 하지 않는 메이지 시대 기준론이 여전히 강한 것에서 알 수 있듯이, 11월 3일 '문화의 날'(이전의 메이지절[明治節])을 '메이지의 날'로 변경하려는 움직임도 메이지 시대 예찬론의 결과이다. (중략)

② 메이지 시대 예찬론은 메이지 헌법을 기준으로 한 개헌론, 메이지 황실전범을 기준으로 한 황실론, 메이지의 국가 전략을 기준으로 한 안전보장론 등으로 이어진다고 생각된다.[6](밑줄과 번호는 인용자, 이하 동일)

이에 따르면 '메이지 150년 사관'은 ① 메이지 시대의 팽창주의 · 전쟁을 성공 사례로 보는 '시바 사관'이 그 골격을 이루는 '메이지 예찬론'이

6 앞의 山田朗, 「歷史修正主義と『明治150年史観』克服のために」, 54~55쪽.

고, ② 메이지 시대 · 메이지 헌법 · 메이지 천황을 국가 전략의 기준으로 삼는 역사인식이다.

'시바 사관'은 "일청 · 일로 전쟁을 포함한 그때까지의 일본이 벌인 전쟁과 대외정책에는 '과오'라고 할 문제가 없는, 다대한 성공을 한 시대"[7] 이지만, "일로전쟁 후 일본이 이상해지기 시작해 이윽고 '이상한 쇼와'에 돌입하여 1945년 패전을 향해 전락해 갔다고 보는"[8] 역사인식이다. 물론 '시바 사관'이 '영광의 메이지'와 대비되는 '이상한 쇼와'를 설정하고 있는 한, 아시아 · 태평양 전쟁 시기에 발생한 일본군'위안부' · 강제징용 · 난징대학살 등을 부정하는 역사수정주의와는 그 성격을 달리한다.

그러나 1968년 '메이지 백년제'[9]를 전후로 등장한 '시바 사관'이 1990년대 중반에 등장한 역사수정주의의 영향을 받아 '메이지 150년 사관' 형태로 다시 등장했다는 점이 중요하다. 이에 대해 야마다는 '아베 담화'를 사례로 다음과 같이 설명한다.

> '아베 담화'의 역사인식은 '예찬'과 '무시'라는 양극 구조로 이루어져

7 나카쓰카 아키라 지음 · 박현옥 옮김(2014), 『시바 료타로의 역사관』, 서울: 도서출판 모시는 사람들, 29쪽.

8 위의 책, 36쪽.

9 '메이지 백년제'에 대해서는 鈴木洋仁, 2014, 「『明治百年』に見る歴史意識－桑原武夫と竹内好を素材に－」, 『人文学報』 第105号(鈴木洋仁, 2017, 『「元号」と戦後日本』, 東京： 青土社 수록); 道家真平, 2015, 「『明治百年祭』と『近代化論』」, 清水光明編, 『「近世化」論と日本－「東アジア」の捉え方を中心に－』, 東京: 勉誠出版; 小池誠一, 2015, 「昭和のなかの『明治』－明治百年記念準備会議を中心に－」, 『日本歴史』; Topacoglu Hasan, 2017, 「戦後日本の記憶研究と歴史学者の記憶意識－明治百年祭(1968)を例に－」, 『京都大学大学院教育学研究科紀要』 第63号; 宮本司, 2018, 「明治百年祭の道程－1960年代における日本戦後思想史考察の一ケース・スタディとして－」, 『明治大学人文科学研究所紀要』 第83册 등 참조할 것.

2. '정치가' 아베 신조의 메이지 '기억'

'메이지 150년' 기념사업을 분석하기 전에, 우선 그 원점이라 할 수 있는 아베 신조의 메이지 '기억'을 살펴보도록 하자.

『아름다운 나라로(美しい国へ)』는 2006년 당시 관방장관이었던 아베가 자민당 총재 선거를 준비하면서 발표한 것으로, 당시 50만 부가 팔릴 정도로 큰 화제를 모았다. 이떤 의미에서는 아베를 수상으로 만들어 준 저서라 할 수 있다. 여기에서는 대부분 전후 일본의 기억을 사례로 제시하면서 '전후 레짐(regime)으로부터의 탈각'[14]을 주장하고 있으며,[15] 구체적으로 제시된 메이지의 기억은 다음 글이 유일하다.

> 처음 '국가'와 만난 막부 말기의 일본
>
> 역사를 되돌아보면, 일본이라는 나라가 큰 변화를 맞이한 것은 ① 외국으로부터 위협이 있었던 때이다. 약 150년 이전인 1853년 페리의 내항으로 시작하는 개국이 그것이다. 그때까지는 번주(藩主)가 각각 영지를 다스리고 있었지만, 이 시대부터 하나의 국가를 단위로 국방을 생각하지 않을 수 없게 되었다.
>
> 사실 ① 이때 일본의 독립은 매우 위험하였다. 당시 지식인이 느꼈던 위기감의 배경에는 아편전쟁이 있었다. 1842년 제1차, 1860년 제2차

14 安部晋三(2013), 『新しい国へ－美しい国へ 完全版』, 東京: 文藝新書, 254쪽.

15 남상욱(2014), 「아베 신조 『아름다운 나라로』 속의 '미'와 '국가'－미시마 유키오의 렌즈를 통해 본 전후 보수주의 미학－」, 『일본비평』 10호 참조.

아편전쟁 패전으로 중국이 배상금 지불을 부과 받고 홍콩을 할양할 수밖에 없었기 때문이다.

일본도 그렇게 되는 것이 아닐까 두려워하는 사람들 중에서 개명적인 사람들－사쿠마 쇼잔[佐久間象山], 요시다 쇼인[吉田松陰], 가쓰 가이슈[勝海舟], 사카모토 료마[坂本龍馬] 등은 해방(海防)의 중요함을 일찌감치 지적하였다.

실제로 일본이 중국처럼 영토를 할양하지 않은 것은 운이 좋았다고 밖에 볼 수 없다. ② 1858년 일본은 일미수호통상조약을 체결한 후 영국, 러시아, 네덜란드, 프랑스 등과 동일한 조약을 맺었는데, 이 조약들은 심한 내용이었다. 일본에 오는 외국인은 모두 치외법권과 다름없는 특권을 누릴 수 있었지만, 일본에게는 관세자주권도 없었다. 또한 각국에게 최혜국 대우를 부여하는 한편, 일본은 최혜국 대우를 부여받지 못한, ② 실로 불평등한 조약이었다.

③ 메이지의 일본인은 이 불평등조약을 개정하는 데 대단히 고생하였다. 마침내 개정이 이뤄진 것은 1894년에 맺은 일미통상항해조약[16]이지만, 이것도 아직 대등하다고 할 수는 없었다. ③ 일본이 관세자주권을 회복하고 미국과 진정으로 대등해진 것은 일로전쟁에 승리한 후인 1911년이다.

② 메이지 이후의 일본은 서구 열강이 아프리카와 아시아의 식민지를 분할하기 시작하는 와중에 놓여 있었고, 통치하는 쪽이 될 것인지, 통

16 1894년 11월 22일 조인된 미일통상항해조약에서는 미국이 일본에서 보유하고 있던 영사재판권이 철폐되었고, 관세자주권의 일부도 회복하였다.

치받는 쪽이 될 것인지, 양자택일을 강요받았다. 자유와 민주주의를 표방하는 미국조차 필리핀과 하와이로 진출하기 시작하였다. ③ 메이지의 국민은 어떻게든 독립을 지키지 않으면 열강의 식민지가 된다는 위기감을 공유하고 있었다.[17]

여기에서 메이지는 ① 150여 년 전 외국의 위협으로 개국한 일본의 독립은 매우 위험한 상태였는데, ② 그것은 미국 등과 맺은 조약이 치외법권과 최혜국 조약 등을 인정하는 불평등한 조약이었기 때문이고, ③ 따라서 메이지의 일본인/국민은 독립을 지키지 않으면 열강의 식민지가 된다는 위기감을 공유하였으며, 러일전쟁 승리 후 1911년에 관세자주권을 회복하고 대등조약을 맺은 '기억'으로 제시된다. 다시 말해서 아베가 제시하는 메이지의 기억은 불평등조약을 개정하고 독립을 회복한 것이다.

그런데 여기에서 흥미로운 것은 아베가 불평등조약 개정의 시점을 '일로전쟁에 승리한 후인 1911년'으로 제시하고 있다는 점이다. 이것은 아베에게 러일전쟁까지의 메이지를 긍정적으로 평가하는 '시바 사관'의 흔적이 있음을 보여 준다. 나중에 살펴보겠지만 메이지 150년 기념사업에서는 1894년 7월 16일 조인된 영일통상항해조약이 불평등조약 개정 사례로 제시되고 있다. 이것은 메이지의 기억에 1904년에 발발하는 러일전쟁은 물론, 같은 달 25일 발발한 청일전쟁도 포함시키지 않고 있음을 보여 준다. 이에 대해서는 4장에서 자세히 살펴보기로 한다.

17 앞의 安部晋三, 『新しい国へ－美しい国へ 完全版』, 64~65쪽.

이상과 같은 아베의 메이지 기억은 '누구의 메이지인가'[18]라는 질문, 즉 오키나와나 아이누, 또는 여공이나 광부의 메이지는 어떠하였는지 등의 질문을 던지는 것만으로도 곧바로 반론을 당할 수 있을 정도로 매우 거칠다. 하지만 연구자가 아닌 '정치가'의 언설로서 자신의 정치적 소견을 명확히 하기 위해 취사선택된 '기억'임을 고려한다면, 아베의 메이지 기억은 오히려 단순명쾌해서 알기 쉽고 설득력이 있다. 다시는 열강이 될 수 없도록 수족을 묶어 놓은 전후의 일본국 헌법을 개정하는 것이야말로 '독립 회복의 상징이자 구체적인 방법'[19]이라는 그의 '정치적 소신'을, '메이지 국민/일본인이 일본의 독립'을 위해 '불평등조약 개정'에 고군분투한 '기억'에 의탁하여 현재의 일본 '국민'에게 호소하고 있기 때문이다. 따라서 아베는 반복적으로 "메이지의 일본인은 가능하고 지금의 우리들은 불가능할 이유가 없습니다. 중요한 것은 그 '의지'가 있느냐 없느냐. '강한 일본'을 만드는 것은 어느 누구도 아닙니다. 우리들 자신입니다"[20]라는 정치적 수사를 강조하고 있는 것이다.[21]

한편, 아베는 자민당 총재에 선출되고 2006년 9월 26일 1차 내각을

18 大日方純夫(2018. 07), 「『明治一五〇年』史観では見えない『明治』」, 「明治１５０年を問いただす」, 『歴史地理教育』7月増刊号(No.882), 東京:歴史教育者協議会, 22쪽.

19 앞의 安部晋三, 『新しい国へ－美しい国へ 完全版』, 33쪽.

20 2013년 10월 15일, 「第百八十五回国会における安倍内閣総理大臣所信表明演説」, 首相官邸 홈페이지(https://www.kantei.go.jp/jp/96_abe/statement2/20131015shoshin.html).

21 자신의 정치 개혁을 '전후 이래의 대개혁'이라 평가하면서 이와쿠라 도모미[岩倉具視]를 사례로 들고 '메이지의 일본인은 가능하고 지금의 일본인은 불가능할 이유가 없습니다'라는 정치적 수사를 제시하고 있다(2015년 2월 12일, 「第百八十九回国会における安倍内閣総理大臣施政方針演説」, 首相官邸 홈페이지(https://www.kantei.go.jp/jp/97_abe/statement2/20150212siseihousin.html).

구성한 후, 교육기본법 개정(2006. 12. 15), 방위성 승격(2007. 1. 9) 등 그동안 역사수정주의가 제기해 온 문제들을 '정치적'으로 해결하기 시작하였다. 하지만 이러한 아베의 행보는 지병으로 인한 갑작스런 사퇴로 1년 만에 중단되었다.

2012년 9월 자민당 총재로 복귀한 아베는 같은 해 12월 제46회 중의원 선거에서 민주당에 압승을 거두고 2차 내각을 구성한 후, 한동안 '아베노믹스'로 일컬어지는 경제 부흥정책에 집중하였다. 그러던 중 '전후 70년'에 해당하는 2015년 연두 기자회견에서 새로운 '담화' 발표 계획을 공식화하였다.[22] 새로운 '담화'는 '21세기 구상 유식간담회' 의견을 거쳐 8월 14일 발표되었다.

'아베 담화'에서는 '전쟁과는 아무런 상관없는 우리 아이들과 손자, 그리고 그다음 세대의 아이들에게 계속 사죄의 숙명을 짊어지게 해서는 안 된다'[23]고 강조한다. 역사수정주의가 '특히 근현대사에서는 일본인이 자자손손까지 계속 사죄할 운명을 타고난 죄인과 같이 취급'[24]되고 있다며 끊임없이 제기해 온 '자학 사관'의 극복을 공식화한 것이다. 이어서 12월 28일 한일 일본군'위안부' 합의에서는 '최종적 그리고 불가역적 해

22 2015년 1월 5일, 『安倍内閣総理大臣年頭記者会見』, 首相官邸 홈페이지(https://www.kantei.go.jp/jp/97_abe/statement/2015/0105kaiken.html).

23 2015년 8월 14일, 『内閣総理大臣談話』, 首相官邸 홈페이지(http://www.kantei.go.jp/jp/topics/2015/150814danwa.pdf). 아베 담화의 논점은 21世紀構想懇談会編, 『戦後70年談話の論点－歴史認識の座標軸－』, 日本経済新聞社, 2015 참조.

24 1997년 1월 30일, 「新しい歴史教科書をつくる会 趣意書」, 新しい歴史教科書をつくる会 홈페이지(http://www.tsukurukai.com/aboutus/syuisyo.html).

결'이라는 문구로 일본군'위안부' 문제를 국제적으로도 '봉인'시켰다.[25] 이런 의미에서 '정치가' 아베에게 2015년은 역사수정주의라는 역사인식을 정치적으로 '완결'한 연도라 할 수 있다.[26]

한편, '아베 담화'는 다음과 같이 시작한다.

> 종전 70년을 맞이함에 있어서 지난 대전(大戰)으로의 행로, 전후의 행보, 20세기라는 시대를 우리는 조용한 마음으로 되돌아보고, 그 역사의 교훈 속에서 미래를 향한 지혜를 배워야 한다고 생각합니다.
>
> 100여 년 전 세계에는 서구 국가들을 중심으로 한 나라들의 광대한 식민지가 펼쳐져 있었습니다. 압도적인 기술 우위를 배경으로 하는 식민지 지배의 물결은 19세기 아시아에도 밀려왔습니다. ① 그 위기감이 일본 근대화의 원동력이 되었음은 분명합니다. 아시아 최초로 입헌정치를 세우며 독립을 지켜냈습니다. ② 일로전쟁은 식민지 지배하에 있던 많은 아시아와 아프리카인들에게 용기를 주었습니다.
>
> ② 세계를 휩쓸었던 제1차 세계대전을 거쳐 민족자결의 움직임이 확산되면서 그간의 식민지화에 제동이 걸렸습니다. 이 전쟁은 1천만 명이나 되는 전사자를 낸 비참한 전쟁이었습니다. 사람들은 평화를 강력히 바라며 국제연맹을 창설하고, 부전조약(不戰條約)을 탄생시켰습니

25 2018년 11월 21일 한국 정부는 12·28 한일 '위안부' 합의에 따라 설립되었던 '화해와치유재단' 해산을 결정하였다. 이에 대해 2018년 12월 현재, 일본 정부는 합의 위반이라는 입장을 유지하고 있다.

26 2018년 10월 30일 한국 대법원의 일제 강제징용 배상 판결 이후, 아베 정권은 강제징용 피해자 명칭을 '한반도 출신 노동자'로 일원화하기로 선언하였는데, 이 또한 역사수정주의에서 제기해 온 역사인식을 '정치'적으로 해결한 사례이다.

다. ② 전쟁 자체를 위법화하는 새로운 국제 사회의 조류가 생겨났습니다.

②의 역사인식은 일본이 러일전쟁까지는 좋았지만 그 이후 이상해졌다고 보는 전형적인 '시바 사관'이다. 그런데 ①의 역사인식은 넓게 보자면, 메이지 국가 자체를 악(惡)으로 규정하며 일본 근현대사 전체를 범죄의 역사로 단죄하는 역사인식을 반대하고, '밝은 메이지로의 복원'[27]을 시도한다는 점에서 '시바 사관'에 속한다고 할 수 있지만, 엄밀하게 보면 '시바 사관'의 핵심인 '일로전쟁'이 아니라 '아시아 최초의 입헌정치'로 지켜낸 '독립'을 강조하고 있다는 점에서 '시바 사관'과는 미묘하게 그 내용을 달리한다. 이런 의미에서 ①은 '아시아 최초로 입헌정치를 세우며 지켜낸 독립'에서 찾으려는 역사인식이라는 점에서 '시바 사관'이라기보나 앞에서 야마나가 지적한 바와 같이 '메이지 예찬론'에 속한다.

그런데 여기에서 흥미로운 것은 아베가 '담화'를 발표하기 이틀 전에 '메이지 150년'을 처음 언급하였다는 점이다. 이것이 지니는 '정치적' 의미에 대해 알아보도록 하자.

27 역사수정주의가 제시한 '밝은 메이지로의 복원'에 대해서는 박삼헌(2008), 「일본 중학교 후소샤(扶桑社)판 역사교과서 삽화 분석－근대화에 대한 역사인식을 중심으로－」, 『일본역사연구』 제27권 참조.

3. 메이지 150년 '정치'의 선언

'메이지 150년'은 아베 신조가 2015년 8월 12일 야마구치시[山口市] 강연에서 처음 언급하였다. 그는 "메이지유신 50년 후에는 야마구치현 출신 데라우치 마사타케[寺内正毅], 100년 후에는 사토 에이사쿠[佐藤栄作]가 수상이었는데, 만약 제가 2018년까지 재임한다면 메이지유신 150년 후에도 야마구치현 출신이 수상"이라고 말하며, 일본 재생을 위해 모든 힘을 다하겠다는 결의를 표명하였다.[28] 아베의 결의가 자민당 당원들에게도 전달되었는지, 그는 9월 8일 무투표로 자민당 총재 재선에 성공하였다.[29] 자민당이 제1당을 유지하는 한, 자민당 규정에 따라 아베는 2018년 9월 말까지 수상으로 재임할 수 있게 된 것이다.

그러나 이것은 단지 아베가 수상 재임의 '가능성'을 메이지 150년인 2018년 9월 말까지 확보하였음을 의미할 뿐이었다. 물론 제47회 중의원의 임기가 2018년 12월까지이므로, 제도적으로는 2018년 9월 말까지 수상으로 재임할 수 있었다.[30] 하지만 8월 30일에 10만 명이 넘는 시민들이 국회 정문 앞까지 진출하며 신안보법제 반대 시위를 벌이던 당시의

28 「安倍首相『頑張って平成３０年までいけば…』地元・山口県で続投宣言!?」, 『(인터넷)産経ニュース』, 2015. 8. 12.

29 「無投票決着, 首相の執念自民総裁選再選」, 『朝日新聞』, 2015. 9. 9.

30 하지만 2017년 9월 28일, 모리토모(森友)·加計学園(가케가쿠엔) 문제 등으로 위기를 맞은 아베는 중의원 해산이라는 승부수를 던졌다. 공명당은 6석이 준 29석을 획득했지만, 자민당은 해산 이전과 동일한 284석을 획득하는 대승을 거두면서 중의원 2/3 이상을 유지하였다. 이로써 11월 1일 아베는 4차 내각을 구성하였다.

정국을 고려한다면, 남은 3년 이상의 기간 동안 어떤 정치적 변수가 발생할지 어느 누구도 예단할 수 없었다.[31] 따라서 2015년 8월 당시, 아베가 처음 언급한 '메이지 150년'은 한 달 앞으로 다가온 자민당 총재 재선을 앞두고 자신의 지역구에서 정치생명 연장 결의를 표명하는 정치적 수사(rhetoric) 성격이 강하였다.

한편 우여곡절 끝에 신안보법제 성립 후 맞이한 2016년, 아베는 시정방침 연설을 "개국인가, 양이(攘夷)인가. 150년 전 일본은 그 방침조차 결정할 수 없었습니다"로 시작하고, 국회의원으로서 '선거제도 개혁'과 '헌법 개정'을 "회피하지 않고 정정당당하게 의논하며 답을 찾아가는 책임을 다하지 않겠습니까"로 맺고 있다.[32] 3월 3일 참의원 예산위원회에서도 재임 중에 '개헌'을 완수하고 싶다는 포부를 밝혔다.[33] 아베는 평소 자신의 신념이라 밝혀 왔던 '헌법 개정'을 전면에 내세우며 2016년의 정치를 시작한 것이다.

7월 10일 제24회 참의원 선거에서는 민진당·공산당·생활당·사민당 등 '야권연대'의 견제를 꺾고 대승을 거뒀다. 이로써 '아베 1강' 체제를 공고히 함과 동시에 헌정사상 처음으로 '개헌 세력'[34]이 중의원과 참

31 2014년 7월 1일 아베 내각은 집단적 자위권 행사 용인을 핵심 내용으로 하는 각의 결정을 했으며, 이 각의 결정을 법적으로 뒷받침하기 위한 신안보법제가 2015년 7월 15일 중의원 본회의, 9월 19일 본회의를 통과함으로써 최종적으로 성립되었다.

32 2016년 1월 22일, 「第百九十回国会における安倍内閣総理大臣施政方針演説」, 首相官邸 홈페이지(https://www.kantei.go.jp/jp/97_abe/statement2/20160122siseihousin.html).

33 「首相『改憲, 在任中に』 18年 9月 までを念頭 予算委答弁」, 『朝日新聞』, 2016. 3. 3.

34 자민당·공명당으로 구성된 연립여당과 개헌에 찬성하는 보수 야당을 합친 세력을 의미한다.

의원에서 개헌 정족수인 의석 2/3 이상을 확보하는 데 성공하였다.[35]

참의원 선거에 압승한 이후 자민당에서는 2020년 도쿄올림픽을 성공적으로 치르기 위해 아베가 책임지고 정권을 운영해 나가야 한다는 의견이 제기되기 시작하였다. 이를 위해서는 2회 연임으로 제한되는 자민당 총재 임기를 3회 연임으로 개정할 필요가 있었다. 마침내 10월 19일, 당내 경쟁자들의 반발에도 불구하고 자민당 정치제도개혁실행본부는 총재의 임기 제한을 3회 연임으로 변경하기로 결정하였다.[36] 아베의 자민당 총재 임기 '가능 기간'이 최장 2021년 9월까지 늘어난 것이다.[37] 이로써 아베는 2020년 도쿄올림픽은 물론이고, 숙원인 '헌법 개정'도 완수할 수 있는 시간을 충분히 확보할 수 있게 되었다.

이러한 가운데 10월 6일 아베는 내각관방에 〈'메이지 150년' 관련 시책 추진실〉(이하 추진실)을 설치하고 정부 주도의 메이지 150년 기념사업을 공식화하였다.[38] 이것은 2018년을 1년 2개월 정도 앞둔 2016년 10월

35 「改憲勢力3分の2 4党に非改選無所属含め参院議席確定」, 『朝日新聞』, 2016. 7. 11. 제24회 참의원 임기는 2019년 7월 28일까지이다. 참고로 2019년 7월 21일 실시된 제25회 참의원 선거에서 아베 신조 총리가 이끄는 일본의 집권 세력인 자민당과 공명당 등 개헌세력은 개헌안 발의선에 4석이 부족한 160석을 획득하여 개헌 발의선 확보에 실패하였다.

36 「安倍首相, 3選可能に 自民総裁任期, 延長決定」, 『朝日新聞』, 2016. 10. 20. 당칙 개정은 2017년 3월 5일 자민당 대회에서 이뤄졌다.

37 이것은 2018년 9월 20일 아베가 자민당 총재 선거에서 3선 연임에 성공하면서 현실화되었다. 정치적 이변이 발생하지 않는 한 그는 자민당 총재 임기인 2021년 9월까지 수상을 역임할 가능성이 높다. 만약 이렇게 된다면, 그는 전후 태생 최초이자 최연소 수상이라는 기록과 함께, 1885년에 이토 히로부미[伊藤博文]가 초대 수상에 취임한 이후 현재까지 98대에 이르는 역대 수상 중에서 최장기 집권 수상이라는 신기록을 세우게 된다.

38 2016년 10월 6일, 『「明治150年」関連施策推進室の設置に関する規則』, 「明治150年」関連施策各府省庁連絡会議 / 内閣官房 「明治150年」関連施策推進室, 首相官邸 홈페이지(https://www.kantei.go.jp/jp/singi/meiji150/pdf/suisinsitu.pdf).

이라는 시점이 기념사업을 행정적으로 준비하기 위해 필요한 시간을 계산한 결과일 수도 있다. 하지만 '개국인가 양이인가' 그 방침을 결정하지 못하던 150년 전 막부의 경험을 되살려 '헌법 개정'에 관한 논의를 전면적으로 제기하며 시작한 2016년이, 아베에게는 그 어느 때보다도 '헌법 개정'을 추진하기 위한 객관적 조건(개헌 정족수 의원 확보, 자민당 총재 3회 연임)이 갖춰지기 시작한 연도였음을 고려할 필요가 있다. 다시 말해서 현실 정치에서 '헌법 개정'의 객관적 조건이 갖춰지기 시작하자, 아베는 '메이지 150년에도 야마구치 출신이 수상'이라는, 즉 지역구에 국한되었던 '메이지 150년'을 '메이지 정신을 배워서 일본의 강함을 재인식'하기 위한 국가적 차원의 '정치'로 확대시킨 것이다. 이런 의미에서 2016년 10월 6일 메이지 150년 기념사업 추진 발표는 아베의 메이지 '기억'을 메이지 150년 '정치'로 공식화하는 선언이었다.

4. '메이지 150년' 기념사업의 기본적 사고방식

2016년 11월 2일, 추진실과는 별도로 관방부 장관을 의장으로 하는 '메이지 150년' 관련 시책 각 부성청 연락회의(이하 연락회의)가 설치되었다.[39]

39 2016년 11월 2일, 『「明治150年」関連施策各府省庁連絡会議の開催について』, 「明治150年」関連施策各府省庁連絡会議 / 内閣官房「明治150年」関連施策推進室, 首相官邸 홈페이지(https://www.kantei.go.jp/jp/singi/meiji150/pdf/renrakukaigi.pdf).

'메이지 150년' 관련 시책의 기본 방향을 제시한 '메이지 150년 관련 시책 추진에 대해(안)'는 연락회의가 설치된 지 두 달도 채 지나지 않은 12월 26일의 제3회 연락회의에서 논의되었고, 동일한 내용이 2017년 3월 2일의 제4회 연락회의에서 결정되었다.[40] 이후 연락회의는 '메이지 150년' 관련 시책의 추진 상황을 점검하는 것으로 2017년 11월 30일까지 개최되었다(〈표 1〉 참조).

〈표 1〉 '메이지 150년' 관련 시책 각 부성청(府省庁) 연락회의

회	일시	내용
1회	2016. 11. 04	1) '메이지 150년' 관련 시책 각 부성청 연락회의 개최에 대하여 2) 야마우치 마사유키(山内昌之) 도쿄대학 명예교수의 설명
2회	2016. 12. 01	쓰쓰이 기요타다(筒井清忠) 데이쿄(帝京) 대학 문학부장의 설명 * 유식자(有識者) 자문 등에 대하여
3회	2016. 12. 26	'메이지 150년' 관련 시책 추진에 대하여(안) 검토
4회	2017. 03. 02	1) '메이지 150년' 관련 시책에 대하여 2) 기타
5회	2017. 04. 25	'메이지 150년' 관련 시책 추진 로고 마크 작성에 대하여
6회	2017. 07. 14	1) '메이지 150년'관련 시책 중간보고서에 대하여 2) '메이지 150년' 아카이브 관련 시책에 관한 각 부성청 연락회의에 대하여 3) 기타

40 제1회 연락회의에서는 야마우치 마사유키[山内昌之] 도쿄대 명예교수, 제2회 연락회의에서는 쓰쓰이 기요타다[筒井清忠] 데이쿄[帝京]대학 교수의 의견 발표가 있었다. 야마우치의 전공은 중동 이슬람 지역 및 국제관계사이다. 아베 정권의 사적 자문기구인 '교육재생실행회의' 위원, 아베가 내각에 설치한 '국가안전보장회의'를 보좌하는 '국가안전보장국' 좌장, '아베 담화'의 내용을 제공한 '21세기 구상 유식 간담회' 멤버 등을 역임하면서 아베 정권과 밀접한 관계를 유지하는 지식인 중 한 명이다. 참고로 '중일역사공동연구위원회'와 '한일역사공동연구위원회'의 위원도 역임하였다. 쓰쓰이의 전공은 사회학이고, 추진실이 주최한 〈메이지 시기 입헌정치 확립 등에 공헌한 조상의 업적 등을 차세대에 남기는 방안에 관한 검토회〉의 좌장을 역임하였다. 추진실은 이외에도 유식자 자문을 별도로 실시하였다(〈표 2〉 참조).

7회	2017. 09. 29	1) '메이지 150년' 관련 시책 진행 상황에 대하여 2) 기타
8회	2018. 01. 31	1) '메이지 150년' 관련 시책 진행 상황에 대하여 2) 기타
9회	2018. 04. 27	'메이지 150년' 관련 시책 진행 상황에 대하여(회람)
10회	2018. 07. 30	1) '메이지 150년' 관련 시책 진행 상황에 대하여 2) '메이지 150년' 아카이브 관련 시설에 관한 각 부성청 연락회의에 대하여 3) 기타
11회	2018.11.30	1) '메이지 150년' 관련시책의 진척상황에 대하여 2)메이지 150년 기념 식전에 대하여

*「明治150年」関連施策各府省庁連絡会議 / 内閣官房「明治150年」関連施策推進室,首相官邸 홈페이지 (https://www.kantei.go.jp/jp/singi/meiji150) 참조.

〈표 2〉 '메이지 150년' 관련 시책 추진실의 유식자 자문 대상

구분	대상
유식자	아키모토 유지(秋元雄史, 東京藝術大学 大学美術館長)
	다나카 리사(田中理沙, 宣伝会議取締役メディア · 情報統括 겸 事業構想大学院大学 学長)
	반노 마리코(坂東眞理子, 昭和女子大学 理事長)
	후지이 게이스케(藤井恵介, 東京大学 工学系研究科 教授)
	마쓰오카 다다아키(松岡資明, 저널리스트)
경제단체	일본경제단체연합회(日本経済団体連合会)
	경제동우회(経済同友会)
	일본상공회의소(日本商工会議所)
지방관계단체	전국지사회(全国知事会)
	전국시장회(全国知事会)
	전국정촌회(全国知事会)
기타	도쿄 국립근대미술관 필름센터(東京国立近代美術館フィルムセンタ_)
	도쿄도 사진미술관(東京都 写真美術館)

* 2016년 12월 1일, 『資料2 有識者ヒアリング等について』, 第2回「明治150年」関連施策各府省庁連絡会議,「明治150年」関連施策各府省庁連絡会議 / 内閣官房「明治150年」関連施策推進室, 首相官邸 홈페이지 (https://www.kantei.go.jp/jp/singi/meiji150/dai2/siryou2.pdf). 4쪽을 참조하여 작성함.

'메이지 150년 관련 시책 추진에 대해'에 따르면, '메이지 150년' 관련 시책의 기본적 사고방식(이하 기본적 사고방식)은 다음과 같다.

1. 메이지 이후의 발자취를 차세대에게 남긴다

메이지 이후 근대국민국가의 첫걸음을 내딛은 일본은 이 시기에 ① 근대화를 향한 발걸음이 시작되면서 국가의 기본적 형태를 구축하였다. 예를 들어 ② 내각제도 도입, 대일본제국 헌법 제정, 제국의회 설치 등 입헌정치·의회정치 도입, 서양의 상황을 파악하기 위한 이와쿠라 사절단 파견 등 국제 사회에 대한 대응, 철도 개업과 우편제도 시행 등 기술 혁신과 산업화 추진, 의무교육 도입과 여자사범학교 설립 등 여성을 포함한 교육의 충실 등 메이지 이후 근대화를 향한 대처는 다방면에 걸쳐 있다.

과거를 되돌아봄으로써 미래에 대한 비전을 알 수 있으므로, 이러한 ⑥ 근대화의 변천이 기록된 역사적 유적을 후세에 남기는 것은 매우 중요하다. 특히 ⑤ 최근에는 인구 감소 사회 도래와 세계 경제의 불투명함 고조 등 격동의 시대를 맞이하고 있는데, 근대화에 맞닥트린 곤란에 직면했던 메이지 시기와 겹치는 바도 있으므로, 지금 다시 메이지 시기를 되돌아보고 장래와 연결하여 가는 것은 의의가 있다고 생각된다. 그럼에도 불구하고 시간의 경과 등으로 인해 이러한 역사적 유산이 흩어지고 낡아지는 것이 염려된다. 따라서 '메이지 150년'을 계기로 메이지 이후의 일본이 걸어온 과정을 다시 정리하여 미래에 남김으로써 차세대를 책임지는 젊은이에게 향후 일본이 나아갈 바를 생각하는 계기로 삼는다.

2. 메이지 정신을 배워서 한층 비약하는 나라로

메이지 시기에는 이전에 비해 ③ 출신이나 신분과 상관없는 능력 본위의 인재 등용이 실시되어 기회의 평등이 이루어졌다. 이러한 가운데 메이지 초기부터 중기를 중심으로 ④ 청년과 여성, 그리고 학술과 문화를 지향하는 사람들이 해외로 유학하여 탐욕스럽게 지식을 흡수하거나, 국내에서 새로운 길을 개척하기도 하였다.

또한 이 시기에는 ⑤ 외국인에게 배운 지식을 활용하면서도 화혼양재의 정신에 따라 단순히 서양을 흉내 내지 않고 일본의 우수함과 전통을 살리는 기술과 문화를 만들어 냈다. 이러한 것은 지방과 민간에서도 여러 형태로 발전하였다. 특히 ④ 일본에 온 외국인 중에는 기술을 그대로 가르치지 않고 일본의 실정을 고려한 내용으로 지도한 자나 일본 문화를 평가하여 해외에 소개한 자도 있다. 이러한 ⑥ 메이지 시기의 청년, 여성, 외국인 등의 활약을 아는 것과 당시의 기술 및 문화에 접하는 것은 매우 유의미한 것이다. 하지만 시간이 지남에 따라 일본 각지에서 이러한 청년과 여성 등의 활약, 기술 및 문화와 관련된 유산에 대한 기억도 옅어져 사라지거나 일부에게만 알려져 충분히 평가받지 못하는 경우도 많다. 따라서 '메이지 150년'을 계기로 국내외에서 메이지 시기와 관련된 유산을 새롭게 인식하는 기회를 만들고, ⑥ 메이지 시대를 살아간 사람들이 근거로 삼은 정신을 습득함으로써 일본의 기술과 문화의 강함을 재인식하고 현대에 되살려 한층 더 발전하는 일본의 기초로 삼는다.[41]

41 2017년 3월 2일, 『「明治150年」関連施策の推進について』, 第4回「明治150年」関連施策各府

우선 메이지는 ① 근대화 과정 속에서 국가의 기본적 형태를 구축한 시기로 제시되고 있다. 구체적으로는 ② 입헌정치·의회정치 도입, 국제사회 대응, 기술 혁신과 산업화 추진, 의무교육 실시가 제시되고 있는데, 특히 ③ 출신, 신분, 성별 등과 상관없는 능력 본위의 인재 등용, 즉 기회의 평등이 강조되었고, 그중 ④ 청년과 여성들이 외국인에게 배운 지식을 단순히 흉내 내지 않고 일본의 우수함과 전통을 살리는 화혼양재의 문화를 만들어 냈다고 평가한다. 그리고 인구 감소와 세계 경제의 불투명이라는 현재의 곤란이 ⑤ 근대화에 맞닥트린 곤란에 직면했던 메이지 시기와 겹치므로, 향후 일본이 보다 발전하기 위해서는 ⑥ 근대화의 변천이 기록된 역사적 유적을 후세에 남기고, 메이지 시대를 살아간 사람들이 근거로 삼은 정신을 습득하는 것이 중요하다고 결론짓는다. 이것의 개요는 도식화로 제시되고 있다(〈그림 2〉).

이상과 같은 기본적 사고방식의 가장 두드러진 특징은 내각제도, 대일본제국 헌법, 제국의회와 같은 '국가의 기본적인 형태 구축'을 메이지의 주된 '기억'으로 제시하고 있다는 점이다. 그 결과 메이지 '기억'의 하한선은 1890년 제국의회 개설까지이다. 불과 4년 후에 발생하는 청일전쟁마저도 그 '기억'의 대상이 되지 않는다. 어디까지나 메이지 150년의 기억을 '국가의 기본적인 형태 구축'에 국한시킴으로써 '식민지 지배의 파도가 아시아로 밀려오는 위기감과 함께 시작된 150년 전 메이지 일본의 새로운 나라 만들기', 즉 입헌정치 확립만 강조되는 것이다.

省庁連絡会議,「明治150年」関連施策各府省庁連絡会議 / 内閣官房「明治150年」関連施策推進室, 首相官邸 홈페이지(https://www.kantei.go.jp/jp/singi/meiji150/dai4/sankou1.pdf), 1~2쪽.

'메이지 150년' 관련시책 추진에 대해

기본적인 사고방식

*2018년은 메이지 개원(改元)이 포고된 메이지 원년(1868)부터 계산하여 만 150년에 해당하는 해이다.

메이지 이후의 변천을 차세대에 남긴다

- 메이지 이후, 일본은 근대화를 추진하여 국가의 기본적인 형태를 구축하였다.
- 메이지 이후 일본의 변천을 다시 정리하여 미래에 남김으로써 차세대를 담당하는 청년에게 앞으로의 일본이 어떠해야 하는지 생각하는 기회로 삼는다.

* '메이지 이후의 변천'…입헌정치 · 의회정치 도입
  국제사회 대응
  기술혁신과 산업화 추진
  여성을 포함한 교육의 충실 등

메이지의 정신을 배워서 더욱 비약하는 나라로

- 메이지시대에는 능력 본위의 인재등용 아래, 청년이나 여성이 외국인에게 배운 지식을 활용하여 새로운 길을 개척하여 일본의 장점과 전통을 살린 기술 · 문화를 만들어 냈다.
- 이를 알 수 있는 기회를 제공하여 메이지시기 사람들이 근거로 삼은 정신을 습득함으로써 일본의 강함을 재인식하고 현대에 되살려 한층 더 발전하는 일본의 기초로 삼는다.

* '메이지의 정신'…기회의 평등
  도전 정신
  화혼양재(和魂洋才) 등

시책의 방향성

■ 메이지 이후의 변천을 차세대에 남기는 시책
메이지시기에 관한 문서, 사진 등의 자료수집 · 정리, 디지털아카이브화 추진 등

■ 메이지의 정신을 배워서 더욱 비약하는 나라로를 위한 시책
일본의 각 지역마다 메이지시대에 활약한 청년, 여성, 외국인을 발굴하여 재인식함과 동시에 건축물 공개 등 당시의 기술과 문화에 관한 유산을 접할 기회를 충실히 할 것 등

이후 각 부성청(府省庁)은 국체적인 관련시책을 실현하기 위해 적극적으로 노력한다. 또한 홍보 등에 충실을 기하여 지방공공단체와 민간도 포함한 다양한 활동이 일본 각지에서 추진될 수 있도록 함으로써 메이지 150년을 향한 기운을 높여 간다.

〈그림 2〉 메이지 150년 관련 시책 개요[42]

이와 같은 메이지의 기억 방식은 추진실이 주최한 〈메이지 시기 입헌정치 확립 등에 공헌한 조상의 업적 등을 차세대에 남기는 방안에 관한 검토회〉(이하 검토회)를 통해서 보다 구체화되었다.[43] 여기에서는 '메이지 시기 입헌정치의 역사적 의의'를 다음과 같이 제시하고 있다.

일본은 지금의 판단 기준에서 보면 불충분한 점이 있었다 해도 메이

42 2018년 1월 1일, 「安倍内閣総理大臣 平成３０年 年頭所感」, 首相官邸 홈페이지(https://www.kantei.go.jp/jp/98_abe/statement/2018/0101nentou.html).

43 검토회는 총 4회(2017년 4월 13일 · 25일, 6월 1일 · 15일) 개최되었다. 검토위원은 쓰쓰이 기요타다[筒井清忠] 데이쿄[帝京]대학 교수(좌장), 구도 가스미[工藤和美] 도요[東洋]대학 교수, 고시자와 아키라[越沢明], 나라오카 소치[奈良岡聰智] 교토대학 교수, 와쿠이 시로[涌井史郎] 도쿄도시대학 교수이다.

지 시기에 단기간에 입헌정치를 확립하였다. 이런 의미에서 일본은 비서구 각국의 민주화·자유화의 선구자였다고 말할 수 있을 것이다. 여전히 민주화·자유화가 원만하게 이뤄지지 않고 입헌정치 확립이라는 과제를 지닌 나라가 존재하는 것을 고려하면, 일본의 경험과 지식은 귀중하고 보편적 의의를 지니는 것이 아니겠는가.

이러한 역사적 의의를 지닌 메이지 시기 입헌정치의 역사와 의의 등을 후세에 확실히 남기는 것이 중요하다.[44]

여기에서는 '지금의 판단 기준에서는 불충분한 점이 있었다 해도'라는 단서를 달고는 있지만, 대일본제국 헌법의 민주주의 제한 요소는 배제한 채 '입헌정치 확립' 자체만으로 '민주화·자유화의 선구자'로 평가하고 있다. 이것은 러일전쟁을 '식민지 지배하에 있던 많은 아시아와 아프리카인들에게 용기를 주었다'고 평가한 '아베 담화'와 달리, '아시아 최초의 입헌정치'를 '비서구 각국의 민주화·자유화의 선구자'로 규정하고, '여전히 민주화·자유화를 과제로 지닌 나라'가 있는 현재를 고려한다면 '보편적 의의'를 지니는 존재로 규정할 수도 있다는 '대담한' 주장이 제기되고 있다. 그 결과, '보편적 의의'를 지니는 '메이지 시기 입헌정치'는 '일본국 헌법'을 대체하기에 손색이 없는, 다시 말해서 '헌법 개정'을 통한 '아베 내각의 새로운 나라 만들기'라는 '정치'를 정당화할 수 있

44 2017년 6월, 『明治期の立憲政治の確立等に貢献した先人の業績等を次世代に遺す取組について(報告書)』, 「明治150年」 関連施策各府省庁連絡会議 / 内閣官房「明治150年」 関連施策推進室, 首相官邸 홈페이지(https://www.kantei.go.jp/jp/singi/meiji150/pdf/h290615_houkokusho.pdf), 2~3쪽.

는 역사적 '기억'으로 제시되기에 손색이 없는 성격이 되는 것이다. 그리고 이와 같은 '대담한' 주장은 전후의 '일본국 헌법'(만)이 아니라 '메이지 시기 입헌정치'도 '민주화 · 자유화'라는 '보편적 의의'를 지닌다는 논리적 '비약'으로 발전할 가능성을 내포하게 된다.

그렇다면 이와 같은 기본적 사고방식은 메이지 150년 관련 시책을 통해서 어떻게 구체화되었을까.

2018년 10월 31일, 추진실이 정리한 정부 주도의 메이지 150년 관련 시책은 총 160개이다(〈표 3〉 참조)[45]. 이 중에서 내각부가 후원한 국립공문서관의 경우를 살펴보도록 하자.

〈표 3〉 국가의 메이지 150년 관련 시책

성청명(省庁名)	시책 수	성청명(省庁名)	시책 수
내각관방	4	재무성	7
내각부	12	문부과학성	15
경찰청	3	문화청	13
금융청	4	후생노동성	6
소비자청	4	농림수산성	14
부흥청	3	경제산업성	11
총무성	15	국토교통성	25
법무성	4	환경성	5
외무성	9	방위성	6
합계			160

45 2018년 11월 30일, 『資料1 国における「明治150年」関連試作の取組状況』, 「明治150年」関連施策各府省庁連絡会議 / 内閣官房「明治150年」関連施策推進室, 首相官邸 홈페이지(https://www.kantei.go.jp/jp/singi/meiji150/dai11/siryou1.pdf), 1쪽.

〈그림 3〉 국립공문서관 메이지 150년 기념 특별전시회 팸플릿 표지

국립공문서관에서는 "소장하고 있는 메이지 시기 문서를 중심으로 '메이지 150년' 기념 특별전 · 기획전을 개최하고, 입헌정치 확립에 관한 자료 등 메이지 시기의 시책을 확인할 수 있는 귀중한 자료를 전시"하는 계획을 세웠다.

이와 같은 계획에 따라 국립공문서관은 2018년 9월 22일부터 11월 4일까지 메이지 150년 특별전 〈약진하는 메이지—근대 일본의 개막—〉을 개최하였다. 개최 기간은 메이지 150년 기념식이 열리는 10월 23일을 고려한 것이다.

특별전시회의 구성은 '1부 메이지유신과 새로운 나라 만들기', '제2부 입헌정치의 도정', '제3부 근대 문화의 형성'이다. 전시 목록 중에서 흥미로운 것은 '제2부 입헌정치의 도정'에서 마지막으로 제시된 자료가 1892년에 교섭을 시작하여 1894년에 조인된 '영일통상항해조약'이라는 점이다. 여기에는 "이 조약으로 일본은 영사재판권 철폐, 최혜국 대우의 상호화, 관세자주권의 일부 회복을 달성하여 조약 개정 사업을 크게 진전시켰다"는 설명이 달려 있다. 요컨대 국립공문서관의 메이지 150년 기념 특별전시회는 '입헌정치의 도정' 귀결을 '메이지 일본인/국민'의 '불평등조약 개정'으로 설정하는 반면, 전시 내용을 1894년 7월 16일 영일통상항해조약 조인까지로 국한시킴으로써 불평등조약의 완전 개정이 이루어지는 1911년까지의 '역사', 즉 러일전쟁은 물론이고 1894년 7월 25일 발발하는 청일전쟁까지도 소거하고 있는 것이다. 그 결과 국립공문서관의 메이지 150년 기념 특별전시회는 메이지에서 '전쟁'이라는 어두운 '기억'을 소거하는 반면, '아시아 최초로 입헌정치'를 통해서 '새로운 나라 만들기'를 구현하고 불평등조약 개정에 성공한 메이지 국민/일본인의 밝은 '기억'을 소환하고 있는 것이다. 이런 점에서 메이지 150년의 메이지 기억은 '시바 사관'의 메이지 기억과 차별성을 지닌다.

5. 맺음말

이상, 아베 정권이 추진한 메이지 150년 기념사업으로 복원되는 '메이지 시대 예찬'의 내용은 무엇이고, 그것이 아베 정권이 예정하고 있는 '헌법 개정'이라는 정치 일정 속에서 어떤 의미를 지니는지 알아보았다. 그 내용을 정리하면 다음과 같다.

첫째, 정치가 아베는 전후의 일본국 헌법을 개정하는 것이야말로 '독립 회복의 상징이자 구체적인 방법'이라는 그의 '정치적 소신'을, '메이지 국민/일본인이 일본의 독립'을 위해 '불평등조약 개정'에 고군분투한 '기억'에 의탁하여 현재의 일본 '국민'에게 반복적으로 호소하였다.

둘째, 아베에게 있어서 2015년은, '아베 담화'와 일본군'위안부' 합의를 통해서 1990년대 중반 이후 꾸준히 제기된 역사수정주의의 역사인식을 정치적으로 '완결'함과 동시에, 자신의 정치적 소신인 '헌법 개정'의 정당성을 '아시아 최초로 입헌정치를 세우며 지켜낸 독립'에서 찾으려는 '메이지 예찬론'을 제기하기 시작한 연도이다. 이어서 2016년에 '헌법 개정'의 객관적 조건이 조성되기 시작하면서 아베는 자신의 지역구에 국한되었던 '메이지 150년'이라는 정치적 수사를 '메이지 정신을 배워서 일본의 강함을 재인식'하기 위한 국가적 차원의 '정치'로 확대시켰다.

셋째, 메이지 150년 기념사업에서는 불평등조약이 철폐되는 1911년이 아니라, 처음으로 일부 개정되는 1894년 7월 16일 영일통상항해조약 조인까지로 그 대상 시기를 국한시켰다. 그 결과 청일전쟁 및 러일전쟁과 같은 아시아 침략은 소거되고, '식민지 지배의 파도가 아시아로 밀려오는 위기감과 함께 시작된 150년 전 메이지 일본의 새로운 나라 만들기', 즉 '입헌정치'을 완수한 메이지 일본인/국민이 강조된다. 이런 의미에서 메이지 150년 기념사업의 메이지 '기억'은, 헤이세이[平成] 일본인/국민에게 '전후체제로부터의 탈각'을 완수하기 위한 2020년 '헌법 개정'의 정당성을 호소하는 아베 정권의 '정치'인 것이다.

■ 참고문헌

- 五百旗頭薫, 長井純市 監修, 2018. 9. 21,『躍動する明治―近代日本の幕開け―』, 東京:独立行政法人国立公文書館.
- 「明治150年」関連施策各府省庁連絡会議 / 内閣官房「明治150年」関連施策推進室, 首相官邸 홈페이지(https://www.kantei.go.jp/jp/singi/meiji150/).
- 『朝日新聞』,『(인터넷)産経ニュース』.

- 安部晋三(2013),『新しい国へ―美しい国へ 完全版』, 東京:文藝新書.
- 21世紀構想懇談会 編(2015,)『戦後70年談話の論点―歴史認識の座標軸―』, 東京:日本経済新聞社.
- 日本史研究会 · 歴史科学協議会 · 歴史学研究会 · 歴史教育者協議会 編(2018),『創られた明治, 創られる明治―「明治150年」が問いかけるもの―』, 東京:岩波書店.

- 나카쓰카 아키라 지음 · 박현옥 옮김(2014),『시바 료타로의 역사관』, 서울:도서출판 모시는 사람들.
- 남상욱(2014),「아베 신조『아름다운 나라로』속의 '미'와 '국가'―미시마 유키오의 렌즈를 통해 본 전후 보수주의 미학―」『일본비평』10호,
- 박삼헌(2008),「일본 중학교 후소샤(扶桑社)판 역사교과서 삽화 분석―근대화에 대한 역사인식을 중심으로―」,『일본역사연구』제27권.
- 大日方純夫(2018),「『明治一五〇年』史観では見えない『明治』」,「明治150年を問いただす」,『歴史地理教育』No. 882.
- 山田朗(2018),「歴史修正主義と『明治150年史観』」①~⑫,『歴史地理教育』No. 874~876, 878~881, 883~867, 東京:歴史教育者協議会.

| 6장 |

메이지유신 150년과 천황의 '원수화'*

유지아 | 원광대학교 동북아시아인문사회연구소 HK교수 |

* 이 글은 『일본역사연구』 제48집에 수록된 것을 수정한 내용임.

1. 머리말

1868년 일본은 메이지유신으로 인해 260여 년 동안 지속된 도쿠가와 막부가 무너지고 정치, 사회, 문화 등에 걸친 변혁을 추진했다. 먼저 메이지 정부는 막부를 폐지하고 왕정복고를 선언함으로써 천황권을 부활시켰다. 비록 천황제를 표명하였지만 메이지 초기에는 번벌 세력에 의한 정치가 이어졌기 때문에 천황의 위상은 국가통합의 상징이었다. 특히 제국헌법에는 천황대권 행사의 법적 성격이나 효과에 대하여 명시하지 않았기 때문에 천황제 하의 입헌체제는 권력 구조에서 결함을 가지고 있었다. 이토 히로부미는 천황대권에 대해 '헌법에 특별히 대권을 들어서 조문에 명기하는 것은 헌법에 따라 대권을 신설한다는 의미가 아니라, 고유의 국체가 헌법에 따라 더욱 강고해진다'는 의미라고 말하고 있다.[1] 이는 천황대권에 대해 헌법에 의한 효력보다는 천황의 신성을 강조함으로써 천황대권을 애매한 상태에 있게 하는 역할을 했다.

이러한 모순은 1930년 런던 해군군축조약을 체결한 정부에 대하여 야당과 해군, 우익 단체가 '정부에 의한 통수권 침범'이라고 비난하는 사건이 일어나며 전면에 드러났다. 이후 하마구치 오사치 총리는 습격을 당하였고 통수권 문제는 정치 현안 문제가 되었으며, 관동군이 만몽권익을 확보한다는 명분으로 군사행동을 감행하고 국내의 의회정치를 위협하면서 입헌정당정치는 약화되어 갔다. 여기에 호응하는 형태로 국내

1 内閣官報局(1976),『法令全書』第15卷, 原書房, 29쪽, 伊藤博文の憲法義解 第一章.

에서는 국가개조운동이 대두되었다. 그 과정에서 육군은 1935년에 국체명징운동과 천황기관설 배격운동을 전개하여 천황을 일본의 실질적인 통치자이자 총력전 체제의 통수권자로 자리매김하였다. 이러한 상황은 천황대권에 대한 여러 가지 해석이 가능했기 때문에 일어난 것이다.

천황대권에 관한 연구는 한국보다는 일본에서 다수 진행되었다. 한국에서는 1980년대 후반부터 천황의 위상, 특히 전후 일본의 상징천황제에 대해 중점적으로 연구가 이루어졌다. 그 가운데에서도 천황제가 가지는 이데올로기적 역할을 분석한 연구들과 천황제의 헌법적 그리고 정치적 지위를 분석한 연구가 주를 이루었다.[2] 한국에서 천황대권에 대해서는 유지아의 연구가 있는데, 전후 미국의 점령정책 하에서 천황제의 성격과 천황대권의 효력이 여전히 모호했다는 점을 밝히고 있으나, 메이지 헌법 하의 천황대권까지는 포괄하지 못하고 있다.[3] 일본에서도 천황대권에 대한 연구는 전후 상징천황제와 천황의 위상을 중심으로 진행하였다.[4] 이들 연구는 전시기 천황에 대한 언급을 터부시했던 것과는 달리 점령 개혁에 따라 전면 수정되었다는 인식이 강했기 때문에 전후에 주목하고 있다. 따라서 메이지 시기의 천황대권에 대해서는 그 수가 많

2 대표적으로는 이상봉(2005), 「전후 일본 보수정치와 상징천황제: 1990년대 신국가주의의 상징천황 이용을 중심으로」, 『21세기 정치학회보』 21세기 정치학회; 同(1999), 「일본 "상징천황제"의 정치적 역할과 의미」, 『21세기 정치학회보』 21세기 정치학회 등이 있다.

3 유지아(2012), 「전후 상징천황제의 정착 과정에 나타난 천황대권의 모호성」, 『일본공간』 11권.

4 일본의 대표적인 연구로는 渡辺治(1990), 『戦後政治史のなかでの天皇制』, 青木書店; 高橋紘(1987), 『象徴天皇』, 岩波新書; 吉田裕(1992), 『昭和天皇の終戦史』, 岩波新書; 笠原英彦(2008), 『象徴天皇制と皇位継承』, 筑摩書房; 吉見俊哉,テッサ・モ―リス―スズキ(2010), 『天皇とアメリカ』, 集英社; 富永望(2010), 『象徴天皇制の形成と定着』, 思文閣出版 등이 있다.

지 않으며, 외교권과 관련된 연구가 다수를 차지하고 있다.[5] 특히 에야마의 연구는 메이지 헌법 초안 과정에서 선전·강화권과 전시 인정권이 어떻게 변천되었는지를 명확하게 분석하고 있어, 천황대권의 외교적 위상을 살펴볼 수 있다.

그리고 천황대권과 관련하여 통수권 및 군부와의 관계에 대한 연구가 있다.[6] 이 가운데 하타는 통수권 독립을 의미하는 표현이 헌법 조문에는 없다고 전제하고, 이러한 불명확성 때문에 1907년 『군령(軍令)』에 따라 통수권 독립을 법제화하였다고 지적하고 있다. 군령 제정을 둘러싸고 이토 히로부미와 야마가타 아리토모의 격론이 있었으나 러일전쟁의 승리로 인해 군부의 논리가 우세하게 전개되었다고 서술하는 등 당시 정치적인 상황도 자세하고 분석하고 있다.

이외에 메이지 헌법과 현행 헌법의 관련성에 착목한 연구도 있으나, 주권 개념의 변화라는 추상적인 의미에서 서술하고 있어 천황대권의 본질을 파악하기는 어렵다.[7]

이 글에서 다루고자 하는 천황의 대원수 지위에 대한 연구는 야마다 아키라[山田朗]의 연구가 대표적이다. 그는 쇼와 천황은 메이지 헌법 하에서 '주권자'이며, 일본인은 '신민'이자 '적자'였을 뿐만 아니라, 대원수로

5 松澤幸太郎(2014), 「明治憲法下の外交大権における条約締結権限－コールグローヴ博士の考察－」, 筑波法政; 檜山幸夫(1990), 「明治憲法体制と天皇大権(二): 宣戦講和権と戦時認定権」, 中京法學 25(1).

6 大江志乃夫(1983), 『統帥権』(日評選書), 日本評論社; 秦郁彦(2006), 『統帥権と帝国陸海軍の時代』(新書), 平凡社; 大谷敬二郎(2015), 『統帥権とは何か－軍事が政治に介入した恐るべき時代』(光人社NF文庫), 潮書房光人社 등이 있다.

7 林尚之(2012), 『主権不在の帝国－憲法と法外なるものをめぐる歴史学－』, 有志舍.

서의 교육과 훈련을 받은 군 통수권자였기 때문에 전쟁에 대해서도 중대한 책임이 있다고 지적하고 있다.[8] 실제로 천황과 대원수의 관계 정립은 천황의 권위가 실추된 다이쇼기에 당시 황태자였던 히로히토[裕仁]가 유럽으로 외유를 다녀온 후 섭정을 시작하면서 본격적으로 진행되었기 때문에 히로히토의 세계관, 동아시아관 등과 밀접한 관련이 있다. 따라서 메이지 150주년을 맞이한 현 시점에서 메이지유신 이후 천황의 위상 변화와 아시아·태평양 전쟁에서의 역할을 규명하는 것은 히로히토의 전쟁 책임을 고찰하는 데도 의의가 있을 것이다.

아시아·태평양 전쟁은 일본의 패전으로 끝이 났다. 패전 후 히로히토는 '신격(神格)을 부정하고 인격(人格)으로서의 천황'임을 선언했다. 그리고 1947년 일본국 헌법에 천황은 상징적인 의미로 존재한다고 명기하면서 상징천황제가 제도화되었다. 그러나 최근 일본 사회에서 우익 정치인들 사이에 헌법을 고쳐서라도 천황을 또다시 원수로 삼으려는 움직임이 나타나고 있다. 이는 천황을 전시나 비상시에 정신적 중심으로 부상시켜 일본 국민을 통합시키는 구심점으로서 기능하도록 하려는 것이다. 그리고 이러한 움직임은 일본의 헌법 제9조 개정과 밀접한 관련이 있기 때문에 그 논리 구조나 사회적인 파장을 면밀히 분석할 필요가 있다. 따라서 이 글에서는 메이지유신과 천황의 원수로서의 역할, 대원수화 과정에 대해 살펴보고, 그 의미를 고찰하고자 한다.

8 山田朗(1994), 『大元帥·昭和天皇』, 新日本出版社.

2. 메이지유신과 천황의 대권

1867년 12월 9일 정이대장군(征夷大將軍)이 폐지되었다. 정이대장군은 고대에 '동쪽 오랑캐를 정벌하는 대장군'이라는 의미로 설치된 료게노칸[令外官, 대보율령(大宝律令)에 규정되어 있지 않은 새로 설치된 벼슬]으로, 천황의 칙령이 있어야 취임할 수 있다. 정이대장군이라는 이름은 794년 1월 1일 오토모노 오토마로[大伴弟麻呂]가 천황의 군사권을 대행한다는 의미를 가지는 절도를 받아 부장군에 명하여 에조[蝦夷]를 제압한 기술에서 처음 등장한다.[9] 그 후 940년에 후지와라 타다부미[藤原忠文]는 관동에서 타이라노 마사카도[平將門]가 난을 일으키자 정동대장군에 임명되었으며, 다음 해에는 세토나이카이[瀬戸内海]에서 후지와라노 스미토모[藤原純友]가 난을 일으켜 정서대장군이 되어 토벌에 나섰다. 그리고 1184년에는 미나모토노 요시나카[源義仲]가 정동대장군이 되어 동국(東國)의 미나모토 요리토모[源頼朝]와의 전투에 파견되었다. 이들은 에조지 정벌보다는 내란 진압을 위해 조정에서 군사지휘관 기능을 담당하게 한 것이다. 그리고 비로소 1192년 7월 12일에 미나모토 요리토모가 정이대장군의 지위에 올랐을 때 '무가의 동량(武家の棟梁)'으로 무사들의 통솔자이자 무사귀

9 『日本後紀』(792~833) 40卷. 延曆 10年(791) 従四位上·征夷大使에 서임되지만, 延曆 11年(792) 11月에 일단 征夷大使의 사표를 제출하고, 다음 해 延曆 12年(793) 2月에는 征夷副使·坂上田村麻呂도 사표를 제출했다. 그러나 결국 모두 승인되자 않아 延曆13年(794) 정월에 오토마로는 정이대장군으로 절도로 사사받고, 같은 해 6월에는 부장군 사카모토 다무라마로가 에조 토벌에서 큰 전과를 올렸다.

족이라는 의미를 갖게 되었다.[10]

1868년 1월 8일 교토 조정은 메이지 천황이 임석한 고고쇼회의[小御所會議]에서 '왕정복고 대호령'을 선언하고, 기존의 정치기구인 셋칸[攝關], 막부 등을 폐지하고, 중앙 정치기구에 총재(總裁), 의정(議政), 참여(參與) 등 3직을 구성하였다. 이 3직의 임명은 15세 메이지 천황의 '신단(宸斷, 임금의 재결)' 형식을 취하고 있다.[11] 그리고 메이지 정부는 도바·후시미 전투에서 승리한 후 2월 8일에 구미 각국 공사에게 막부와 체결한 조약 속의 '대군'을 '천황'으로 바꾼다고 통보함으로써 천황을 주권자로 삼는 국가의 성립을 통고했다. 동시에 막부가 체결한 불평등조약을 개정한다는 전제 아래, '외국 교제는 우내(宇內)의 공법으로 취급한다'고 포고했다. 이어 2월 13일에는 보신전쟁에 대한 각국의 중립을 이끌어 내기 위해 막부가 체결한 불평등조약을 준수한다는 통고를 하였다. 그런데 이 과정에서 6개국 공사들은 국새만 있고 천황의 실명이 없는 국서에 불만을 표시하고, '만국 보통의 국서 체제'에 맞는 천황이 서명한 국서를 교부해줄 것을 요구하였다. 이로 인해 천황은 일본국의 원수로서 외교문서에 친서하고 국새를 찍었는데, 이는 대외적으로 국가 원수의 기능을 수행하

10 小田部雄次(2016), 『大元帥と皇族軍人 明治編』, 吉川弘文館, 48~49쪽. 『三槐荒涼抜書要』所収の『山槐記』, 建久 3年(1192) 7月 9日条에 源頼朝의 征夷大将軍任官에 대한 경위가 기술되어 있다. 내용은 「大将軍」을 요구한 요리토모에게 조정에서는 검토한 후 요시나카가 임관한 정동대장군은 불길하다고 거부하고, 사카우에노 다무라마로가 임관한 '征夷大将軍'이 길조라 하여 정이대장군으로 결정하였다고 한다.[櫻井陽子(2004), 「頼朝の征夷大将軍任官をめぐって」, 『明月記研究』 9号].

11 宮内省圖書寮(1887), 「印璽」, 『圖書寮記錄』, 上編 참조.

기 시작했다는 것을 의미한다.[12]

그러나 실제로 메이지 정부에서 '천황친정'이 철저하게 행해진 것은 아니었다. 메이지 초기 제도적 변천 과정을 거친 뒤, 1871년에 확립된 태정관제는 태정관(太政官) 정원(正院)이 입법 · 행정 · 사법의 3권은 물론 궁중의 서무까지 일원적으로 통할한 중앙집권적 국가체제였다. 여기서 모든 국가 의사는 천황의 결정[宸斷]이라는 형식으로 이루어졌지만, 실질적으로는 3직[太政大臣 · 左右大臣 · 參議]이 각 성의 예하 기관으로부터 보고를 받아 논의한 뒤 정책을 결정하여 상주하면 천황은 그대로 받아들이는 형태였다. 즉, 메이지 초기에 실제로 행해진 정치는 천황을 보필하는 태정관 관료의 합의에 따라 처리되는 방식이었다.[13]

그러나 세이난전쟁이 발발하여 메이지 정부의 정치적인 위기가 표면화되자, 1878년 후반부터 1879년에 걸쳐 실질적인 '천황친정'을 요구하는 운동이 전개되었다.[14] 이들은 불안정한 정세를 안정시키기 위해 천황이 정치 전면에 나설 것을 요구한 것이다. 그들은 천황을 단순한 군림자가 아니라 통치자로 인식하고, 메이지 정부를 통치의 도구로 파악함으로써 '천황친정'이라는 원칙을 내세워 정치 노선 수정과 기구 개혁을 단행하고자 하였다.

그러나 천황의 능동적인 정치 관여를 제도화하려 했던 천황친정운동

12 박환무(1996), 「明治 初期 天皇의 國家元首化와 '印璽'의 성립」, 『일본역사연구』 4권, 55~56쪽.

13 방광석(2007), 「제국헌법과 明治天皇」, 『일본역사연구』 26권, 106쪽.

14 1877년 8월 29일 세이난전쟁 이후 행정과 재정 개혁의 일환으로 발족한 侍補는 친정의 실현과 준비를 위하여 천황의 정치교육을 실시하고, 천황친정 실현 후 보좌기관으로 侍補를 두기 위해 侍補의 위상을 정립하고자 노력했다. 渡辺昭夫(1961), 「侍補制度と「天皇親政」運動」, 『歴史学研究』(252) 참조.

은 정부 수뇌에 의해 결국 좌절되었다. 당시 천황제는 권위의 원천으로서만 작용하고 실제로 정치 운영은 법치주의적 원칙 아래 번벌 관료들에 의해 이루어졌던 것이다.[15]

그 후 입헌제도가 갖추어지면서 1889년 2월 11일 기원절(紀元節)에 맞춰 만세일계(萬世一系)의 천황이 통치하는 대일본제국 헌법이 탄생했다. 메이지 일본의 핵심 요직인 추밀원 의장 이토 히로부미는 1888년 6월 제국헌법 초안을 추밀원에서 심의했다. 이토는 추밀원 회의에서 헌법 정치가 자리 잡은 서양에서는 국민정신의 중심에 기독교가 있지만, 일본의 종교는 약체라 그 역할을 제대로 못하고 있으니 일본에서 중심이 될 존재는 오직 천황가(天皇家)뿐이라고 단정했다. 그 결과 '천황제'를 국가통합 이데올로기로 도입하였고, 메이지 헌법 제1장에 천황대권에 관한 규정을 제도화하였다. 그 구체적인 내용을 살펴보면 다음과 같다.

> 제1조 천황주권: 대일본제국은 만세일계의 천황이 이를 통치한다.
>
> 제2조 황위계승: 황위는 황실전범이 규정하는 바에 따라 황남자손이 이를 계승한다.
>
> 제4조 통치대권: 천황은 국가의 원수로서 통치권을 총람하고, 헌법에 따라 이를 행한다.
>
> 제10조 관제대권 및 임면대권: 천황은 행정 관제와 문무관(文武官)의 봉급을 정하고 문무관을 임명한다.
>
> 제11조 통수대권: 천황은 육해공군을 통수한다.

15 방광석(2007), 112~113쪽.

제12조 통제대권: 육해군의 편제 및 상비병액(常備兵額)을 정한다.

제13조 외교대권: 천황은 전쟁을 선포하고, 강화하며 제반 조약을 체결한다.

제14조 계엄대권: ① 천황은 계엄을 선포한다. ② 계엄의 요건 및 효력은 법률로 정한다.[16]

천황의 신성불가침성은 '제1조 대일본제국은 만세일계의 천황이 통치한다'는 규정으로 확고히 하였으며, 황실이 의회 등의 간섭을 받지 않는다는 원칙은 '제2조 황위는 황실전범이 정하는 바에 따라 황남자손으로 계승한다'는 규정에 잘 나타나 있다. 당시 황위의 신성성을 위해 황실전범은 의회나 내각의 승인 또는 합의를 구하지 않고 독립적으로 운영되었다. 구황실전범은 1889년 2월 11일에 제정되었는데, 제정 당초에는 황실의 가속이 행하는 성격이 강하였으나 1907년 2월 11일에 제정된 황실전범증보에서는 궁내대신 및 국무대신의 부서가 이행하거나 공포하는 대상이 되었다. 따라서 대일본제국 헌법 제74조에 명기되어 있는 '제국의회의 구황실전범에 대한 불간섭 및 구황실전범의 제국헌법에 대한 불간섭 규정'에 나타나 있는 바와 같이 구황실전범은 제국헌법과 대등한 법으로 취급되었다.[17]

이와 같이 메이지 헌법과 황실전범(典憲)에서 천황에 대한 숭배의식을 고착시킴으로써 메이지 천황은 국가원수로서 행정·입법·사법의 삼권

16 『日本大百科全書(ニッポニカ)』(1984), 小学館.

17 『皇室典範』, 明治22年 2月 11日(1889. 2. 11), 類00391100(所蔵館: 国立公文書館)

을 포함한 통치권을 모두 관할하는 막강한 행정권을 갖게 되었다. 그러나 실제 정치 과정에서 천황대권을 행사한 것은 이토 히로부미나 야마가타 아리토모 같은 메이지유신 이래 정권을 잡아온 원로(元老)들이었다.

이토는 1886년 9월에 메이지 천황에게 더욱 정무에 힘쓰게 하고 '친정(親政)'의 실효를 거두기 위한 명목으로 6개조를 상주했다. 흔히 '기무 6조(機務六條)'라 불리는 그 내용은 ① 내각에서 중요한 국무회의가 열릴 때 수상이 임어(臨御)를 요청할 경우 즉각 허가할 것, ② 각 성으로부터의 상주서(上奏書)에 천황이 하문할 때는 주무대신 또는 차관을 불러 직접 하문할 것, ③ 필요할 경우에는 지방 순행을 할 것, ④ 내외국인 중 합당한 자격이 있는 자와 배식(陪食)하도록 수상 또는 외상이 요청할 경우 허가할 것, ⑤ 국무대신이 주관 사무에 관해 배알을 신청할 경우 즉각 허가할 것, ⑥ 천황이 몸이 좋지 않거나 내정(內廷)으로 들어갔을 때는 국무대신이 내정에서 배알할 수 있도록 할 것이다. 그 이유는 서면이나 궁중 관리를 통해 전달하는 것으로는 충분히 사정을 설명하지 못해 시기를 놓칠 우려가 있기 때문이라고 설명했다.[18]

'기무 6조'는 천황의 개인적인 의사 영역이 더욱 한정되어 천황의 권력이 한층 제도화되었다는 것을 의미한다. 이와 같이 '제국헌법'이 제정되기 이전부터 천황은 정부 수뇌 내지는 다수파의 의견을 따르거나 의견이 다르다 하더라도 결국에는 인정하는 것이 관례화되어 있었다.

한편, 천황 권력의 제도화에서 예외라고 할 수 있는 것이 대일본제국

18 『明治天皇紀』 第六(1968), 吉川弘文館, 631~632쪽.

헌법 제11조에 규정되어 있는 육군과 해군에 대한 통수권이다. 그 내용은 육해군 조직과 편제 등에 관한 제도 및 근무규칙 설정, 인사와 직무 결정, 출병과 철병 명령, 전략 결정, 군사작전 입안이나 지휘·명령 등에 대한 권능이다. 이러한 직무는 육군에서는 육군대신과 참모총장이 담당했으며, 해군에서는 해군대신과 군령부총장이 담당하였는데, 군행정에 관해서는 육해군 대신이 담당하고 군령권에 대해서는 참모총장과 군령부총장이 책임을 지고 있었다. 따라서 천황은 메이지 헌법 제4장 제55조에 정한 국무대신이 천황을 보필한다는 규정에 따라야 하지만 관습적 군령에 대해서는 국무대신이 아닌 통수부, 즉 참모총장과 군령부총장의 보좌를 받는다는 것이다.[19]

그리고 군령과 국무대신이 보필하는 군정 범위에 대해 논쟁이 발생하자 통수권 간섭 문제로 발전하였다. 통수권 독립을 생각한 이유는 당시의 정치 세력이었던 번벌 세력이 통수권까지 장악하게 되면 막부정치가 재현될 가능성이나 정당정치에서 군이 당리당략에 이용될 가능성을 고려해서였다.

그러나 통수권 독립은 참모본부의 독립으로 이어지는 기득권이었다. 헌법 해석을 보충한 1907년의 군령에 관해 이토와 야마가타가 격론을 벌였으나 러일전쟁의 승리로 군부 세력이 확대되면서 통수권 독립은 더욱 강화되었다. 그리고 1930년 런던군축회의를 계기로 해군은 천황에게 실질적으로 국방상 중요한 문제인 병력수를 좌우하는 이러한 조약

19 군정상의 군의 제도나 규칙을 규정한 군사의 칙령에 대해서는 메이지 헌법 제11조의 통수권이 아니라 제12조 편제대권에 속하는 사항이다. 永井和(1993), 『近代日本の軍部と政治』, 思文閣出版, 313쪽.

을 정부가 체결하는 것이 통수권을 침범하는 행위라고 상주하여 통수권 간섭 문제가 표면화되었다. 이어 헌법 제11조(천황은 육해군을 통수한다)와 제12조(천황은 육해군의 편제 및 상비병액을 정한다)를 둘러싼 논쟁이 격화되었다. 이에 정부는 미노베 다쓰키치[美濃部達吉]를 내세워 논증하고자 하였다.

미노베는 '제11조는 통수기관의 권한 영역이며, 제12조는 정부의 권한 영역'이라고 지적하고, "런던조약에서 문제가 되는 군의 편제는 국무대신의 보필을 요하는 사항, 즉 제12조 범주에 속한다"고 설명하면서 통수권 간섭이 아니라고 주장했다.[20] 당시 하마구치 오사치[浜口雄幸] 수상은 의회에서 "천황이 최종적인 권한을 가지고 있더라도, 실제로 책임내각제도이기 때문에 내각이 군축조약을 체결해도 상관없다. 이것이 통수권 침범이라면 외교를 외무대신이 하는 것은 외교권 침범이 되는 것인가?"라고 답변하였다. 이에 하마구치 수상은 해군과 우익으로부터 원한을 사게 되고, 결국 우익의 저격으로 중상을 입고 퇴진하여 10개월 후에 사망하였다.

이러한 문제는 메이지 헌법이 천황대권을 명시하지 않음으로써 발생한 구조적인 결함이 표면화된 것이었지만, 여기에 이 문제를 무마시켜 왔던 원로들이 사망하면서 문제 해결의 주체가 없어졌기 때문에 더욱 가속화되었다. 결국 통수권 침범 문제로 인해 내각은 군에 간섭할 수 없게 되었고, 이후 통수권 독립은 만주사변에서 아시아·태평양 전쟁까지 군부의 폭주를 뒷받침하는 제도가 되었다.[21] 즉, 메이지 헌법이 안고 있

20 美濃部(明治45年), 『憲法講話』, 有斐閣書房, 86~87쪽.

21 통수권과 육해군의 군국주의화는 秦郁彦(2006), 『統帥権と帝国陸海軍の時代』, 平凡社新書 참조.

었던 구조적인 결함이 일본의 군국주의화를 조장하는 결과를 낳았다고 할 수 있다.

3. 국민국가와 징병령 그리고 대원수

19세기 중반에 유럽에서는 언어, 역사 및 종교 등을 결집 원리로 한 민족을 창출하고, 그 민족을 단위로 한 국민국가가 출현하였다. 국민국가라는 개념은 유연성이 있으며 쉽게 이식되는 특징을 가지고 있기 때문에, 그 지역이 기지고 있는 고유의 논리를 매개로 하여 형성되는 일이 많다.[22] 따라서 일본에서도 서양으로부터 들어온 민족이라는 개념을 바탕으로 일본 고유의 논리인 천황을 결집 원리로 하여 국민국가가 형성되었다. 일본은 천황이라는 고대 이래의 왕권을 부활시킴으로써 260년 동안 계속되어 온 막부 권력을 부정하고 국민 통합을 강화했다.

에도 막부 말기 천황의 권위는 중앙뿐만 아니라 지역 사회에도 영향을 미쳤다. 왜냐하면 지역 질서를 유지해야 하는 다이묘들도 자기 지역의 권위를 높이기 위해서 천황의 권위에 접근하는 일이 증가했기 때문이다. 더욱이 페리 내항 이후 위기감이 고조되면서 양이를 원하는 고메이

22 베네딕트는 종래의 국민국가 연구가 폭력적인 측면에 주목한 반면, 국민국가가 용이하게 이식된다는 측면에 주목하였다. 베네딕트 앤더슨(2003), 『상상의 공동체 민족주의의 기원과 전파에 대한 성찰』, 나남.

천황[孝明天皇]과 그에 상응하지 않는 막부의 정책으로 인해 막부에 대한 신뢰가 저하되었다. 그리고 1863년의 8·18정변으로 인해 급진적 존왕양이 세력인 조슈번을 교토에서 추방하고, 사쓰마번과 교토 수비직을 담당한 아이즈번이 고메이 천황의 신변을 장악하면서 고메이 천황을 정점으로 한 대정의 결정 시스템이 정비되었다. 이러한 시스템의 연속선상에서 왕정복고 또한 천황의 신변을 장악하고 막부파를 주적으로 규정하여 단행하였다. 이와 같이 막부 말기에 존왕양이파가 막부체제를 부정하는 논리로 내세운 것이 천황제 국가였다.[23]

메이지유신 이후에는 번벌 세력을 중심으로 천황제 국가를 확립하여 천황 권력을 정치에 이용하고자 하였다. 문명개화 운동을 전개한 후쿠자와 유키치 같은 계몽가들도 서구 문명을 견문하고 귀국한 후 다양한 서적을 출판하여 근대 천황제 국가 확립을 선도하였다. 그는 『존황론(尊皇論)』에서 정치, 군사, 경제, 사회, 도덕, 학문, 예술 등 사회 전반의 문명화에 천황의 공덕이 미치지 않는 분야가 없다고 역설하였다.[24]

당시 영국 입헌군주제는 '군림하되 통치하지 않는 군주'라고 하여 군주의 권한을 제한하고 있었으나, 후쿠자와는 일본의 입헌군주제를 '일군만민(一君萬民) 체제'로 만들어 군주로서의 천황의 위상을 극대화하였다. 즉, 천황은 모든 영역을 초월하여 국민을 하나로 통합할 수 있는 정신적인 지주라는 국가 정체를 만들고자 하였다. 그리고 1908년 수신 교과서에는 천황을 부모로, 신민(국민)을 자식으로 상정하여 양자의 가족

23 後藤致人(2003), 『昭和天皇と近現代日本』, 吉川弘文館, 9~12쪽.

24 「尊皇論」, 『福澤諭吉全集』 第6卷(1958), 岩波書店, 254쪽.

적 정서에 의한 조화를 이루어야 한다는 논리도 등장하였다. 이러한 움직임은 국가를 가족의 상위 개념으로 설정하여 가족주의를 지배의 근본 원리로 하는 국가관을 만드는 데 영향을 주었다.

메이지유신 이후 일본의 가장 큰 과제는 근대국가로서 독립을 달성하는 것이었다. 후쿠자와가 말한 '일신독립하여 일국독립한다(一身独立して一国独立)'[25]는 표현 그대로 국민 개인의 자유와 해방과 독립이 국가 독립의 기초가 된다는 것이다. 일본에서는 러일전쟁에서 승리한 후 비판적 주체로서의 국민이 등장했다. 이러한 국민이 제삼한 데모크러시의 배경에는 러일전쟁의 열광이 있었기 때문에 그 형태는 제국의 구조에 편입된 내셔널리즘과 결합되어 나타났다. 당시 자유민권운동가들도 국민의 독립과 국가의 독립을 일본의 국권 확립이라는 목표에 넣고 사고했기 때문에, 대내적 자세와 대외적 자세 그리고 정부 비판과 아시아인들에 대한 자세에 일관성이 없었다. 즉 그들은 구미열강의 식민주의로부터 일본의 해방을 주장하면서, 한편으로는 침략주의를 고취하는 모순을 낳았던 것이다.[26] 이와 같은 대외인식으로 인해 일본 사회는 거대한 군비 정비를 요구하였다. 특히 19세기 초기부터 전쟁 양상이 적 토지의 쟁탈전에서 적 병력 섬멸전으로 바뀌고, 병기가 진보하면서 대규모 병력이 필요했다. 그러나 비전투 시에도 국가적인 차원에서 대규모 병력을 유지하는 것은 어려운 문제였기 때문에 전시에 동원되는 국민적 규모의

25 小室正紀·西川俊作編(2002),『福澤諭吉著作集〈第3巻〉学問のすゝめ』慶應義塾大学出版会(福沢諭吉著,「学問のすすめ」三編 国は同等なること/一身独立して一国独立すること)

26 成田竜一(2007),『大正デモクラシ—シ』リ—ズ日本近現代史④, 岩波新書, 10쪽에서는 '제국의 데모크러시'라고 표현하고 있다.

대군 성격을 갖게 되었다.[27]

이러한 상황을 배경으로 메이지 정부는 1873년에 징병령을 실시함으로써 국민개병제(國民皆兵制)를 수립하였다. 원래 국민개병은 부르조아 민주혁명을 이룩한 국가에서 국민개병의무를 기초로 하여 국민총무장 형태로 시작된 것이다. 따라서 조국과 자주를 옹호하는 병사의 자주적 정열을 기반으로 한 것이다. 그러나 일본의 경우 천황제 국가로서 군대를 국민 억압의 무기로 사용하고 있기 때문에 모순이 발생하였으며, 이러한 모순을 극복하기 위하여 군대 내부의 군기확립을 철저히 하고자 하였다. 이는 국민의 병사보다는 천황의 군대로 자리매김하기 위한 노력이었으며, 1878년 10월에 육군경 야마가타 아리토모[山縣有朋]가 전 육군 장병에게 배포한 군인훈계(軍人訓誡)에서 시작한다. 그리고 1882년 1월 4일에 메이지 천황이 육해군 군인들에게 준 칙유(勅諭)로 이어진다.[28] 일명『군인칙유(軍人勅諭)』의 전문에는 '짐은 너희 군인의 대원수이다(朕は汝ら軍人の大元帥なるぞ)'라고 하여 천황이 통수권을 가지고 있음을 명확하게 시사하고 있다. 즉, 군대를 지휘·통솔하는 권한을 천황 스스로가 장악하고 있다고 명시함으로써 천황이 군인의 대원수임을 강조하고 있다.

여기에서 대원수라는 것을 무엇을 의미하는가?

대원수라는 관명은 1871년에 병부성직원령부속(兵部省職員令附属)의 상당표에 기재되어 있고, 복제도 정해져 있었으나(明治 5年 9月 7日 太政官布告

27 藤原彰(1961),『日本現代史大系 軍事史』, 東洋経済新報社, 45~46쪽.

28 「陸海軍軍人に賜はりたる敕諭」 明治十五年陸軍省達乙第二号(明治十五年),『法令全書』, 国立国会図書館 近代デジタルライブラリー.

第252号) 임관하는 자가 없었으며, 1873년 5월 8일에 폐지되었다.[29] 대원수 명칭을 군 지휘·통솔자로서 제도화한 것은 1898년에 천황의 군사 최고 고문기관으로 원수부가 설치되면서부터이다. 원수의 호칭은 육해군 대장 중 특히 공이 있는 자에게 부여된다. 이 원수들이 참석하여 천황의 자문에 대답하기 위한 기관이 원수부이며, 천황은 원수들보다 상위의 최고위 군인이라는 것을 나타내기 위한 정치 호칭으로서 '대원수 폐하'라고 칭하였다. 따라서 대원수는 일본 육해군의 최고위 군인을 가리키는 용어이다. 그리고 이 최고위 군인인 대원수가 군대를 지휘·통솔하는 대권을 통수권(대통수권)이라고 한다.[30]

한편, 『보병내무서제일판(歩兵内務書第一版)』 제13조에는 '대원수는 육해 양군의 총재로서 반드시 천황폐하가 직접 임명하는 자'라고 명기되어 대원수는 천황의 칙재로 임명된다는 원칙만 있을 뿐 천황이 대원수라는 원칙은 없었다. 그리고 『보병내무서제일판』 개정판에는 '대원수는 친정출사 시에 육해 양군을 통수'하며, 대원수는 전시에만 설정한다고 되어 있다.[31] 이후 천황을 대원수로 한다는 것은 1879년에 제정된 「육군직제」 등의 육군 관계 법령이나 문서에서 '천황폐하를 대원수로 한다'는 문장이 처음 등장한다. 그리고 1882년의 「군인칙유」 전문에서 확실하게

29 寺村安道(2002. 10), 「明治国家の政軍関係－政治的理念と政軍関係」, 『政策科学』 10巻 1号(通巻 21号), 立命館大学政策科学会, 75~77쪽.

30 山田 朗(1994), 『大元帥·昭和天皇』, 新日本出版社, 25~26쪽. 이 시기부터 일본의 천황은 통수권자의 이미지가 부각되면서 대원수로 인식되어 통치자=통수권자=원수=대원수가 일원화되었으며, 패전 후 우익에 의한 원수화에서 가리키는 원수는 제국 군대가 폐지되었다는 전제하에 국가를 통치하는 원수로서의 원수화를 의미한다고 봐야 할 것이다.

31 寺村安道(2002. 10), 78~79쪽.

대원수와 천황을 일체화하였다. 「군인칙유」가 나오게 된 직접적 요인은 홋카이도 개척사관 유물 불하 사건에 즈음하여 타니 칸죠[谷干城]를 비롯한 네 명의 장군이 반대 의견을 상주하자, 군대 내부까지 파급된 반정부운동을 잠재우는 데 있었다. 민권파와 정부 사이의 긴장관계 속에서 탄압의 주력부대인 군의 통솔을 강화하는 것도 급선무였다.[32] 그런 의미에서 「군인칙유」는 그것이 반포된 시점에서는 당시의 정치적 국면에 대응하기 위한 정치 문서였던 셈인데, 주요 내용을 살펴보면 다음과 같다.

> 짐은 너희 군인의 대원수이다. 그럴진대 짐은 너희를 고굉(股肱)으로 의지하고, 너희는 짐을 우두머리(頭首)로 받들어야 할 것이며, 그 친밀함은 특히 깊어야 할 것이다. 짐이 국가를 보호하여 상천의 혜택에 응하고 조종의 은덕에 보답할 수 있느냐 없느냐는 것도 너희 군인이 그 직무를 다하느냐 다하지 못하느냐에 달렸다. … 오로지 자기의 본분인 충절을 지키고, 의리는 산보다 무겁고, 죽음은 새털보다 가볍다고 각오하라. 아래 사람이 상관의 명을 받는 것은 곧 짐의 명을 받드는 도리로 여길지니라.[33]

여기에서 주목할 점은 '짐이 국가를 보호하여 상천의 혜택에 응하고 조종의 은덕에 보답'할 수 있는지의 여하는 '너희 군인이 그 직무를 다하느냐 다 하지 못하느냐'에 달려 있다는 내용과 같이 천황과 군인을

32 「군인칙유」 성립 과정에 대해서는 梅溪昇(2000), 『軍人勅諭成立史』, 青史出版.

33 由井正臣, 藤原彰, 吉田裕 校注(1989), 「軍人勅諭」, 『日本近代思想大系 4 軍隊·兵史』, 岩波書店.

하나의 운명체로 엮어서 상하복명의 질서를 충효로 풀어내고 있다는 점이다. 이로써 절대적 헌신에 대한 강조가 나타나게 되는 것이다. 이후 1889년에 공포한 대일본제국 헌법 제11조에 '천황은 육해군을 통솔한다'고 명시함으로써, 관습적으로 통수권은 내각의 개입을 용인하지 않고 천황에게 직속되어 있는 참모본부나 군령부 등의 군령기관만이 보필하게 하였다. 이는 국무(정치)는 내각의 영향을 받지만 통수(군사)는 내각의 영향을 받지 않고 독립한다는 의미다.

그러나 이러한 조항은 다이쇼 시기까지는 메이지유신의 원훈들이 건재했기 때문에 크게 의미가 없었다. 국가의 전략이나 구상이 메이지유신의 원훈이 장악한 정부에 의해 결정된 이후에 통수권을 행사했기 때문이다. 그러나 러일전쟁 이후 육해군의 관료 조직이 커지고, 독자적인 대외전략을 가지면서 정치적으로 성장하였다. 뿐만 아니라 메이지유신의 원훈들이 사망하게 되면서 국가 전략을 장악하는 집단이 약해진 대신 군의 관료 조직이 큰 영향력을 가졌다.

메이지 정부는 군인에 대한 통수뿐만 아니라 국민 교육 확립을 위하여 1890년 10월 30일에 「군인칙유」의 국민버전인 「교육칙어」를 포고했다. 「교육칙어」는 정확하게는 「교육에 관한 칙어[教育ニ関スル勅語]」로 국민 도덕의 기본을 명시하고 있다. 본문은 315자이며, 내용은 3개 부분으로 나누어 교육의 근본 이념을 명확하게 하고 있다. 앞부분에서는 우선 역대 천황이 국가와 도덕을 확립시켰다고 밝힌 후, 국민의 충성심과 효도심이 '국체의 정화'이자 '교육의 근원'임을 규정했다. 이어서 부모에 대한 효도와 부부 사이의 조화, 학문에 힘쓰는 등 무궁한 천운(皇運)을 돕는 것이 일본 신민이 익혀야 할 덕목이라고 열거하고 있다. 끝으로 이러

한 국체관, 신민관이 시간과 공간을 넘어 타당한 절대 진리라고 선언하고, 천황과 신민이 일치되어 그 실현을 위해 노력해야 한다고 강조하고 있다.

「교육칙어」에 대한 해석서인 이노우에 데쓰지로[井上哲次郎]의 『칙어연의(勅語衍義)』(1891)에서는 「교육칙어」의 목적을 효제충신의 수양과 공동애국의 함양이라고 밝히고 있다.[34] 『칙어연의』는 당시 문부대신인 요시카와 아키마사[芳川顕正]의 명령으로 이노우에가 가토 히로유키[加藤弘之] 등 저명한 사상가들과 의견을 공유하면서 집필하여 1891년 9월 2일에 출판하였다. 같은 해 9월 28일에 개정판이 나오고, 10월 6일에 '윤리'와 '수신' 과목의 교과용 도서로 검정 심사를 받아 수신교과서로 학교에서 사용하였다. 이노우에는 '일단 급한 일이 있으면 의롭고 용감히 공(公)을 위해 봉사한다'는 구절에 대해서 '한 몸의 자리심(自利心)을 버리고, 국가를 위해 힘쓰는 것, 이것이 애국의 마음으로 이는 사람들이 마땅히 양성해야 하는 바라고 밝히며, 나라의 강함은 주로 애국자의 많음에 기인하며, 애국의 마음은 실로 나라의 원기(国ノ元気)라 말할 수 있다'고 설명하고 있다.[35]

이와 같이 「군인칙유」나 「교육칙어」는 다원적이고 봉건적인 군신관계를 천황이라는 유일한 군주로 일원화함으로써 천황 아래 모든 신민이 평등하게 되는 구조를 만들어 냈다. 이러한 구조는 메이지 헌법 제1조의 '대일본제국은 만세일계의 천황이 이를 통치한다'에서 '통치한다(統治ス)'

34 井上哲次郎(1891), 『勅語衍義』, 敬業社等, 3쪽.

35 副田義也(1997), 『教育勅語の社會史: ナショナリズムの創出と挫折』, 有信堂高文社, 166~167쪽.

는 내용을 '통치는 대위(大位)에 자리하여 대권을 통할하고 국토와 신민을 다스리는 것'이라고 말한 것과 같이 국민국가에서 통치자의 대권과 행위를 일원화하는 데 역할을 하였다.[36]

4. 패전 후, 천황과 대원수 일원화 해체

1912년 7월 30일 메이지 천황이 사망하자 황태자 요시히토[嘉仁]가 천황에 즉위하고, 당시 학습원 초등과 5학년이었던 11세 히로히토는 황태자가 되었다. 1913년 3월부터 아오야마에서 동궁어소(東宮御所)로 옮긴 히로히토는 이듬해 4월 2일 학습원 초등과를 졸업한 후, 황태자 교육을 위해 동궁어소 안에 신설한 동궁어학문소(東宮御學問所)에서 대원수가 되기 위한 제왕 교육을 받았다. 동궁어학문소는 일반인의 중고등학교에 해당하는 7년 과정으로, 러일전쟁의 영웅인 해군대장 도고 헤이하치로[東郷平八郎]가 총재를 맡고 있었다. 과목은 윤리, 역사, 지리, 수학 등 정규 과목 이외에 현직 군 장성들이 하는 군사학 등의 강의가 있었다. 히로히토가 제왕학을 수학한 시기는 제1차 세계대전 발발, 러시아혁명, 제1차 세계대전 종결과 베르사유 강화조약, 전후 유럽의 혼란 등 세계 정세가

36 伊藤博文, 宮沢俊義 校註(1989), 『憲法義解』, 岩波書店, 23쪽.

크게 요동치는 시기였다.[37]

뿐만 아니라 히로히토는 「황족신위령(皇族身位令)」[38] 제17조 '황태자·황태손은 만 10세가 된 후 육군 및 해군의 무관에 임한다'는 규정에 따라 1912년 9월 9일자로 육군 보병 소위와 해군 소위에 임관하여 근위보병 제1연대와 제1함대에 소속되었다. 장래 대원수로서의 군인 수업이 시작된 것이다. 이후 1914년 13세에 중위(中尉), 태자 즉위식을 행한 1916년 15세에 대위(大尉), 1920년 19세에 소좌(少佐), 1923년 23세에 중좌(中佐), 1925년 24세에 대좌(大佐)로 승진하여 대원수가 되기 위한 과정을 밟아 나갔다.

그리고 1926년 12월 25일 병석에 있던 다이쇼 천황이 사망하고, 히로히토가 황위를 계승하여 '쇼와[昭和]'라고 개원함과 동시에 대원수가 되었다. 같은 해 12월 28일 쇼와 천황은 대원수로서 육해군에 '메이지 천황·다이쇼 천황의 가르침에 따라 일본 군대가 큰 공적을 세웠다'고 칭찬하면서 군대에 '더욱 국위를 현양하여 억조의 경복을 증진'하도록 요구했다.[39] 이후 1927년 7월 19일에 개최한 육군사관학교 졸업식 참석을 시작으로 각종 군무를 해나가면서 대원수로서의 역할을 했다.

쇼와 천황은 2·26사건 등에서 천황으로서의 의사를 명확히 나타내는 등 통수권자로서의 면모를 보였으며, 아시아·태평양 전쟁 시기에는

37 佐々木隆爾(1990), 『現代天皇制の起源と機能』, 昭和出版, 88쪽.

38 1910년 황족에 관한 법령으로 공포되어 1947년 5월 2일에 폐지되었다. 전 5장 68조로 구성되어 있으며, 주로 황족과 신적의 규정을 명확히 하는 혼례와 친자관계에 대한 규정이 주를 이루고 있다.

39 山田 朗(1994), 33~34쪽.

대본영어전회의를 개최하여 대원수로서의 면모를 보였다. 중국과 전면전이 발발하자, 쇼와 천황이 희망하여 1938년 1월 11일에 '국책 결정을 위한 어전회의'를 개최하였다. 이는 1914년 8월 15일에 제1차 세계대전 참전을 결정한 어전회의 이래 25년 만이었다. 어전회의는 전쟁 기간 중 15회 개최되었으며, 중일전쟁 처리, 삼국동맹 문제, 대영미개전, 전쟁 지도와 포츠담선언 수락 등에 관해 논의하였다. 그러나 쇼와 천황은 어전회의에서 본격적으로 의견을 개진하지는 않았다고 알려져 있다.[40] '대본영어전회의'에서는 대원수로서 군사문제에 대해 적극적으로 질문하거나 책임 군인을 질책하는 일도 있었다. 히로히토는 통수부의 상주에 대해 '어하문(御下問, 질문)'이나 '어언엽(御言葉, 의견)'으로 격려나 질책을 하였다.[41] 이러한 상황은 메이지유신 이후 천황의 대원수화와 군 통수권의 독립을 명확하게 보여 주는 예라 할 수 있다.

이와 같이 아시아·태평양 전쟁기 천황은 정치적인 통수권뿐만 아니라 대원수로서도 일원화되어 있었기 때문에 패전 시 미국의 입장에서는 천황 문제를 심사숙고 할 수밖에 없었다. 이에 1943년 10월에 국무성 내의 부국간극동지역위원회(FEAC)에서 천황제에 관한 기본적 시점과 권고를 기술한 문서 CAC93시리즈를 작성했다. 이 시리즈 CAC93 예비 a의 '일본-정치 문제-천황제에 대한 1944년 3월 11일 문서'에 나타난 논의를 살펴보면 다음과 같다.

40 山田 朗(1994), 83~87쪽.

41 山田 朗(1994), 87~92쪽.

> 일본의 군사 점령 기간에 천황에 주어진 처우는 천황제의 장래 지위에 큰 영향을 미칠 것이다. 예를 들면, 만약 천황의 전권능의 행사가 점령 당국에 의해 정지되고, 또한 황족이 보호·감금되어도 군정부가 실제로는 그 권능을 행사하는 한편, 천황은 계속 법률상에서 일본의 통치권자라고 인식될 가능성이 있을 것이다. … 한편, 군정부 장관의 조언과 지시를 따른다는 것을 조건으로 계속 천황이 권능을 행사하는 것은 정치적 방편이라는 이유에서 인정한다면, 그 조치는 점령 당국이 천황제를 지지하고 있다는 것을 암암리에 의미하는 것으로 보일 것이다. 이러한 방책을 취할 경우는 군정부 장관의 승인을 얻어 옥새 아래 포고가 내려질 것이다. 이 방책은 일본 국내의 실제 민사행정에서 아마 정부 직원의 활용을 용이하게 할 것이다. 일본 국민이 계속해서 천황제 호지를 강하게 희망할 가능성이 있다는 것을 비추어 볼 때 군정 당국은 만약 그 통치 기간에 천황제 폐지에 착수하려면, 극복하기 어려운 곤란에 직면할 수 있다.[42]

이와 같이 일본 점령 문제에서 빠른 단계에 천황의 권한을 어떻게 할 것인가에 대해 논의하고 있음을 알 수 있다. 결국 전쟁은 히로시마와 나가사키에 원자폭탄을 투하하여 일본이 포츠담선언을 수락하고 항복함으로써 끝이 났다.

그러나 일본 지배층은 포츠담선언이 국체 변경을 명시하고 있지 않다

42 山極晃·中村政則·岡田良之助(1990), 『資料日本占領1 天皇制』 'CAC93 예비 a 1944년 3월 11일', 大月書店, 70~71쪽.

고 자의적으로 해석하려고 하였고, 동시에 국체 유지 캠페인을 함으로써 여론의 동의를 얻으려 했다. 8월 15일에는 천황이 라디오를 통해 '국체를 유지할 수 있었다'고 발표하고, 며칠 뒤에는 '국체 유지를 위해서 미·영·소·중국과 강화를 맺으려 한다'고 밝힘으로써, 포츠담선언을 수락할지라도 국체에는 변함이 없다는 것을 국민들에게 보여 주려 했다.

마침내 1946년 2월 3일에 GHQ는 맥아더 3원칙을 발표하며 일본 정부에 천황제 존속을 허락하였다.[43] 3원칙 내용은 천황제 존속, 전쟁 포기, 봉건적 제도 폐지 등으로 다음과 같다.

1. 천황은 국가 원수의 지위에 있다. 황위 계승은 세습한다. 천황의 의무 및 권한은 헌법에 입각하여 행사할 것이며, 헌법이 정한 바에 따라 인민의 기본적 의사에 대해 책임을 진다.
2. 국가의 주권적 권리로서의 전쟁을 폐지한다. 일본은 국가의 분쟁 해결을 위한 수단으로서의 전쟁 및 자기 안전을 보장하기 위한 수단으로서의 그것도 방기한다. 이상은 세계의 방위와 보호에 대해 지금 세계를 움직이고 있는 숭고한 이상에 의한 것이다. 어떠한 일본 육해공군도 결코 허락하지 않을 것이며, 어떠한 교전 권리도 일본군에서 결코 주어지지 않는다.
3. 일본의 봉건제도는 폐지된다. 황족을 제외한 화족의 권리는 현재 생존하는 자 일대 이상에게는 미치지 않는다. 화족의 권리는 이후

43 'Three basic points stated by Supreme Commander to be "musts" in constitutional revision'(About 4. Feb. 1946), SCAP Files of Commander Alfred R. Hussey, Doc. No. 5, 国立国会図書館 憲政資料室 소장.

어떠한 국민적 또는 공민적인 정치권력을 포함하지 않는다. 예산 형태는 영국의 제도를 모방한다.[44]

3원칙에서는 천황제를 존속시키고, 천황은 국가 원수의 지위를 가지며 왕위를 세습하되, 천황 권한의 근거는 만세일계의 황통이기 때문이 아니라 헌법이 정한 국민의 의사에 의한 것이어야 한다는 것이다. 이와 같이 천황제가 존속될 수 있었던 이유는 미국이 일본 국민들이 천황에 대하여 일체감과 권위를 느끼고 있는 분위기, 즉 천황을 지지하는 일본 국민의 의식을 파악하고, 이를 적절히 점령 통치에 이용하려는 의도가 더욱 강했기 때문이다.[45] 즉, 미국은 점령 정책상 필요에 따라 일본 지배층의 천황제 존속을 위한 노력을 사실상 묵인함으로써 상징천황제가 전후 일본에 도입되었다. 또한 상징천황제는 주권재민을 전제로 하기에 민주주의에 반하지 않는 제도로 받아들여졌다.

이러한 구상에 따라 개정된 일본국 헌법 제1장 제1조는 '천황은 일본국의 상징이며, 일본 국민통합의 상징으로 그 지위는 주권이 있는 일본 국민의 총의에 기반한다'고 명시하고 있다. 이 규정에 대해서 1946년에 열린 중의원제국헌법개정안위원회(衆議院帝国憲法改正案委員会)에서 가나모리 도쿠지로[金森徳次郎] 국무대신은 천황은 "우리들의 동경의 중심에 있으며, 마음의 깊은 곳에 뿌리를 내리고 있는 바 … 이러한 기초적인 사

44 『昭和天皇実録』 第十(2017), 東京書籍, 45~46쪽.

45 고토 야스시(2006), 『천황의 나라 일본: 일본의 역사와 천황제』, 예문서원, 276쪽. 일본여론조사연구사 1945년 12월 각계 지도층 500명을 대상으로 우편으로 실시한 조사에 따르면, 천황제 지지는 91.3%, 천황제 반대는 8.7%였다.

실은 일본 국민의 의식이 존재하는 한 변하지 않을 것이므로, 이 마음이 있으면 우리들은 천황을 볼 때, 이는 국가를 보는 것이며, 천황을 볼 때 이는 국민 통합의 모습을 보는 것"이라고 말하고 있다.[46] 즉, 천황은 용어상 상징이라는 말을 사용하고 있지만 여전히 국가 그 차제를 의미하고 있다고 역설하고 있다.

신헌법에서 천황의 권한은 제1조에서 제8조에 명시되어 있으며, 메이지 헌법에서 열거되었던 대권 사항 대부분이 없어져 상당히 축소되었다고 볼 수 있다. 남아 있는 권능도 '국정에 관한 권능을 가지지 않는다'는 규정에 따라 형식적 · 명목적 · 의례적인 국사 행위에 불과한 것으로 바뀌어 다음과 같이 제7조에 명시하였다.

> 제7조 천황은 내각의 조언과 승인에 의해 국민을 위해 다음의 국사 행위를 행한다.
>
> 1. 헌법 개정, 법률, 정령 및 조약 등을 공포하는 일.
> 2. 국회를 소집하는 일.
> 3. 중의원을 해산하는 일.
> 4. 국회의원의 총선거 시행을 공시하는 일.
> 5. 국무대신 및 법률이 정한 그 외 관리의 임면과 전권위임장, 그리고 대사와 공사의 신임장을 인증하는 일.
> 6. 대사, 특사, 감형, 형 집행 면제 및 복권 등을 인증하는 일.

46 『帝国憲法改正案委員小委員会速記録－第九十回帝国議会衆議院』 昭和 21年 7月 1日 衆議院帝国憲法改正案委員会 金森徳次郎国務大臣(2006), 現代史料出版.

7. 영전을 수여하는 일.

8. 비준서 및 법률이 정한 그 외 외교문서를 인증하는 일.

9. 외국의 대사 및 공사를 수여하는 일.[47]

신헌법의 국사 행위와 메이지 헌법을 비교할 경우 긴급 칙령, 독립 명령, 군 통수, 계엄 대권 등은 완전히 없어졌으며, 법률 공포, 관리 임면의 인증, 중의원 해산 등은 비록 형식적인 것으로 바뀌었지만 계속 존재하였다. 법률 공포, 은사와 영전 수여 및 대사와 공사 임명 등 국사 행위자로서 천황의 권한은 일반 입헌군주의 권한과 상당히 유사하다. 특히 1988년 10월 11일 참의원 내각위원회에서 제7조 5항, 8항, 9항 등의 외교관계에서 행하는 일에 대해 원수로서의 업무가 아니냐는 질문(사회당 구보다 마나에[久保田真苗])에 대해 내각법제국 제1부장 오오데 다카오[大出峻郎]는 원수의 정의에 대해서 여러 가지 학설이 있고, 정의하기에 따라 다르다고 하면서 "오늘날에는 실질적인 국가 통치의 대권을 가지지 않고도 국가에서 이른바 헤드의 지위에 있는 사람을 원수로 보는 견해도 있기 때문에, 이러한 정의에 의하면 천황은 국가의 상징이자 그리고 극히 일부이지만 외교관계에서 국가를 대표하는 면을 가지고 있기 때문에 현행 헌법 하에서도 그러한 사고방식을 근거로 하여 원수라고 해도 지장이 없다고 생각합니다"라고 답변하였다.[48] 즉, 국가의 상징이라는 지위에 있다는 점에서 천황을 원수로 볼 수 있다. 그러나 헌법상에서는 '국

47 『昭和天皇実録』 第十(2017), 昭和 21年 2月 22日 金曜日, 224~226쪽.

48 衆議院憲法調査会事務局(2004. 2), 『象徵天皇制に関する基礎的資料』, 第113回 国会 · S63. 10. 11. 参議院 · 内閣委員会, 3~7쪽(http://www.shugiin.go.jp).

정에 관한 권능은 가지지 않는다'는 제4조에 따라 대외적 대표권을 갖지 않는다는 점에서 천황이 완전하게 '원수'의 지위에 있다고는 할 수가 없다고 해석하고 있다. 이와 같이 신헌법에서 천황의 국사 행위에 따른 권위는 모호성 때문에 해석하기에 따라 국가의 대표로도 완전한 상징체로도 이해될 수 있다.[49]

이렇게 형식적으로 남게 된 국사 행위는 상징천황제가 보수 세력에게 이용되는 과정에서 그 모호성을 빌미로 확대·재생산되고 질적으로 변화하여 헌법적·정치적 문제로 등장할 수 있다는 점을 무시할 수 없다. 현재 일본에서도 천황의 권한을 확대 해석하거나 헌법에 없는 국사 행위를 용인하는 방법으로 실질적인 '원수화'를 추진하려는 것은 명백히 위헌이나. 하지만 학자들은 신헌법체제 하의 군주제 논의를 계속하고 있으며, 주요 내용은 다음과 같다.

〈표 1〉 일본국 헌법의 '상징천황제' 기능[50]

학자	일본국헌법규정	상징천황제 기능 설명
가와다 미노루 [川田稔]	상징천황제	「天皇不執政」 이외의 언급은 없음.
고토 무네토 [後藤致人]	상징천황제 노선과 입헌군주제 노선	가타야마, 아시다 내각은 天皇不執政에 기반한 상징천황제 노선, 요시다, 사토 내각은 천황과 내각의 관계를 군신관계로 보는 입헌군주제 노선 존재.

49 전후 천황대권에 대한 미국의 정책에 대해서는 유지아(2012), 166~194쪽 참조.

50 川田稔, 「立憲制的君主制から議会制的君主制へ」[伊藤之雄/川田稔編(1999), 『環太平洋の国際秩序の模索と日本』, 山川出版社]; 後藤致人(2003), 『昭和天皇と近現代日本』, 吉川弘文館; 渡辺治, 「戦後国民統合の変容と象徴天皇制」[歴史学研究会/日本史研究会 編(2005), 『日本史講座10』, 東京大学出版会]; 冨永望(2010), 『象徴天皇制の形成と定着』, 思文閣出版.

와타나베 오사무 [渡辺治]	상징천황제의 본질론	입헌군주적 천황에는 정치적 권능이 필요함. 상징천황론은 일본국헌법의 상징천황규정 자체가 천황제의 불집정과 평화주의의 전통적인 모습을 표명한 것임.
도미나가 노조무 [富永望]	의회주의적 군주제와 '상징천황제'	헌법개정을 기도한 일본의 정치세력이 추구하는 형태는 레벤슈타인설 '의회주의적 군주제'와 거의 일치함. GHQ는 군주권력을 약체화 한 천황제를 만든 것임.

5. 천황의 원수화 움직임과 현재

전후 상징천황제로 존속하게 된 천황은 보수 지배 세력의 기반이 되는 일본 내셔널리즘의 원동력으로 이용되며 원유회, 서훈제도, 각종 수상식 등을 통해 이들의 세력을 공고히 하는 역할을 수행하였다. 신헌법이 시행된 이후, 1948년 1월 1일 '신년일반삼하(新年一般參賀)'와 천황부처의 행행계(行幸啓) 의식을 시작으로 이러한 유형의 상징 행위는 점차 확대되었다. 사적 행위였다고는 하지만 1952년에는 전후 최초로 천황의 메이지 신궁과 야스쿠니 신사참배가 이루어졌으며, 1955년 이후에는 천황과 자위대 간부의 만남이 매년 1회 이루어졌다. 또한 1962년에는 천황이 도쿄올림픽 명예총재로 취임하면서 각종 식전행사에 적극적으로 참가했다. 1964년에는 전후 최초로 전몰자 서훈 부활과 기원절 부활(1967) 그리고 '메이지 100년제' 실시 등을 통해 천황의 종교적·이데올로기적 권위화가 전면적으로 전개되었다. 뿐만 아니라 교육행정에 의한 천황 교육과 건국신화 교육 실시(1966) 등 교육을 통한 천황 이데올로기 강화가 이루어졌다.

한편, 헌법 개정에 대한 적극적인 논의도 전개되었다. 1955년에는 보수합동으로 성립한 자민당의 개헌론은 천황의 원수화, 군대 부활 및 효양(孝養)의 의무 등을 정한 메이지 헌법체제로의 회귀에 가까웠다. 개헌을 달성하지 못한 자민당은 1957년에 헌법조사회를 조직하고 개헌 문제를 검토하도록 하였고, 조사한 결과를 토대로 1964년에 헌법조사회 보고서를 제출하였다. 이 보고서에는 첫째 헌법 제9조를 폐지하고 안보조약에 적합한 자위력을 승인하며, 둘째 행정권 확대 · 강화를 중심으로 한 국가기구 재편과 복지국가를 표방하면서 '상징천황원수화론'이 제시되었다.[51] 동시에 상징천황원수화를 도모하는 의미에서 황실 외교가 적극적으로 추진되었다. 그 결과 보통 1년에 10여 건에 불과하던 외국 국빈의 방일 횟수가 1970년에는 25건에 이르렀으며, 천황과 황후가 최초로 유럽 7개국 방문을 함으로써 천황의 원수 이미지를 만들어 나가고자 하였다. 이것을 필두로 1975년에는 천황과 황후가 미국을 방문하였다. 이러한 천황의 상징 행위에 대해 1970년대 천황의 국회 개회식 칙어 낭독에 대한 공산당의 문제 제기(1973)를 시작으로, 마스하라 케이스케[増原恵吉] 방위청 장관의 내주 문제(1973년, 원호 문제(1975) 등 많은 논쟁을 불러일으키면서도 보수 지배 세력에 의해 지속적으로 확대 · 강화되어 갔다.[52]

51 憲法調査会(1964), 「憲法調査会報告書」 NDC 323. 4, 国立国会図書館.

52 이상봉(1999) 논문 참조.

이러한 과정 중 1979년 6월에 시작된 원호법 제정 움직임은 천황의 권위 강화와 직접적인 관련이 있다. 1979년에 원호가 법제화되자, 보수 우익은 '원호=연호 법제화'를 통해 노골적으로 전쟁 전의 천황 원수화를 부활시키고자 하였다. 그러나 반대가 거세지자 자민당은 "원호는 정령으로 정하며 황위계승이 있는 경우에 한해 개정한다"는 내용의 원호 법안을 국회에 제출하여 통과시켰다. 원호란 천자가 국토와 더불어 시간도 지배한다는 고대 중국의 한(漢) 왕조에서 나온 사상으로, 메이지유신에 의해 성립한 근대 천황제 국가는 중국의 명·청조를 모방하여 한 사람의 천황에 하나의 원호를 채용했던 것이다. 이 일세일원제에 따라 천황의 통치와 시간의 흐름이 직결하게 된 것이다. 이후 메이지[明治], 다이쇼[大正], 쇼와[昭和] 등의 원호가 국민 생활에 정착됨으로써, 국민은 세계사의 보편성으로부터 단절되어 천황의 죽음에 의해서만 개정되는 시간 속에 편입되었다. 패전으로 인해 원호는 법적 근거를 상실하고 일본에서는 원호와 서력이 병용되었다. 그러나 일본의 전통인 원호를 지키려는 우익 및 신사본청 등의 요구를 이용하여 자민당이 원호 사용을 공식적으로 법제화한 것이다.[53]

한편, 보수 정치 세력은 대외적으로 천황을 원수로 인정하기 위해 군주의 국가대표성을 합헌적으로 해석할 뿐만 아니라, 군주의 국가대표성을 헌법에 명문화하기 위해 헌법 개정도 시도하였다. 헌법학자 고바야시 다카스케[小林孝輔]는 1952년에 보수 권력들이 군주의 국가대표성(원수

53 『読売新聞』(1977年 11月 4日) "「一世一元を明記」 元号法 政府案まとまる 制定懇で検討' 内閣が決定".

성)을 합헌적으로 해석할 뿐만 아니라, 군주의 국가대표성을 헌법에 명문화하기 위해 헌법 개정도 시도했다고 밝히고 있는데,[54] 2010년대에도 보수 권력들은 여전히 천황의 원수성을 헌법에 명기하려는 시도를 해온 것이다.[55] 그러나 아직 일본 국민들은 천황을 상징적인 존재로 규정하여 천황이 과거와 같이 절대 권력을 가진 통치자가 아닌 통합의 상징으로만 존재한다고 인식하고 있다. 즉, 메이지 시기부터 정착되었던 천황과 대원수의 일원화는 해체된 것이다. 그리고 현 천황인 아키히토는 히로히토와는 다르게 상징천황으로서 역할과 임무를 수행했다고 평가받고 있다.

이에 일본회의를 중심으로 하여 천황 중심의 '국체(國體)'를 어떻게 지킬 것인가에 대한 문제가 검토되었다. 2012년 5월 30일에 도쿄의 메이지기념관에서 '황실의 전통을 지키는 국민의 회(皇室の伝統を守る国民の会)' 설립 총회가 열리고, 당시 중의원 의원이었던 아베 신조도 참가하였다. 이 총회에서 일본회의의 중심적인 논객이었던 저널리스트 사쿠라이 요시코[櫻井よしこ]는 "황실의 역사는 일본의 진수입니다. 세계에는 200개 정도의 국가가 있지만 우리나라의 황실과 같은 국민 통합으로서의 존재는 없습니다. 국가와 국민을 위해 항상 기도하는 황실과 황실을 정신적인 모델 또는 정신적인 지주로 존경하며 열심히 따르는 국민, 이 황실과 국민이 일치단결하여 만들어온 것이 우리나라의 국가 형태입니다. 세계에서 유일하고 더없이 훌륭한 가치관을 지키기 위해 저도 작은 힘이나

54 小林孝輔(1952),「天皇の地位について」,『青山經濟論集』, 第4卷 1~4合号號, 219~223쪽.

55『日本経済新聞』(2012年 4月 27日), "自民が憲法改正草案「天皇が元首」「国防軍」明記"

마 운동에 참가하고자 합니다"라고 하였다.[56] 이와 같이 일본회의의 구성원들은 황실이나 천황이 있기 때문에 일본이라는 국가가 가치가 있다는 가치관을 가지고 있으며, 그렇기 때문에 일본을 지킨다는 것은 궁극적으로는 천황과 신사로 상징되는 국가의 형태를 지키는 것이라고 인식하고 있다.[57] 이러한 인식으로 말미암아 일본회의는 현 천황이 직접 말한 '대일본제국 헌법 하에서 천황의 존재 방식과 일본국 헌법 하에서 천황의 존재 방식을 비교하면, 일본국 헌법 하에서의 형태가 천황제의 긴 역사에서 볼 때 전통적인 존재 방식에 맞는다고 생각'[58]한다는 말까지 무시하면서 천황원수화를 추진하려고 하였다.

이러한 움직임에 대해 천황은 2016년 7월 13일 NHK 방송을 통해 생전에 양위한다는 '생전 퇴위' 의향을 전달했고, 수년 이내에 퇴위를 희망한다는 것을 전했다. 이에 대해 일본회의를 중심으로 한 보수 정치 세력과 아베 수상은 난색을 표했지만, 마이니치신문사에서 공표한 여론조사 결과, 국민 대다수가 '생전 퇴위'에 대해 긍정적 평가를 하고 있다는 보도가 나자 '생전 퇴위'를 본격적으로 추진하기 시작했으며,[59] 이로 인해 아베 정권의 헌법 개정에도 영향을 미치고 있다. 현 천황은 2016년 8월 8일에 '상징천황으로서의 임무에 관한 생각(象徵天皇としての務めに関する考え

56 『月刊 日本の息吹』, 2012年 8月号, 日本会議, 21쪽.

57 『月刊 日本の息吹』, 2013年 1月号, 12쪽.

58 2009. 4. 8, 天皇夫妻結婚50周年記者会見. 宮内庁ホームページ (2018. 10. 28. 검색) http://www.kunaicho.go.jp/okotoba/01/kaiken/kaiken-h21-gokekkon50.html

59 『毎日新聞』, 2016. 7. 18. 긍정적인 평가는 '제도 개정을 서둘러야 한다' 45%, '신중하게 논의해야 한다' 30%, '잘 모르겠다' 11%로 답하였으나, 2016. 8. 5. 조사에서는 '제도 개정을 서둘러야 한다' 67%, '신중하게 논의해야 한다' 22%로 국민적인 지지를 얻고 있음을 알 수 있다.

方)'을 비디오 메시지로 전했다. 이에 2017년 6월 16일에 '천황의 퇴위 등에 관한 황실전범특례법(天皇の退位等に関する皇室典範特例法)'이 제정되었고, 황실회의에서 생전 퇴위 시행일을 2019년 4월 30일로 정했다.[60] 생전 퇴위와 관련하여 일본에는 여전히 여러 가지 문제가 남아 있다. 즉, 천황의 생전 퇴위를 위해서는 황실전범을 개정해서 생전 퇴위를 제도화할 것인가, 1대에 한해서 특별한 법률을 제정할 것인가의 문제, 원호 문제, 황태자의 부재 등이다. 이와 같이 천황의 생전 퇴위로 인하여 일본의 우익을 중심으로 전개된 천황의 원수화는 생전 퇴위 후에 발생할 천황제도의 현실적인 문제에 대해 논의가 전개되는 과정에서 새로운 국면을 맞이하고 있다.

6. 맺음말

일본 천황은 고대부터 정치 실권의 유무와 관계없이 국왕의 권위와 함께 국가 수호신으로서 제사장의 위상을 지켜왔다. 1192년부터 1867년까지 700여 년간 무사들이 일본의 실권을 장악하였을 때도, 천황은 국왕의 권위를 상실했을 뿐 국가 수호신의 지위는 유지하였다. 특히 무사 정권의 안정기인 에도 막부 시기에도 수장인 쇼군은 '정이대장군(征夷大將

60 『每日新聞』, 2017. 12. 1.

軍)'이라는 통치권을 천황으로부터 부여받았다. 그리고 메이지유신을 주도한 요시다 쇼인과 그의 제자들은 '존황양이(尊皇攘夷)' 사상을 막부 토벌의 정당성으로 내세우며, 국왕으로서 천황의 권위를 부활시켰다. 육해군 관료 조직은 러일전쟁 이후 확대되어 정치적으로 성장하였다. 그리고 1910년대에 점차 국가 전략상의 결정권을 행사하던 메이지유신의 원훈들이 사망하면서 군 관료조직이 국가 전략에도 큰 영향력을 행사하였다. 이 시기부터 군은 통수권 독립을 주장하면서 정부가 군에 개입하는 것을 강력히 거부하였고, 대일본제국 헌법대로 통수권 독립을 제도화하면서 천황을 대원수로 정착시켜 나갔다. 이후 국민국가 체제 형성과 함께 천황과 대원수의 일원화는 본격적으로 추진되었다.

일본에서 최초의 대원수는 메이지 천황이었으며, 이후 다이쇼 시기를 거쳐 쇼와 천황이 섭정을 하면서부터 체계화되어, 1945년 패전까지 천황과 원수(元首)와 대원수(大元帥)는 일원화되었다. 이는 메이지 정부가 헌법에 천황대권에 대한 효력을 명시하지 않고 신성성을 강조했기 때문에 여러 가지 해석이 가능했던 구조적인 결함에서 비롯된 것이다.

패전 후에는 일본국 헌법에 대원수의 기능을 상실한 상징천황제로 남았지만, 여전히 천황의 원수화 움직임이 계속되고 있다. 왜냐하면 신헌법에서 천황의 국사 행위에 따른 권위 또한 모호성을 내포하고 있기 때문에 해석하기에 따라 국가의 대표로도 완전한 상징체로도 이해될 수 있었던 것이다. 따라서 형식적으로 남게 된 이러한 국사 행위는 상징천황제가 보수 세력에게 이용되는 과정에서 그 모호성을 빌미로 확대·재생산되어 후일 헌법적·정치적 문제로 등장할 가능성을 내포하고 있다.

이러한 현상은 일본이 현재 특유의 천황제로 국가시스템을 운영하고 있기 때문이다. 다시 말해 메이지 시기부터 현재까지 이어지는 정치권력과 천황대권 사이에 존재하는 애매한 권력 구조에서 그 요인을 찾을 수 있다. 즉, 상징천황제와 수상이라는 정치 구조를 통해 천황은 국민정신을 통합하면서도 정치적인 책임에서 벗어나 있기 때문에 천황 비판에 대한 모든 위험 요소를 배제시킨다. 천황제는 일본 국민에게 중요한 정치적 의제이자, 실생활은 물론 잠재의식에까지 직간접적으로 영향을 끼치고 있다. 따라서 상징천황은 현 시점에서 정치 주체가 아니라 하더라도 일본을 우경화하는 데 도구로 사용될 요소가 다분하다. 이러한 과정은 최근의 헌법 개정과 관련하여 천황제 강화 움직임이 일본의 각 당 및 정치 세력들 사이에 어떻게 연관되어 있는가를 분석해야 할 것이다. 그러나 본 논문은 메이지유신 150년을 즈음하여 천황제의 원수화가 어떻게 신행되었는가에 초점을 맞추고 있으므로 현재의 천황제 강화 움직임은 이후의 과제로 삼고자 한다.

■ 참고문헌

- 고토 야스시(2006),『천황의 나라 일본: 일본의 역사와 천황제』, 예문서원.
- 박환무(1996),「明治 初期 天皇의 國家元首化와 '印璽'의 성립」,『일본역사연구』 4권.
- 방광석(2007),「제국헌법과 明治天皇」,『일본역사연구』 26권.
- 유지아(2012),「전후 상징천황제의 정착 과정에 나타난 천황대권의 모호성」,『일본공간』 11권.
- 이상봉(2005),「전후 일본 보수정치와 상징천황제: 1990년대 신국가주의의 상징천황 이용을 중심으로」,『21세기 정치학회보』 21세기 정치학회.

  _____(1999),「일본 "상징천황제"의 정치적 역할과 의미」,『21세기 정치학회보』 21세기 정치학회.

- 松澤幸太郎,「明治憲法下の外交大権における条約締結権限 - コ＿ルグロ＿ヴ博士の考察 - 」, 筑波法政, 2014.
- 檜山幸夫,「明治憲法体制と天皇大権(二): 宣戦講和権と戦時認定権」, 中京法學 25(1), 1990.
- 大江志乃夫,『統帥権』(日評選書), 日本評論社, 1983.
- 秦郁彦,『統帥権と帝国陸海軍の時代』(新書), 平凡社, 2006.
- 大谷敬二郎,『統帥権とは何か-軍事が政治に介入した恐るべき時代』(光人社NF文庫), 潮書房光人社, 2015.
- 渡辺治,『戦後政治史のなかでの天皇制』, 青木書店, 1990.

  _____,「戦後国民統合の変容と象徴天皇制」(歴史学研究会/日本史研究会 編,『日本史講座 10』, 東京大学出版会, 2005).

- 高橋紘,『象徴天皇』, 岩波新書,1987.
- 吉田裕,『昭和天皇の終戦史』, 岩波新書,1992.
- 笠原英彦,『象徴天皇制と皇位継承』, 筑摩書房,2008.
- 吉見俊哉, テッサ・モ＿リス＿スズキ,『天皇とアメリカ』, 集英社,2010.
- 富永望,『象徴天皇制の形成と定着』, 思文閣出版,2010.
- 林尚之,『主権不在の帝国-憲法と法外なるものをめぐる歴史学-』, 有志舎, 2012.
- 山田 朗,『大元帥・昭和天皇』, 新日本出版社, 1994.
- 小田部雄次,『大元帥と皇族軍人 明治編』, 吉川弘文館, 2016.
- 渡辺 昭夫,「侍補制度と「天皇親政」運動」,『歴史学研究』 (252), 1961.
- 後藤致人,『昭和天皇と近現代日本』, 吉川弘文館, 2003.
- 小室正紀・西川俊作 編,『福澤諭吉著作集〈第3巻〉学問のすゝめ』, 慶應義塾大学出版会, 2002.
- 藤原彰,『日本現代史大系 軍事史』, 東洋経済新報社, 1961.
- 寺村安道,「明治国家の政軍関係-政治的理念と政軍関係」,『政策科学』 10巻 1号(通巻21号),

立命館大学政策科学会, 2002.
- 梅溪昇,『軍人勅諭成立史』, 青史出版, 2000.
- 由井正臣, 藤原彰, 吉田裕 校注,「軍人勅諭」,『日本近代思想大系 4 軍隊・兵史』, 岩波書店, 1989.
- 副田義也,『教育勅語の社會史: ナショナリズムの創出と挫折』, 有信堂高文社, 1997.
- 伊藤博文, 宮沢俊義 校註,『憲法義解』, 岩波書店, 1989.
- 佐々木隆爾,『現代天皇制の起源と機能』, 昭和出版, 1990.
- 川田稔,「立憲制的君主制から議会制的君主制へ」(伊藤之雄/川田稔 編,『環太平洋の国際秩序の模索と日本』, 山川出版社, 1999).
- 小林孝輔,「天皇の地位について」,『青山經濟論集』, 第4巻1~4合号號, 1952.

- 内閣官報局(1776),『法令全書』第15巻, 原書房.
- 宮内省圖書寮(1887),「印璽」,『圖書寮記錄』, 上編.
- 美濃部(明治45年),『憲法講話』, 有斐閣書房.
- 「尊皇論」,『福澤諭吉全集』第6巻(1958), 岩波書店
- 井上哲次郎(1891),『勅語衍義』, 敬業社等.
- 山極晃・中村政則・岡田良之助(1990),『資料日本占領1 天皇制』'CAC93 예비 a 1944년 3월 11일', 大月書店.
- 『日本大百科全書(ニッポニカ)』(1984), 小学館.
- 『皇室典範』, 明治 22年 2月 11日(1889. 2. 11), 類00391100(所蔵館:国立公文書館).
- 『昭和天皇実録』第十(2017), 東京書籍.
- 『帝国憲法改正案委員小委員会速記録-第九十回帝国議会衆議院』昭和 21年 7月 1日 衆議院帝国憲法改正案委員会 金森徳次郎国務大臣(2005), 現代史料出版.
- 衆議院憲法調査会事務局(2004. 2),『象徴天皇制に関する基礎的資料』, 第113 回国会・S63, 10. 11. 参議院・内閣委員会.
- 憲法調査会(1964),「憲法調査会報告書」NDC 323. 4, 国立国会図書館.
- 『月刊 日本の息吹』, 2012年 8月号, 日本会議.
- 『読売新聞』.
- 『毎日新聞』.
- 『日本経済新聞』.

| 7장 |

가고시마현과 메이지유신 150년
-사이고 다카모리에 대한 기억을 중심으로

김선희 | 건국대학교 아시아콘텐츠연구소 선임연구원 |

1. 머리말
2. 가고시마현의 메이지유신 150년
3. 사이고 다카모리에 대한 기억의 방식
4. 맺음말-메이지유신 150년에 대한 물음

1. 머리말

일본 규슈 남부의 가고시마 지역은 고대 하야토[集人]라고 불린 '야만인'(야마토 조정의 시각)의 거주지로서 정벌의 대상이었던 곳이다. 칼데라 지형이 발달한 만큼 농경에 불리한 척박한 땅이었고, 구황작물인 고구마 재배가 성행한 것도 이와 관련이 깊다. 또 시내에 있는 거대한 사쿠라지마[櫻島]는 에도 시대부터 여러 차례 분화했으며, 최근에도 일본 열도의 여러 화산 가운데 가장 맹렬한 분화 양상을 보이고 있다.

에도 시대에 가고시마 지역에는 사쓰마번[薩摩藩]이 자리하였다. 고쿠다카[石高]는 77만 석으로 여겨지지만, 실제로는 약 40만 석 정도였던 것을 보면 식생활이 결코 풍요롭다고 할 수는 없었다.[1] 에도 막부와 혼인 관계로 맺어져 적대적 관계는 아니었지만 도자마[外樣]번으로서 막부의 경계 대상이 된 것은 이 지역의 역사적 특징이다. 더욱이 1753년 노비[濃尾]평야를 가로지르는 기소3천(木曾三川)의 대규모 치수공사 당시 85명이 할복·병사하는 사건이 일어났으며, 대규모 재정 지출로 농민들은 이른바 '사탕수수 지옥'이라고 불릴 만큼 과중한 부담을 떠안은 적도 있었다.

사쓰마번은 이러한 불리한 환경을 극복하기 위해 일찌감치 해외로 눈을 돌렸으며, 일본에서 가장 먼저 철포가 전래될 만큼 무력 증대와 난학

1 金田章裕監修·造事務所編著(2017), 『30の都市からよむ日本史』 日經ビジネス人文庫, 289~290쪽.

수용에도 적극적이었다. 1779년 천문관측술을 도입하여 천문관을 설치한 것은 그 예로 볼 수 있다. 천문관터는 다이쇼[大正] 시대 이후 지금까지도 가고시마의 대표적인 번화가이기도 하다. 또 막부 말기에는 상고집성관(尙古集成館)을 설치하여 일본 최초로 서양식 조선술과 용광로를 갖추기도 하였다. 이러한 역사·지리적 환경은 사쓰마번이 메이지유신에 선봉장이 될 수 있었던 한 요인이었을 것이다.

한편, 1914년 사쿠라지마 대분화로 민가 2천 호 이상이 재난을 입었으며, 아시아·태평양 전쟁 말기에는 시가의 93%가 공습으로 잿더미가 되었다. 패전 직후에도 사쿠라지마는 다시 한번 대분화하였다. 역사적 환경 위에 자연·지리적 환경이 풍요로움보다는 재난의 땅으로 인식되는 만큼 재난 극복을 위한 '강한 남성성'이 강조되었으며, 이 같은 배경은 현재 가고시마현이 지역 활성화 방안으로 적극 추진 중인 메이지유신 150년 기념사업(이하 기념사업으로 약칭)의 전개 양상에도 드러난다.

현재 일본 사회가 안고 있는 저출산·고령화 문제는 특히 수도권이 아닌 각 지방정부가 해결해야 할 가장 큰 과제이다. 면적으로서는 일본 내 10위인 가고시마현의 인구 밀도는 47개 현 중에 36위로 하위에 머물러 있으며,[2] 65세 이상 인구비(5위)와 1차 산업 인구 비율이 높고(9위), 재정 능력 지표는 각각 42위(도도부)·44위(시정촌) 등으로 나타난다.[3] 이러한 상황에서 기념사업의 목적을 지역 활성화에 둔 것은 매우 자연스럽다. 문제는 관광산업 진흥의 일환으로 추진되는 기념사업에 담겨진 의

2 가고시마현의 인구는 2016년 현재 160만 명이 조금 넘으며 계속해서 줄어드는 양상이다. 일본총무성통계국 자료. http://www.stat.go.jp/data/jinsui/2016np/

3 岡田 浩(2016), 「党派性の地域的偏りの要因」 『金澤法學』 59권 1호, 32~37쪽.

미이다.

2014년 가고시마현 중위원의 자민당 득표 비율은 전국 6위였으며,[4] 2015년 지방선거 후 가고시마현 의회 구성을 살펴보면, 51명 정원에 자민당 소속 의원이 33명으로 66%이며, 민주당 소속 의원은 없다.[5] 이 같은 사실은 현이 추진하는 기념사업 방향이 어디로 향하고 있는지 추측할 수 있는 한 요소로 작용한다. 특히 2018년 초부터 방영 중인 NHK 대하드라마 〈세고돈(西郷どん)〉을 홍보 수단으로 전면에 내세운 데시도 알 수 있듯이, 사이고 다카모리[西郷隆盛]는 가고시마현의 '주력 상품'으로 관광자원화되었다. 가고시마가 자랑하는 메이지유신의 주역은 여럿이 있으나 그 가운데 기념사업의 여러 버전의 로고에도 등장하는 사이고를 기억하는 방식에 주목하고자 한다. 가고시마현 홈페이지를 통해 소개되는 사이고는 "삿초[薩長]동맹 성립과 무진전쟁[戊辰戰爭]을 주도한 가고시마 대표 위인"[6]이다.

이 글에서는 가고시마현이 추진하는 기념사업을 개괄하고, 특히 가고시마현이 내세우는 지역 대표 인물인 사이고에 대한 기억 양상을 추적함으로써 일본인의 메이지유신에 대한 인식의 일단을 읽어 내고자 한다.

4 岡田 浩, 위의 글, 29쪽.

5 가고시마현 의회. http://www.pref.kagoshima.jp/aa02/gikai/giin/profile/index.html

6 https://www.pref.kagoshima.jp/

2. 가고시마현의 메이지유신 150년

〈그림 1〉 가고시마의 메이지유신박 기념 로고
(출처: 가고시마현 HP)

가고시마현은 메이지유신 150년을 지역 활성화의 최적 기회로 삼아 지자체, 관광업과 경제단체 등의 대표자로 구성된 메이지유신 150년 기념 프로젝트 실행위원회를 조직하고, All Kagoshima를 기치로 내세워 가고시마 메이지유신박(かごしま明治維新博)을 전개하였다.

2018년 5월 25·26일 개최된 메이지 150년 기념식전[7]을 맞이하여 미타조노 사토시[三反園] 지사는 "막부 말기라는 시대의 대변혁기에 가고시마 선조들이 메이지유신을 이루고, 근대 국가로의 문을 열었다. 메이지유신의 의의와 근대화의 족적을 재조명하고, 후세에 계승하는 기회로 하기 위해 메이지 150년 기념식전을 개최하여 …, 다음 세대를 짊어질 아이들과 함께 선조의 뜻을 소중히 하여 가고시마의 새로운 미래를 열어 가겠다."고 다짐하였다. 이를 이은 기념식전은 삿초도히현[薩長土肥縣][8] 경찰음악대의 합동 공연, 드라마 〈세고돈〉 주제가 연주 및 오프닝인 기리시마 구면태고[霧島 九面太鼓]의 장대한 연무 등으로 구성되었다. 여기서는 선조의 뜻을 소중히 이어가는 현민들, 험난한 시대에 서양을 배우러

7 鹿兒島縣『縣政かわら版』150, 2018. 6.

8 삿초도히란 사쓰마, 조슈(長州), 도사(土佐), 히고(肥後) 등 막부 말기의 4개 웅번을 가리킨다.

떠난 선각자들, 메이지유신에 공헌한 4개 현, 그리고 메이지유신의 영웅 사이고 다카모리라는 키워드를 읽을 수 있다. 또 기념식전 취지로 일본 중앙정부가 기념사업을 소개하는 전용 홈페이지[9]에 내건 "메이지 150년 · 메이지의 발자취를 잇다 · 전하다[明治150年 · 明治の歩みをつなぐ · つたえる]"라는 주제에 그대로 조응하고 있다.

가고시마현이 추진한 '메이지유신 150년 기념 카운트다운 사업'(이하 카운트다운 사업)의 목적은 향토 가고시마에 대한 시민의 자긍심과 애착 양성, 차세대를 짊어질 청소년 육성, 관광 진흥을 비롯한 지역 경제 활성화[10] 등 세 가지이며, 한마디로 향토애와 지방창생으로 요약할 수 있다. 카운트다운 사업이 제시한 기념사업의 콘셉트와 목적을 상세하게 정리한 것이 『메이지유신과 향토인들』이다(2016. 2. 발행). 이 자료집은 제1장 메이지유신과 무사, 제2장 메이지유신과 시정 사람들, 제3장 메이지유신과 여성, 제4장 메이지유신과 아이들, 인용 자료집, 인물 색인 등으로 구성되었으며, 사쓰마번이 메이지유신에 중요한 역할을 할 수 있었던 이유로 뛰어난 번주와 하급 무사들의 활약뿐만 아니라 향토의 여타 무사들과 여성, 아이들에까지 시야를 확대하며 다양한 인적 자원의 노고를 칭송하고 있다.

자료집의 서술과 반영된 시각을 좀 더 살펴보면, 우선 메이지유신의 시점을 일반적으로 일컫는 페리 내항이 아니라 사쓰마번의 재정 기반이 된 덴포[天保] 개혁이 시작된 1829년(文政12)으로 설정하여 내재적 원동

9 https://www.kantei.go.jp/jp/singi/meiji150/portal/

10 http://www.meijiishin150countdown.com/

〈그림 2〉 메이지유신 150년 기념로고(출처:가고시마현 HP)

력에 의해 유신이 추진되었다는 사관을 드러내고 있다. 아울러 사이고와 고마쓰 다테와키[小松帯刀]로 대변되는 열혈무사, 현명한 군주인 시마즈 나리아키라[島津齊彬], 강한 여성의 상징인 덴쇼인 아쓰히메[天璋元篤姬], 문명개화를 지향하는 정치가를 대변하는 오쿠보 도시미치[大久保利通] 등을 기념 로고에 넣어 사쓰마번 사람들 전원이 '근대 국가 건설'에 긍정적인 영향을 끼쳤다는 시각을 충실히 반영하였다.[11] 또한 메이지유신에서 사쓰마번이 수행한 중요한 역할은 토막(討幕)이 아니라 "세계의 조류에 입각한 새로운 국가 건설을 이루고자 한 것"(2쪽)이라고 규정하여, 메이지유신을 사전적 의미가 아니라 현대적 의미로 재해석하고 있음을 알 수 있다.

유신을 가능케 한 배경으로는 다음의 기본 요소들로 스토리를 구성하고 있다. 첫째, 사쓰마번은 주자학의 영향을 받은 무사도·지행합일의 양명학·국학과 역사학 등을 학문적 배경으로 삼아 새로운 국가상과 멸사봉공의 도덕규범을 갖추었다. 둘째, 당시 사쓰마번은 국제 정세를 이해하여 해외 정보 수집의 중요성을 인식하였으며, 근대화의 필요성을 깨닫고 "조정, 막부, 제번 등의 합의를 배려하면서 행동하였다(2쪽)." 셋째, 선각자적인 군주가 존재하여 신분에 상관없이 인재를 등용하는 등

11 가고시마현의 「메이지유신 150년 카운트다운 사업 계획」에서는 이 다섯 인물들을 '막부 말기에서 메이지에 걸쳐 활약한 사쓰마의 위인'이라 소개하고 있다. 일본의 각 지자체에서 만든 메이지유신 150년 기념로고에 인물군상이 들어가 있는 것은 가고시마현이 유일하다.

근대화 추진에 다른 번과 차이를 보였다. 넷째, 덴포 개혁으로 번의 재정 위기를 극복하였고, 압도적으로 높았던 무사들의 비율은 유사시 대응 체제 구축에 유리하였다.

자료집은 사쓰마번의 학문적 기반을 유학·국학·난학 등에서 구하면서, 무사들의 정신적 기반이었던 무사도는 전통 교육인 향중(鄕中) 교육을 통해 단련되었다고 강조하였다. 유학 가운데서도 지행합일의 양명학을 중시하였고, 사이고를 대의명분을 중시하고 양명학에 경도된 인물로 평가하였다. 그러면서 '정한론자'라는 설명은 하지 않는다. 다만 사이고는 '정한'이 아니라 단지 사절을 파견한 것이라 서술하며, "기도 다카요시[木戶孝允]와 같은 대륙 침략 사상에 기반을 둔 정한론이 아니라 국내 문제를 처리하는 수단으로 삼았다."(5쪽)고 하였다. 하지만 양자 모두 일본의 이익을 위해 조선을 발판으로 삼았다는 것에는 차이가 없음을 결코 간과해서는 안 된다.

자료집에서 강조하는 유학, 특히 주자학은 사실 그 사상적 특성상 국학과 양립하기가 쉽지 않다. 막부 말기의 근왕사상운동은 주자학보다는 오히려 국학을 흡수한 후기 미토학이 주요 기반이다. 그럼에도 유학이 사상적 배경으로 강조되는 이유는 사쓰마번 무사들이 이를 '무사도'와 연결시켜 정신적 지주로 삼았기 때문이다. 여기서 언급하는 무사도란, 니토베 이나조[新渡戶稻造]의 『무사도』로서 일본의 전통적인 무사도[12]가

12 예를 들어 에도 시대 무사도에 대한 책으로 무사들의 교양서 노릇을 한 야마모토 쓰네토모(山本常朝)의 『하가쿠레(葉隱)』는 유학적 교훈서라기보다 주군에 대한 사랑[忍戀]을 골자로 하는 남도(男道)의 미학에 가깝다. '무사'의 정체성과 윤리에 대해서는 와타나베 히로시 저, 김선희·박홍규 옮김(2017), 『일본정치사상사 17~19세기』, 고려대출판문화원, 제2장 '무

아님에 주의해야 한다. 다시 말하면 '충 · 효 · 의' 같은 유학적 용어를 빌어 표현하는 무사도는 서구 문명의 정신적 지주가 되는 기독교와 대비되어 일본의 정신을 대표하는 것으로 근대에 새롭게 창출된 것이다. 또 사쓰마번에서 난학이 융성한 것과 무사도라는 '전통적인' 윤리가 동시에 수용되었다는 서술은, 마치 '동도서기 · 중체서용 · 화혼양재' 등의 논리적 전개로 읽힌다. 즉, 메이지유신으로 표상되는 '근대화'가 일방적인 서구화가 아니었다는 시각을 드러낸 것이라 할 수 있다.

해외 정세 파악에 힘썼다는 항목에서는 사쓰마번의 지정학적 위치를 논하면서 식견이 넓은 군주의 존재를 부각시키고 있다. 그러면서 해외 정보 수집의 매개가 된 류큐[琉球]를 언급하면서도 그것이 사쓰마번의 침략과 정복의 역사라는 사실은 소거되었다. 이것은 현 일본 정부의 메이지 150년에 대한 인식[13]에서 아이즈[會津]번 등 이른바 '패자의 메이지유신'에 대한 시각이 사라진 것과 일맥상통하는 것이며, '한없이 밝은 메

사들의 고뇌' 참조.

13 아베 수상은 2015년 8월 12일 고향인 야마구치현[山口縣]을 방문한 자리에서, 이곳이 메이지유신을 지탱하였으며 그 뒤로도 다수의 수상을 배출하였음을 강조하며, 메이지유신 50년 뒤에는 데라우치 마사타케[寺內正毅]가, 100년 뒤에는 사토 에이사쿠[佐藤榮作]가 수상이 되었다고 말하면서, 자신이 "야마구치현 출신의 여덟 번째 수상으로, 잘 하면 유신 150년 뒤에도 야마구치현 출신인 아베가 수상이 된다."고 하였다. 『産經ニュース』 2015. 8. 12. 또 올해 연두소감에서는 "식민지 지배의 파도가 밀려오는 위기감과 함께" 메이지 일본이란 새로운 국가가 창출되었다고 전제하면서, "국난 극복을 위한 근대화를 일시에 밀어부"친 결과 일본이 독립을 유지했다고 메이지유신을 평가한다. 아울러 올해를 "실행하는 1년"으로 "새로운 국가 창출을 향하여" 강한 개혁을 추진하겠다고 하였다. 여기에는 현 일본 정부의 메이지유신에 대한 시각이 고스란히 담겨 있다. https://www.kantei.go.jp/jp/98_abe/statement/2018/0101nentou.html

이지'[14]라는 시각만이 전제되고 있음을 알 수 있다.

또 하나 이런 시각을 엿볼 수 있는 것이 바로 세이난전쟁에 관한 기술이다. 전쟁 당시 '사이고당'과 입장을 달리하며 중립을 지킨 시마즈 가문의 민중에 대한 우려(78쪽)와 이후 전쟁 때문에 메이지 신정부의 개혁이 다른 지역보다 늦게 시행되었음을 지적하는 내용 외에는 특별한 언급이 없다. 전자는 시마즈 나리아키라를 이상적인 군주로서 평가하는 문맥과 닿아 있다. 그러나 가고시마 지역의 개혁이 뒤처진 것은 전쟁 때문만이 아니라 폐번치현 이후에도 구풍이 강하게 남아 있던 지역적 특성이 주요 원인이었다.[15]

니가타[新潟] 출신으로 1889년에 가고시마의 에이신[盈進] 심상고등소학교에 부임한 혼푸 야스시로[本富安四郎]는 관칠기에서 "가고시마시의 일부 상인을 제외하면 평민은 재산도, 지식도, 세력도 없는 정말로 불쌍한 상태이며, 사족과는 커다란 격차가 있어서 쉽게 섞일 수 없다. 번정이 사라진 지 20년이 지나 (다른 지역에서는) 사족과 평민은 호적상으로만 구별되지만, 사쓰마에서는 여전히 봉건 천지이다. 메이지유신 후 십 수 년이 지났지만 여전히 사족이 의원과 공무원 등 공직을 점하면서 지역에서 지도자 역할을 하고 있다."[16]고 적고 있다.

14 이처럼 '밝은 메이지 시대'라는 관점은 일본의 각 지자체에서 행해지는 근대문화유산 복원과 활용에 있어서도 명확히 드러난다. 김선희(2018. 8), 「도심 재생에 있어 '근대문화유산' 활용에 관한 고찰-인천과 요코하마를 중심으로」, 『일본학보』 116집, 216~217쪽.

15 "가고시마현은 폐번치현 이후에도 구번 시대의 풍조가 남아, 반정부 기운이 강하였다. 본격적인 근대화는 세이난전쟁 후 시작되지만 전시부터 수년에 걸쳐 콜레라가 만연하는 등 전후의 부흥이 곤란하였다." 『요미우리신문』, 1878. 2. 14.

16 『薩摩見聞記』 東洋堂支店, 1898, 35~37쪽. 이 밖에도 책 곳곳에서 가고시마 지역의 봉건성

전쟁과 역병은 지역 부흥을 더디게 한 걸림돌이었지만 사쓰마번에 구풍이 강하게 남아 있었던 것도 메이지 정부가 추진했던 '근대화'를 더디게 한 주요 요인임이 틀림없다. 그런데도 가고시마현이 홍보하는 메이지유신 150년의 스토리에는 사쓰마의 구풍에 대한 언급은 찾아볼 수 없다. 오히려 사쓰마의 역사와 그 우수성을 강조하면서 근대화에 공헌한 다수의 기술자들이 배출되었다는 '근대의 맹아론'을 연상케 하는 시각만이 두드러져 있다.[17]

가고시마현이 자랑하는 집성관 사업은 번주 시마즈 나리아키라가 자신의 별저(別邸)가 있던 센간엔[仙巖園]에 반사로(反射爐)를 만든 데서 시작되었다. 2015년에 세계문화유산 메이지 일본의 산업혁명 유산에 등록된 구집성관은 일본 최초의 서양식 공장군이다. 자료집에는 반사로 건조에 조선 도공들의 기술이 사용되었다고 하는데, 이들은 임진왜란 당시 끌려온 사람들이었다. 이러한 침략의 역사는 "오래전부터 아시아와 교류가 활발했던 사쓰마"(87쪽)의 역사와는 전혀 다르게 포장되고 있다. 이 같은 서술은 역사 '왜곡'이라기보다 오히려 전쟁에 대한 그들의 인식을 알려주는 실마리로 볼 수 있다.

자료집 제3장에는 여성의 역할을 어머니와 아내의 역할로 한정하여 언급하는데, 양자의 공통 덕목은 '강한 어머니 · 강한 아내'이다. 가계를

과 무사의 기질이 강한 인민들의 기풍에 대해 서술하고 있다.

17 예를 들면 "집성관 사업에서 가고시마의 우수한 재래 기술은 불가결한 존재였다.… 메이지 일본의 산업혁명 유산군의 구성 자산으로서 2015년에 세계문화유산에 등록되었다. 그 의의는 가고시마의 근대화가 서양을 흉내낸 것이 아니라 오랜 기간에 걸쳐 이 땅에 축적된 기술과 사람들의 끊임없는 노력의 결과였음을 증명하고 세계적으로 인정받았다는 것이다."(87쪽)와 같은 서술에는 그런 시각이 명확하게 드러난다.

위한 갖가지 부업을 마다하지 않고, 사사로운 정이 개입할 여지를 두지 않는다. 또 무사의 기풍이 유독 강한 사쓰마였던 만큼 여성 역시 전쟁을 무사로서 용맹을 시험하는 '기회'로 인식하는 서술도 곳곳에 등장한다(95쪽).

제4장에서는 일찌감치 해외로 눈을 돌린 사쓰마번의 인재 육성에 대한 노력과 전통 교육을 강조하고 있다. 사쓰마는 영국과의 전쟁 이후 1865년 영국으로 19명의 유학생을 파견했는데, 개중에는 미국으로 건너가 훗날 '와인왕'으로 불린 나가사와 가나에[長澤鼎]를 비롯하여, 마치다 히사나리[町田久成]처럼 지금의 도쿄국립박물관 창설에 진력한 이도 있었다. 이 같은 사실을 바탕으로 "경제계를 리드하는 인재·문화와 교육에서 활약하는 인재"를 배출한 사쓰마라는 자부심을 드러냈다(113쪽). 향중교육은 사쓰마번 특유의 청소년 교육방식으로, 니세[二才]라고 불리는 연장자를 중심으로 문무를 연마하는 자치적 집단교육이다. 자료집에서는 향중교육이 추구하는 바를 무사도 구현으로 자리매김하고, 이러한 풍토가 메이지유신의 원동력이었다고 의미를 부여하고 있다(121쪽).

그러나 "사쓰마의 유신은 메이지 10년의 전쟁이다. 그때까지 사쓰마는 여전히 봉건 천지였다. 무(武)로써 선 나라다. 시로야마[城山]의 패전으로 관문을 처음 열어 세상을 보고, 세상의 진보에 뒤떨어졌음을 깨달았다."거나 "사회 진보의 조류와 전혀 관계없이", "사족과 평민의 간격뿐 아니라 평민과 신평민의 간격이 훨씬 크다."[18] 등 『사쓰마 견문기』를 보

18 本富安四郎, 앞의 책 41쪽. 뿐만 아니라 교육에 학령인구의 취학률이 다른 지역에 비해 크게 뒤떨어져 있으며, 신문·잡지 등의 발행부수도 전국 최하위라는 사실도 지적하고 있다. 41~45쪽.

면 '근대화에 선구적'이고, '향중교육을 통해 교육열이 높았던 사쓰마'라는 자료집의 스토리는 오히려 봉건적인 구풍이 여전히 강했던, (근대화에) 뒤처진 지역이라는 현실을 애써 가린 것이 아닌가 싶다.

이상과 같이 자료집에 보이는 일관된 시각은, '독특한 역사·지리적 환경에 처해 있던 사쓰마는 (페리 내항 전부터) 일찌감치 근대화의 필요성에 눈을 떠 갖가지 개혁을 행하였으며, 사쓰마의 훌륭한 전통과 맞물려 유신이란 위업을 이루는 주역이 되었다'로 정리할 수 있다. 바로 이 점이 유신을 기억하고 소비하는 가고시마현의 방식이다. 그러나 여기에는 과거 조선 침략이나 류큐 정벌 같은 일종의 'negative heritage[負の遺産]'는 완전히 소거되어 '국제 교류'로 탈바꿈되어 재등장하고 있다.

3. 사이고 다카모리에 대한 기억의 방식

이 장에서는 메이지 신정부 수립의 주역에서 반란의 주역이 된 사이고에 대한 가고시마현의 인식 및 평가뿐 아니라 선행 연구와 대중문화에서 어떠한 방식으로 소환되고 있는지 살펴보고 그 의미에 대해 고찰하겠다. 그리고 사이고에 대한 '기억'을 통해 일본인들이 품는 메이지유신에 대한 인식의 일단을 읽고자 한다.

1) 가고시마현이 기억하는 사이고 다카모리

2018년 1월부터 방영하고 있는 NHK 대하드라마 〈세고돈〉은 이른바 유신삼걸로 일컬어지는 사이고를 주인공으로 하는 드라마이다. 1월 7일 제1화가 방영된 이래 높은 시청률을 자랑하며 인기를 구가하였다. 가고시마현은 시내에 세고돈 대하드라마관을 설치하여 각종 메이킹 영상을 상영하고 있으며, 유신후루사토관에서 남주(南洲)묘지를 잇는 관광코스를 운영하는 등 사이고 홍보에 열을 올리고 있다.[19] 이 밖에도 거리의 광고판이나 서점에는 사이고와 관련된 것들이 넘쳐날 뿐만 아니라 그를 모티브로 한 각종 토산품과 술도 등장하며 가고시마현의 대표상품이 되었다.[20] 공익 재단법인 사이고 남주현창회(西鄉南洲顯彰會) 역시 드

〈그림 3〉 산음본선 열차 내 광고. 아래쪽에는 '세고돈의 고장 가고시마에'라 쓰여 있다.(필자 촬영, 2018. 11)

19 가고시마현 관광사이트 http://www.kagoshima-kankou.com/course/52422/

20 삿포로맥주는 이 지역의 메이지유신 150년 기념사업을 응원한다는 취지를 밝히면서, 가고시마현의 로고와 사이고 얼굴을 디자인한 캔맥주를 한정판으로 제작하여 작년 11월부터 규슈를 중심으로 판매하기 시작했다. http://www.sapporobeer.jp/news_release/0000021745/

〈그림 4〉 시내 서점에 걸린 사이고 초상화.

라마를 앞세워 남주유훈학습회(연 10회), 세고돈 사적 탐방, 작문대회, 기관지 『경천애인』 발행(2천 부), 세이난전쟁을 생각하는 여행 등 각종 사업에 박차를 가하고 있다.[21]

다양한 관광 상품으로 나타나는 사이고는 지역에서 어떻게 기억하고 있을까?

이에 대한 단초를 가고시마현 공식사이트에서 찾아볼 수 있다. 가고시마현의 관광사이트인 가고시마노타비(かごしまの旅)[22]에서는 사이고를 다음과 같이 소개하고 있다.

가고시마가 배출한 막부 말기의 영웅으로 "유신삼걸로 꼽히는 VIP"이며, 마음씨가 곱고 힘이 센 사람이다. 당시 많은 이들은 대포를 실은 외국 군함이 출몰하자 막부가 쇠퇴하여, 평화로운 세상을 지키기 어렵다는 불안감을 가졌다. 그러자 "모두 함께 새로운 일본을 만들자"며 도사[土佐]의 사카모토 료마[坂本龍馬]와 조슈[長州]의 기도 다카요시와 손을 맞잡고 군대를 정돈하여 막부군을 궁지에 몰아넣었다. 그러면서 막부군의 가쓰 가이슈[勝海舟]와 회담하여 "에도를 전화(戰禍)에서 구한 자비심 넘치는" "진짜 영웅"이다. 사이고의 높은 인기는 그가 가진 담대함 때문이

21 http://saigou.jp/

22 http://www.kagoshima-kankou.com/feature/toribia/saigo

다. 영웅이 되기 전 두 번의 자살미수와 두 번의 유배를 거치면서 "나에게 남겨진 사명이 있어 하늘이 목숨을 구해 주었다. 사랑하는 가족을 위해, 가고시마를 위해, 일본을 위해 목숨을 건다."고 하며, 나라를 움직일 커다란 에너지를 분출하였다. 그가 "비참한 최후"를 맞이한 이유는 그의 좌우명인 '경천애인'에서 찾을 수 있는데 이것은 "자신을 좋아해 주는 사람이 있는 한 그들을 위해 진력하여 죽는 것"이며, 이를 "천명으로 여겨" 일관되게 살았기 때문이다.

이처럼 가고시마현이 소환하는 사이고의 스토리에는 당대부터 형성된 진정한 일본혼을 가진 무사로서, 도량이 넓어 인간미가 넘치는 인물로서, 메이지유신이라는 빛나는 과업을 이룩한 영웅의 이미지를 유감없이 드러난다.

이러한 인식은 언제부터 형성되었을까? 또 이것은 가고시마 지역만의 인식일까?

사이고에 대한 일본 사회의 인식에 큰 영향을 끼친 것은 후쿠자와 유키치[福沢諭吉, 1834~1901]나 우치무라 간조[内村鑑三, 1861~1930] 같은 근대 계몽지식인들의 평가였다. 현대에 들어와서는 이른바 '시바 사관'이라 불리는 역사관으로 대중의 역사인식에 광범위한 영향을 미친 '국민작가' 시바 료타로[司馬遼太郎, 1923~1996]의 평가를 들 수 있다.

사이고에 대한 대중의 인기는 당대부터 시작되었다고 할 수 있는데, 그의 '영웅 스토리'가 인기를 끌었던 이유는 무엇일까? 다음에서는 사이고에 대한 여러 논자들의 평가를 살펴보겠다.

2) 대표 지식인 3인이 평가한 사이고 다카모리

메이지기 대표적인 계몽지식인으로 발간하는 저서마다 베스트셀러를 기록하여 당대 사상계에 크게 영향을 끼친 후쿠자와의 평가를 보도록 하겠다.

근년의 다양한 사이고 관련 선행 연구에서 후쿠자와의 평가는 '긍정적'인 것으로 언급된다. 그가 사이고를 직접 언급한 것은 『메이지 10년 정축공론(明治十年丁丑公論)』(이하 『정축공론』)과 『야세가만의 설[瘦我慢之說]』[23]이다.

두 편의 짧은 글에서 후쿠자와는 전제정치에 대한 저항 정신을 강조하고 있다. 『정축공론』 서언에서는 전제정치가 행해지는 동안 저항 정신이 필요한 것은 "하늘과 땅 사이에 불이 있는 한, 물이 필요한 것과 마찬가지"(2쪽)처럼 지극히 당연한 것이라고 단정한다. 그리고 근래 일본의 상황을 "문명의 헛된 말에 속아 저항 정신이 점차 쇠퇴하는 것 같다."(2쪽)고 우려하며, 이를 구할 방법으로 문, 무, 그리고 돈을 들고 있다. 무로써 저항 정신을 피력한 우국지사가 바로 사이고이다. 일면식도 없는 사이고의 이야기를 글로 남기는 까닭을 "일본 국민이 저항 정신을 보존하여 그 기맥이 끊어지지 않게 하기 위한 작은 뜻일 뿐"(4쪽)이라고 한 데서, 후쿠자와의 지향점이 어디에 있는지 명확히 드러난다.

후쿠자와가 본론 첫머리에서 "유신 때는 훈공일등으로 고금에 비할 데 없는 충신이었으니 구스노키 마사시게[楠木正成]와 같고, 10년이 지나

23 본 자료는 게이오의숙대학 디지털콜렉션에서 열람할 수 있다. http://dcollections.lib.keio.ac.jp/ja/fukuzawa/a55/119

모반을 꾀하여 고금에 비할 데 없는 적신이 되어 오명을 천세에 남긴 것은 다이라노 마사카도[平將門]와 같다."(1쪽)고 언급한 대로, 당시 사이고에 대한 일반적인 평가는 유신의 유공자에서 적신이 되었다는 것이었다. 그러나 후쿠자와는 당시 미디어가 사이고에게 가한 모독과 비방이 지나치다고 지적하면서, 정부에게 잘 보이려는 얕은 수작으로 "신문기자는 정부가 기르는 개"(2쪽)라며 신랄하게 비판하였다.

사이고를 적신이라 칭하는 것이 부당한 이유는 "천자를 죽여 그 천위를 대신하려고 한 것"(3쪽)이 아니기 때문이며, '존왕'의 측면에서 보면 사이고는 예나 지금이나 달라진 것이 없기 때문이다. 따라서 세이난전쟁은 반역이 아니라 신정부를 향한 '저항 정신'의 표출이며, 그것은 인민자치의 권리를 위한 것이었다고 해석하고 있다. 더 나아가 세간에서 사이고를 "무인의 거괴(巨魁)"(7쪽)로서 문명의 적이라 평가하는 것에 대하여, 사족의 기풍을 중시한 것일 뿐 봉건제 유지를 지향한 것이 아니라고 변호한다. 오히려 "문명의 정신을 숭모한 사람이라고 해야 한다."(8쪽)고까지 주장한다.

또 사이고가 성공했으면 일본은 군사전제국가가 되었을 것이라거나 사이고의 거병이 모방범죄를 야기할 수 있다는 우려에 대해서도 후쿠자와는 바로 '문명'을 키워드로 하여 해석한다. 즉 전제정치를 싫어하는 것이 '문명화'된 인류의 인지상정이며, 개국 이래 천하의 시세가 입헌민정으로 가는 추세임과 동시에 이러한 흐름은 막을 수 없는 것이다.[24] 사이

24 "인류의 성질이 전제를 좋아하는데도 지금 정부 관료들이 이를 행하지 않는다면 마음으로 좋아하지 않아서가 아니다. 그렇게 하지 못하는 추세인 것이다. 사이고의 무리는 무인이라고 해도 이 추세에 알맞지 않겠는가. 개국 이래 일본의 추세는 입헌의 민정으로 나아가는 것

고의 반란은 일본 전국을 섬멸하거나 정부 전체를 전복하려는 것이 아니며, 문명의 대세로 볼 때 가능하지도 않다고 덧붙이면서, 이러한 문명의 진보에 대한 입장에서 후쿠자와는 가마쿠라 이래 막부에 의한 무가정치를 "정리(正理)라고 할 수 없다."(16쪽)고 했다. 그리고 세이난전쟁의 원인은 이른바 메이지 6년의 정변이라 불리는 정한론을 둘러싼 정부 내부의 분열이며, 조선 정벌을 반대한 정부가 대만 정벌을 허한 것은 모순이라고 지적하면서, 폐도령(廢刀令) 등 일련 정책의 시행에 따른 사족의 불평에 대해 전혀 신경 쓰지 않은 실책으로 전쟁 발발을 방기한 정부의 책임이 크다고 지적했다.

이상과 같은 후쿠자와의 입장은 1877년(메이지 10) 5월에 쓰여진 『구번정(舊藩政)』에 드러나는 막부정치에 대한 신랄한 비판이나, 그보다 조금 앞서 저술된 『학문의 권장』의 제4편 「학자의 직분을 논함」에서 강조한 사립(私立)의 정신[25]과 같은 문맥으로 볼 수 있다.

후쿠자와는 글의 마지막에서 "사이고는 천하의 인물이다. 일본이 좁은 나라라 하여도, 국법이 엄하다고 하여도 어찌 한 사람을 포용할 여지가 없겠는가. 일본은 하루아침의 일본이 아니다. 국법은 만대의 국법

으로서 그러는 과정에 갖가지 사변이나 문제점이 있겠지만 대세의 흐름은 멈추지 않으니, 계절이 점차 추워졌다가 또 더워지는 것처럼 멈추려고 해도 멈출 수 없다." 『明治十年丁丑公論』, 10쪽.

25 후쿠자와는 사립의 실례를 들면서 법률, 경제, 학술 등이 각기 속한 곳으로 돌아가 국민과 정부가 힘의 균형을 이뤄야 하며, 학자는 사립의 입장에서 일해야 함을 강조한다. 이는 메이지 초기 계몽지식인들 사이에서 벌어진 지식인 논쟁의 발단이 되기도 하였다. 이후 학자의 직분 논쟁은 『명륙잡지』 지면에서 활발하게, 그러나 후쿠자와의 의도와는 다른 방향으로 진행되었다. 당시 지식인 논쟁의 흐름에 대해서는 나카무라 슌사쿠 지음·김선희 옮김(2010), 『에도 유교와 근대의 지』, 선인, 61~78쪽 참조.

이 아니다. 훗날 이 인물을 등용할 때가 있을 것이다. 이 또한 안타깝다."(39~40쪽)고 탄식했다. 문명의 대세에 따라 수립되었으면서도 민의에 귀 기울이거나 언로를 열어주지 못하는 신정부의 잘못된 처사를 비판하면서 사이고라는 인재를 수용하지 못하고 '적신'으로 비판하는 세태를 한탄했다.

한 가지 흥미로운 사실은 후쿠자와가 이렇게 재구성한 사이고에 대비되는 인물로 가쓰 가이슈를 언급하면서 신랄하게 비판하는 논리 구성이다.

"나라를 세우는 것은 사사로우며, 공적인 것이 아니다."(1쪽)라는 일견 역설적인 문장으로 시작하는 『야세가만의 설』에서 후쿠자와는 "강자와 약자가 대적하여 적어도 약자가 지위를 지키기 위해서는 오로지 오기로 버티는 수밖에 없다."(5쪽)고 강조하며, 국가 수립 시 특히 외국 열강의 세력이 밀려오는 엄혹한 현실에서 '오기로 버티는' 인민의 정신을 강조한다.[26]

그리고 이 같은 '사풍(士風)'은 고래로부터 전해 오는 '일본혼'과 이어져 있다. 후쿠자와는 병든 부모를 간병하는 자식을 예로 들면서, 아프고 고통스러워해도 부모의 임종을 마지막까지 늦출 것인지, 아니면 모르핀 같은 약물을 주사하여 안락하지만 임종을 앞당길 것인지를 묻는다. "자식이 되어 생각하면 억만 중에 일의 요행이라도 부모의 죽음을 재촉하는 것은 정에 있어 차마 하지 못할 일이다."(4쪽)라고 자식된 도리라면 마

26 이 같은 주장을 하는 후쿠자와를 무사로서 또 약육강식의 현실 세계에서 '철저한 리얼리스트'로서 파악하는 연구서도 나왔다. 渡辺利夫(2016), 『士魂 福沢諭吉の真実』, 海竜社 참조.

땅히 전자를 택해야 한다고 강조한다. 따라서 막부의 신하로서 끝까지 싸우지 않고 포기해 버린 가쓰 가이슈나 에노모토 다케아키[榎本武揚]는 후자에 해당하며 '충신은 두 군주를 섬기지 않는다'라는 충성을 다하지 못한 인물로 비판받아 마땅하다. 전쟁을 피할 방도를 생각하는 강화론자는 "수백 년, 수천 년을 길러 온 우리 일본 무사의 기풍을 망가뜨리는"(8쪽)것이며, '오기로 버티는' 정신이 없는 것이다.

이 같은 맥락으로 보면 후쿠자와가 사이고 다카모리를 높게 평가하는 것은 정부군과의 승산 없는 싸움에서 일본 무사로서의 기풍을 마지막까지 지켰기 때문이다. 『정축공론』에서 저항 정신을 보여 준 '진정한 문명론자'로서의 사이고 평가와도 일견 일관되어 보이지만, 그 안에는 문명과 (무사의) 일본혼을 바로 연결시키는 또 다른 논리 구조가 보인다. 다시 말하면 후쿠자와는 문명사회라면 반드시 갖추어야 할 저항 정신을 강조하는 문맥에서 무사로서의 사풍으로 정부에 '저항한' 인물로서 사이고를 평가하고 있지만, 동시에 부모에 대한 효도는 군주에 대한 충성으로 자연스럽게 연결되며 고대 이래 일본의 고유한 정신으로서 '일본혼'은 글 곳곳에서 강조되고 있다.

그런데 고래로 전해 오는 '일본혼'의 실체가 무엇인지 뚜렷하게 드러나지 않기도 하지만, 일본 역사상 무사들의 '사풍'이 권력에 대한 저항으로서의 문명정신과 등치되어 해석될 수 있을까?

사이고에 대한 후쿠자와의 평가에 숨어 있는 이 같은 논리적 모순은 사라지고[27] 앞에서 인용한 "천하의 인물"이라는 한 구절만이 회자되면

27 이러한 후쿠자와를 어떻게 평가해야 할까? 메이지 정부로부터 정부를 대변하는 홍보지의

서, 사이고에 대한 긍정적 이미지에 힘이 실렸다고 여겨진다.

우치무라는 막부 말 변혁기에 무사에서 기독교도로 변신하여 무교회주의를 제창하면서 사회운동을 이끈 사상가이다. 그가 남긴 『대표적 일본인(代表的日本人)』은 그의 영문 저서 *Representative Men of Japan by Kanzo Uchimura*를 번역한 것이다.[28] 그는 이 책에서 일본을 대표하는 인물로 사이고, 우에스기 요잔[上杉鷹山], 니노미야 손토쿠[二宮尊德], 나카에 도주[中江藤樹], 니치렌[日蓮] 등 5인을 꼽으며, 그들의 생애를 소개하고 재해석했다. 서문에서 저술 목적을 분명히 밝히고 있는데 "맹목적 충성심과 애국심을 배제하고, 일본의 국민성을 올바르게 평가하는 데 도움을 주고자"(5쪽) 하는 것이며, 자랑스러운 선조들은 자신의 선배이자 자신의 과거로서 동일시하고 있다.

사이고에 대한 우치무라의 평가에 앞서 그의 메이지유신관이 직접 드러난 부분을 보자. 그는 일본이 대양과 대륙으로 격절된 것은 "자애로운 섭리"이며, 이른바 '쇄국'은 "순수한 자기방어의 본능"이라는 일본론을 펼친다. 그리고 메이지유신은 "서로 다른 두 문명의 양식을 대표하는 두 민족이 상호 명예를 훼손하지 않는 멋진 교제를 이루게" 된 것이라고 평가하고 있다. 즉 "전망적 서양"과 "회고적 동양"을 대비시키면서 양자의 동등하고 올바른 관계를 위하여 세계와 만나야 함(개국의 필요성)을 강조

발행을 부탁받아 여러 원조를 받기도 한 후쿠자와의 행적을 보면, 어떠한 입장에서도 자신의 의견을 '자유자재로' 피력하고 행동한 '미디어인'으로 볼 여지도 충분할 것 같다. 막부 말 유신기의 급변하는 사회 변동기에 정치권력과 저널리즘의 관계를 논한 연구로는 有山輝雄(2008), 『「中立」新聞の形成』 世界思想社 참조.

28 鈴木俊郎譯, 岩波文庫, 1941(초판), 1971(27쇄).

한다. 이런 시각에서 페리의 내항은 "세계에 일찍이 나타난 최고 우인(友人)의 한 사람"이 일본을 찾은 것으로, 외부의 기독교 신도와 내부의 경천애인 장군의 만남으로 서양과 일본의 조우를 예찬하였다(18~20쪽).

그에게 메이지유신은 "모든 건전하고 영속적인 혁명"이며, "신이 정의라 정해 놓은 필연"이었다. 이러한 시각에서 사이고를 "일본인 중에 가장 폭넓은, 가장 진보적인 사람, 그의 교육은 완전히 동양적"(20~22쪽)으로 보았고, "신일본의 건설자"(17쪽)[29]로 평하였는데, 사이고가 양명학(양지=양심 · 인자 · 천리)을 지향했기 때문이다. 우치무라에게 양명학은 기독교에 가장 가까운 동양사상이며, "양명학을 윤리적으로 철저히 한" 사이고 사상의 핵심은 "통일 제국(왕정복고)", "동아정복(동방경략)"으로 대변되는 것이었다(22~23쪽).

양명학이 중요한 역할을 담당한 까닭은, 외교 문제에 무능한 "막부가 자기 보존을 위해 조성한 주자학과 다르"며(23쪽), 일본 유신사의 가장 큰 특징인 양명학에 기반한 혁명이라는 사실 때문이었다. 따라서 우치무라는 유신에서 양명학자 사이고의 역할을 되짚는 것은 "유신사 전체를 쓰는 것"이기도 하며, 사이고보다 뛰어난 메이지 지사들이 있었지만 "사이고가 없었으면 유신도 없었다."고 단정한다(26~27쪽).

사이고와 관계가 깊은 인물로는 시마즈 나리아키라와 후지타 도코[藤田東湖] 등을 꼽을 수 있다. 시마즈는 "영국 함대의 공격으로 손해를 입어 양이적 감정이 고양된 속에서도 프랑스인을 후대"하였으며, "전쟁이 필요하면 피하지 않았던 평화로운 신사"인 선각자였다. 후지타는 "훗날

29 1995년에 이와나미 문고에서 나온 鈴木範久의 번역본에는 '신일본의 창설자'라고 되어 있다.

내 뜻을 이을 이는 오직 이 청년뿐”(24쪽)이라며 일찌감치 사이고의 그릇을 알아본 사람이다. 우치무라는 사이고가 “문명이란 도를 널리 행하는 것에 보탬이 됨을 이르는 것이지, 장엄한 궁궐이나 아름다운 의복, 실속 없이 겉만 화려한 외관 등을 말하는 것이 아니”(35쪽)라고 한 것으로 그의 문명론을 강조했다. 그러면서 도=정의이며, “경천을 논하는 자는 정의의 숭경자”(45쪽)라고 사이고의 사상을 평가했다. 이러한 문맥 속에서 사이고의 동방경략은 당시 세계정세에서 필연적으로 발생한 것이 되며, 서구 열강에 비견하기 위한 영토 대확장과 국민정신을 지속적으로 진작시키는 적극적인 정책의 필요성을 주창한 것이다. 이는 “동아의 지도자로서 대사명”(32쪽)이었다.

이와 함께 정한론자 사이고에 대해서는 “정복 진쟁을 일으키기에는 너무나 도덕가”(32쪽)였다고 비호했다. 우치무라는 사이고를 “starter(출발 합도자)”이자 “director(방향 지시자)”(27쪽)라고 자리매김하면서도 “아녀자와 같은 지대한 연민이 강점”(31쪽)이지만 그것이 단점이 되어 추종 세력의 간청을 외면하지 못해 반란자가 되었다고 했다. 그러면서 “집안 대대로 전해 오는 바, 자손을 위해 좋은 땅을 사지 않았다.”[30]라고 하며, “근대 경제학의 눈으로 볼 때 이상하”겠지만 “솔로몬의 경제학, 솔로몬보다 큰 경제학”(40쪽)이라고 평했다. 또 도요토미 히데요시와 함께 일본 역사

30 우치무라가 인용한 시는 『西鄕南洲遺訓』 제5조에 나오는 「偶成」이란 시로, 전문은 다음과 같다. '여러 번의 고통으로 뜻이 비로소 굳어지고, 사내대장부란 옥처럼 갈릴지언정 시시한 기왓장이 됨을 부끄러워하나니. 집안대대로 전해 오는 바, 남들은 아는 지 모르는 지. 자손을 위해 좋은 땅을 사지 않는다(幾歷辛酸志始堅, 丈夫玉碎愧甎全, 一家遺事人知否, 不爲為兒孫買美田).'

상 가장 위대한 2인이라고 규정하면서, "대륙적 웅도를 품고 전 세계를 행동에 둔" 인물이라고 설명했다.[31] 그러면서 히데요시가 나폴레옹 같은 영웅이라면, 사이고는 크롬웰 같은 도덕을 겸비한 위대한 인물이며, "국민을 건전한 도덕적 기초 위에 재건"하고자 하였으며, 일정 부분 성공하였다고 평가했다(50~51쪽).

사이고에 대한 우치무라의 평가는 사실 그가 이상적으로 그리는 무사상을 반영한 것이었다. 우치무라 스스로 "내가 귀하게 여기는 두 개의 'J'가 있다. 하나는 'Jesus'이고, 하나는 'Japan'이다. 본서는 두 번째 'J'에 대한 나의 의무를 어느 정도는 다한 것"[32]이라고 한 데서 알 수 있듯이, 사이고를 서양의 문명을 접하면서도 그 영혼을 빼앗기지 않은 '순수한' 일본인으로 표상으로 삼았다. 기독교인인 우치무라는 보편적인 원리, 민족을 초월하는 신, 도, 정의 등과 같은 규범을 강조하면서 사이고로 대변되는 순수한 영혼의 무사도를 체현하는 '특수한' 일본인을 상찬한다.

그렇다면 이 둘 사이의 간극은 어떻게 해석될 수 있을까?

그것은 기독교와 증기기관으로 상징되는 보편 원리와 문명을 동시에

31 1911년 발행된 石原和三郎著他『地理歴史 朝鮮唱歌』(富山房)에는 한일강제병합을 정당화하는 47절의 창가가 실려 있는데, 4절의 가사는 '도요토미 히데요시의 원대한 계략, 사이고 다카모리 옹의 선견지명, 새로운 일본의 신판도로, 지금 우리 앞에 나타났네'이고, 인천 앞바다를 배경으로 사이고와 도요토미의 초상화가 삽입되었다. 우치무라의 평가에 영향을 받은 것인지 확신할 수 없지만, 적어도 당시에 히데요시의 조선 침략과 사이고의 정한론은 '대륙적 웅도'로 인식되어 보급되었다는 사실은 알 수 있다. 창가는 19세기 말부터 교과 과정으로 편성되어 정책적으로 널리 활용되었다.

32 수필「국화 향기(菊花熏る)」, 1921. 11.

들여온 서양에 대한 반어적인 비판으로 읽을 수 있다. 하지만 그런 '순수한' 일본인이 실체로서 존재하였는지는 여전히 미심쩍다.

'국민 작가' 시바 료타로는 1972년 1월부터 1976년 9월까지 「마이니치신문[每日新聞]」 조간에 대하장편소설 『나는 듯이[翔ぶが如く]』를 연재하며, 메이지 국가 건설에 진력한 인물로 사이고를 꼽았다. 그는 이 책[33]에서 사이고를 "짙은 눈썹, 번뜩이는 큰 눈"을 가진 "해적 두목과 같은 인상"의 소유자이자 "신정부의 청결함에 대해서는 까다로운" 인물로 평가했다. 또한 육군대장, 참의, 근위도독으로서 "문무 최고 권력자"이면서도 "생활은 질박하고 청아"한 인물로 그리며, 이 자체를 "무언의 정치 반란"으로 읽어 냈다(5쪽).

사이고의 정한론은 당시 조야를 막론한 러시아의 남하를 우려하는 상황에서 "잠들어 있는 조선에 메이지유신을 수출하라"는 여론의 우세 속에 "누기 없이 특명전권대사를 조선에 파견"하여 "조선이 개국에 불응하면 의(義)를 세계에 분명히 밝혀 출병"할 것을 사이고가 주장한 것으로 평했다(7~9쪽). 시바는 '정한'이란 용어를 '유신 수출'로 바꾸어 문명 전파의 한 갈래로 보았다. 또 세이난전쟁은 1876년 폐도령 실시로 "무사들의 마지막 자존심이 훼손"(22쪽)되어 사족이 봉기한 것으로, 이로써 "막부 말기의 풍운 속을 헤쳐 온 사쓰마 하야토의 후예들은 비상을 멈추었으며, 신국가 창업의 시기는 여기서 서서히 막을 내리려 한다."(60쪽)고 맺었다.

33 文藝春秋 編(1989), 『目でみる日本史「翔ぶが如く」と西郷隆盛)』, 文藝文庫.는 시바 료타로의 드라마 다이제스트판이라 할 수 있다. 본문의 인용은 이에 의한다.

여기에는 일명 '시바 사관'이 드러난다. 시바 사관이란 "역사소설가 시바 료타로[司馬遼太郎]의 일련의 작품에 나타나는 역사관"(『広辞苑第四版』)이라 풀이되는데, 그 핵심 내용을 요약하면 (자신이 제2차 세계대전 당시 전차 장교로서 복무한 경험을 중시하며) 메이지와 쇼와를 이항대립적으로 대비시켜, 봉건제 국가를 하루아침에 합리적인 근대 국가로 탈바꿈시킨 메이지 시대와 패전한 쇼와 시대를 암흑시대로 규정한다. 그는 다양한 작품 속에서 합리적인 메이지 인물을 주인공으로 내세워 메이지 시대를 밝고 활력 있게 묘사하였다. 이러한 시각의 시바 사관은 전쟁 이전의 모든 것을 악으로 부정하는 진보 사관이 주류였던 전후 일본에 새로운 시각을 제공하며 크게 유행하였다. 최근에는 시바 사관에 대한 비판의 목소리가 높아지고 있는데 이에 대해서는 후술하겠다.

시바는 사이고가 행동 철학으로 양명학을 중시했다며 그를 양명학자로 규정했다. 이 점은 우치무라를 계승하고 있다고 할 수 있다. 소설가 시바는 사이고의 '인간미'를 본인의 의지에 관계없이 세상 사람들이 만들어 내는 '자신'을 자각하는 '비운의 영웅'에서 찾고 있으며 이 점이 더욱더 큰 매력으로 발휘된다. 아울러 무사도를 체현한 인물로도 묘사하는데 사이고의 수하인 기리노 도시아키[桐野利秋]가 "사이고만이 내가 죽을 곳을 가르쳐 줄 것이다."라고 한 것이나, 마스다 소타로[增田宋太郎]가 "사이고와 하루를 만나면 하루만큼의 사랑이 생기고, 사흘을 만나면 사흘만큼의 사랑이 생긴다. 지금은 다만 선악과 생사를 함께 할 뿐이다."(52쪽)라고 평가한 것에 기인한다. 기리노의 말은 18세기 전기 무사들의 교양서인 야마모토 쓰네토모[山本常朝]의 『하가쿠레[葉隱]』 첫머리를 상기시키기도 하지만, 사실 우치무라가 강조했던 무사상이 시바에게도 그대로 수용된 것이다. 여기서 말하는 '무사도'는 『하가쿠레』의 무사상이라기보다는 니토베 이나조가 새롭게 창출한 "the soul of Japan"의 무사도에 가깝다.

시바는 진정한 무사상을 체현한 사이고 같은 인물이 배출된 까닭을 사쓰마만의 독특한 제도와 풍습에서 찾고 있다.[34] 이는 가고시마현이 발행한 자료집에서도 강조되는 향중교육이라는 청년 교육제도로, 시바는 상호대등한 교육이라 상찬하면서 이웃 국가나 다른 세계에서 보이지 않는 독특한 것이라 서술했다. 이는 '근대적 합리성을 갖춘 일본적인 특수성'이라는 문맥에서 그 우수성을 강조하는 것으로 읽을 수 있다. 시바 사관의 핵심은 바로 여기에 있다.

3) 교과서·신문·대중문화 속의 사이고 다카모리

이상의 논자들이 그리는 사이고의 이미지는 진정한 무사혼을 지닌 경천애인의 양명학자 리더로 정리된다. 당대 지식인들의 영향뿐만 아니라 대중적 인기는 세이난전쟁 후부터 계속되었다.

그러나 대부분의 근대 역사교과서에 그려지는 사이고는 정한 논쟁에서 패한 뒤 귀향하여 반란을 일으킨 인물로 묘사된다. "흉도"를 이끈 "적

34 시바는 여러 지면에서 향중교육의 특수함과 우수성을 상찬했다. 「남방풍속과 사이고의 난」 『文藝春秋12月特別增刊號 西鄉隆盛を知る』 文藝春秋, 2017. 10, 30~41쪽 참조. 이 수필은 시바가 소설 『翔ぶが如く』를 마치고 쓴 것이다.

괴"[35]라거나, "유신창업의 공을 자부하여 음으로 병력을 양성하고 조령(朝令)을 지키지 않"은 인물,[36] "하루아침에 조적이" 된 인물이다.[37] 다만 1892년에 간행된 『제국소사』(갑호, 1·2권, 야마가타 데이사부로[山縣悌三郎])에는 "뜻이 커서 조선까지 정벌할 것을 기획"한 것이며, 난을 일으킨 것은 그를 "신과 같이 숭경하여" 따르는 이들이 그를 앞세워 일으킨 것이라고 서술하고 있다.

메이지 30년대 이후의 역사교과서에는 극단적인 표현은 보이지 않으며,[38] 대부분 "정부가 하는 일에 불만을 품고" 또는 "막부 정치를 추회(追懷)하는 자들이 있거나 정부의 뜻을 오해하는 자", "정부에 물을 것이 있다고" 하여 난을 일으켰다고 서술하면서, 인물에 대한 특별한 평가 없이 천황을 중심으로 서술하는 경향을 보이고 있다. 즉 천황이 세이난전쟁 후 부상당한 관군을 위해 오사카 병원으로 행차했다든가, 사이고의 유신 공훈을 인정하여 특별히 적명을 해제하고 정3위를 내리는 등 천황을 은혜로운 인물로 부각시켰다. 이 같은 천황 중심의 서술 경향은 당시의

35 『신편 일본사략』 1~8권, 笠間益三, 1878·1881년 재판.

36 『정사 일본소사』 상·중·하, 大槻文彦, 1887.

37 『소학교용 일본역사』 전편 1·2·3권, 金港堂, 1893년 1월 발행·12월 재판, 1894 1월 검정.

38 검토한 교과서는 다음과 같다. 『소학국사』(전3권, 普及舍, 1900년 10월· 12월 재판), 『肥後史談』(辻武雄, 普及社, 1894년), 『소학일본역사』(1·2, 제1기 국정국사교과서, 문부성, 1903년 발행, 1904년 번각 발행), 『심상소학 일본역사』 1·2권(문부성, 제2기 국정역사교과서, 1909·1910년 번각 발행), 『심상소학 일본역사』(권1·2, 제2기 국정역사교과서 개정판, 1911년 발행, 번각 발행), 『심상소학 국사』(상·하, 제3기 국정역사교과서, 1920~1921년), 『심상소학 국사』(상·하, 제4기 국정역사교과서, 1934~1935년), 『소학국사 심상과용』(상·하, 제5기 국정역사교과서, 1940~1941년 간행), 『초등과국사』(상·하, 제6기 국정역사교과서, 1943년).

교과서 제도와도 관련된다고 생각된다.[39]

〈그림 5〉「鹿児島各縣西南珍聞 俗稱西鄉星之圖」

사이고는 당대 교과서에 적괴나 조적으로 표현되었음에도 대중에게 큰 인기를 끌었다. 〈그림 5〉는 우케요에 화가인 바이도 구니마사[梅堂國政, 1848~1920]가 세이난전쟁 당시 남쪽에 나타난 크고 붉게 빛나는 별 속에 사이고의 얼굴이 보인다며 떠들썩했던 모습을 그린 것이다. 〈그림 6〉 역시 우키요에 화가인 우타가와 구니토시[歌川國利, 1847~1899]가 같은 내용을 그린 것이다. 당시 '사이고 별'이라고 회자되었던 별은 지구에 근접한 화성이었지만 민중에게 사이고가 어떻게 기억되고 있는지, 혹은 어떻게 기억하고자 했는지 단적으로 말해준다.

뿐만 아니라 시코쿠[四國]로 도망갔다거나 중국으로 건너갔다거나 인도양의 무인도에 숨어 있다거나 조선으로 망명했다는 설까지, 사이고

39 일본에서는 1872년 학제 공포 이후 교과서제도는 자유발행제, 인가제, 검정제 등을 거쳐 1903년(메이지 36)에 국정제로 바뀌어 1904년부터 패전까지 이어졌다. 일본의 근대 국가 성립 과정에서 국가주의 교육에 대한 연구로는 이권희(2017), 『국가와 교육 메이지 국민교육사』, 케포이북스 참조.

〈그림 6〉「流行星の珍說」

생존설은 세이난전쟁 후부터 다이쇼기에도 끊이지 않았다. 이 역시 대중의 높은 관심을 보여 주는 일화일 것이다.

『아사히신문』(오사카, 조간) 1879년 4월 17일 자에는 "죽은 공명이 산 중달을 도망치게 한 것은 한 번이었지만, 산사람의 간담을 서늘하게 한 것이 몇 번인지"라며, 4월 12일 가가와현[香川縣] 다도쓰[多度津]항을 출발하여 오사카 가와구치[川口]로 향하는 배의 승선명부에 사이고와 그의 수하인 기리노의 이름이 발견되어 소동이 일어났다는 기사가 실렸다. 이 밖에도 『아사히신문』에는 사이고의 묘소 사진이 대유행했다거나(1879. 6. 27), 초혼제가 거행되었다거나(1880. 1. 29), 사이고 신사 건립에 기부금 1만 800엔이 거쳤다는 소식(1880. 2. 1) 등이 이어지며 그에 대한 사회적 관심이 계속 이어졌다.

이에 더해 1882년 4월 6일 자에는 "지난 세이난전쟁 때 시로야마[城山]에서 이슬로 사라진 사이고의 분묘에는 가고시마 인민의 향화가 끊이지 않는다. 요즈음 폭도에 가담하였다가 항복하여 국사범(國事犯)이 된 자들이 징역을 마치고 속속 향리로 돌아가면 먼저 사이고의 묘를 참배하고 회구(懷舊)의 정을 돋우니, 용맹한 가고시마 사람들도 절로 눈물을 흘리며 묘전에서 비와 이슬을 맞아가며 상중(喪中)같이 밤샘하는 자들도 많다. 이들은 사이고의 메이지유신 훈공을 들어 신(神)으로 존숭하고자 한다는 조정에 애원하나 빈번히 논의 중이라 답만 돌아온다."는 기사도 이어졌다.

〈그림 7〉 관동대지진 지후 행불자를 찾는 종이로 뒤덮인 사이고 동상(출처:『震災畫報』)

'비운의 영웅'에 대한 향토 사람들의 애절한 마음은 1898년 12월 18일 도쿄 우에노공원에 그의 동상이 건립되며 명예 회복과 더불어 새롭게 규정된 사이고 이미지만이 남게 되었다.[40]

사이고의 영웅 이미지는 쇼와에 들어 더욱 강화되었다. 1930년대『아사히신문』에는 "근세의 영걸"(1937. 10. 8)로 상찬되었고, 1961년 10월 23일부터 가이온지 조고로[海音寺潮五郎]의 소설이 502회 연재되면서 그 인기는 더해갔다. 사이고 사후 1백 년을 맞이하여 시바 료타로는 "거대하고 다채로운 이미지"의 영웅으로 논하였으며(1977. 9. 22), 남주(南洲)신사에서 거행된 100주년 기념식 전에는 3천 명이 참배하기도 하였다(1978. 9. 22).

40 우에노공원의 사이고 동상은 유명한 장소가 되었다. 〈그림 7〉은 1923년 관동대지진 후 행방불명된 이들을 찾는 종이가 동상을 뒤덮은 모습이다. 宮武外骨(2013),『震災畫報』ちくま學藝文庫.

〈그림 8〉 사이고의 꿈을 소재로 한 글과 삽화[羽田富次郎, 『西郷隆盛夢物譚 上中』(多賀甚五郎, 1877)]

〈그림 9〉 일상복 차림의 사이고(『明治英名百詠撰』)

당시 민중의 관심을 알 수 있는 또 다른 소재는 우케요에[41]나 가부키 같은 대중문화이다. 가고시마현립도서관에 소장된 『세이난전쟁 니시키에[西南戰爭錦繪]』[42]에는 사이고군을 적수(賊首)·역적·폭도라고 쓰고 있지만 그 주인공은 엄연히 사이고군이다. 이는 어디까지나 검열을 피하기 위한 방법으로 사이고에 대한 대중의 인기를 짐작할 수 있다.

니시키에 중에서 '구육군대장 정3위 사이고 다카모리'라는 그림에는 "아아, 세상의 영웅이로다. 안타깝도다. 적장(賊將)이란 이름을 썼으니"라고 탄식하는 문구가 있다.

『사이고 다카모리 유메모노가타리[西郷隆盛夢物譚]』[43]에서는 사이고가 꿈에서 어린 아이에게 이끌려 "세계만천의 주재(主宰)"(4쪽)와 대면하여 세이난전쟁을 일으킨 것에 대해 자신의 오명을 씻을 기회라 여겨 해명을

41 이를 소재로 한 선행 연구로는 이키즈미 마사히로[生住昌大](2014. 5), 「西南戰爭と錦繪 : 報道言說の展開と明治10年代の出版會」, 『日本近代文学』 90호가 있다. 가고시마현립도서관 이외에도 국립국회도서관과 세이난전쟁미술관은 세이난전쟁을 소재로 한 우키요에를 온라인으로 공개하고 있다.

42 http://www.library.pref.kagoshima.jp/honkan/?p=505

43 山本園衛 編(1877), 『西鄕隆盛夢物譚』聚星館.

한다. 정부의 명을 받은 암살자를 체포하였다는 말에 주재는 '암찰(暗察)'을 암살로 착각한 것이라고 힐문한다. 또 『메이지 영명백영찬[明治英名百詠撰]』[44]은 메이지시대 유명 인물들을 삽화와 함께 소개하고 있는데, 군복 차림의 인물들과 달리 사이고는 일상복 차림으로 강아지와 놀고 있다. "적(賊)이란 오명"(8쪽)을 쓰게 된 사이고와 사쓰마군의 여러 인물도 등장한다. 소개 글에는 유신기의 공적에 초점이 맞춰져 있으며, 충효의정(忠孝義貞) 덕목을 갖춘 인물로 묘사되어 정부군을 소개하는 것과 차이가 없다.

세이난전쟁을 그린 가부키도 크게 흥행을 했다.[45] 1878년 2월 도쿄 신토미좌[新富座]에서 상연된 가와타케 모쿠아미[河竹黙阿彌]의 〈오키게노쿠모하라우아사고치[西南雲晴朝東風]〉는 화약을 사용하는 등 박력 넘치는 연출로 기존의 것과 차이를 보여 인기를 끌었다. 주인공은 사이조 다카모리[西條高盛]로 사이고를 빗대었으며, 도량이 넓은 사이고를 보여 주는 일화가 소개되었다. 사이고에 대한 대중의 높은 관심은 이렇게 다양한 새로운 스토리의 창작으로 나타났다.

대중문화는 특정 인물에 대해 일반인이 품는 이미지를 확립하고 굳히는 좋은 수단이다. 일본에서는 전근대에도 전쟁영웅의 서사를 담은 군기물의 인기가 매우 높아 다양한 형태로 소비되었다. 이러한 풍속 역시 사이고에 대한 다양한 창작물이 생산·소비되는 배경이라고 할 수 있다. 아울러 당대의 저명한 작가이자 최고의 지식인이었던 이들의 높은 평가

44 篠田仙果 編(1879), 『明治英名百詠撰』, 文泉堂.

45 세이난전쟁을 소재로 한 가부키가 대중매체로서 수행한 역할에 대해서는 우메타다 미사[埋忠美沙](2016. 6), 「西南に戰爭ける報道メディアとしての歌舞伎」, 『演劇が句論集』 62 참조.

도 일반인들이 친근함을 갖게 되는 데 일조하였다.

사이고를 주인공으로 한 대중문화로는 영화와 드라마도 빼놓을 수 없다. 대표적인 영화로 2003년 개봉한 에드워드 즈윅(Edward Zwick) 감독의 〈라스트 사무라이〉(2004년 한국 개봉)는 흥행에 성공하였으며, 전미비평가협회 선정 '올해 최고의 영화' 2위에 등극하기도 했다. 이 영화는 영국의 일문학 연구자인 아이반 모리스(Ivan Morris)의 『고귀한 패배, 일본사의 비극적 영웅들』[46]이 원작이다. 이 영화에서는 우리에게도 익숙한 와타나베 겐[渡邊謙]이 사이고를 모델로 한 가쓰모토 모리쓰구[勝元盛次]로 분했다. 여기서 그는 서양화 일변도인 정부에 대해 일본의 아름다운 전통을 지키려는 심지 굳은 무사로 등장한다. 톰 크루즈는 그에게 감화되어 정부군에 맞서 함께 싸우게 된다. 벚꽃 잎이 흩날리는 배경으로 칼을 뽑아 들고 적군을 향해 말을 타고 달려가는 모습은 일반인들에게 사무라이 이미지를 각인시키는 데 큰 영향을 주었다.

NHK 대하드라마 〈세고돈〉은 홈페이지에 "극빈한 하급 무사 세고돈이 남국의 아마미[奄美]에서 사랑에 눈뜨고, 가쓰 가이슈나 사카모토 료마 등과 만나 혁명가로 성장하여 메이지유신을 달성하는 이야기"[47]로 소개된다. 드라마 시작과 함께 이어지는 경쾌한 BGM과 광고 영상, 마치 큰 장어가 꿈틀거리는 것 같은 제목 글씨는 한없이 밝고 건강한 친서민적인 사이고 이미지를 창출한다. 원저자 하야시 마리코[林真理子]와 대본 작가는 "역사는 잘 모른다. 여성의 시점에서 썼다."고 밝혔다. 역사를 잘

46 齋藤和明 譯(1981), 『高貴なる敗北-日本史の悲劇の英雄たち』, 中央公論社.

47 https://www.nhk.or.jp/segodon/

모르면서 사극을 썼다는 발언이 흥미롭기만 하다.[48]

그렇다면 작가가 말하는 '여성적 관점'이란 무엇일까?

드라마 초반부에는 유배 중인 사이고가 사쓰마로 돌아가지 않고 아마미에 남겠다고 한 것이 사랑을 선택한 '남성다움'으로 묘사된다.[49] 반면, 내조자로서의 여성적인 이미지를 보이는 그의 아내 아이카나는 자살을 시도하면서까지 사쓰마로 돌아가 나라를 위해 큰일을 하라며 사이고의 등을 떠민다. 로맨틱한 남자와 그의 '애국적' 성공을 바라는 강인한 여성. 이는 영화 〈라스트 사무라이〉가 보여 준 사이고의 이미지와는 분명히 다르며, 2018년 새롭게 만들어진 사이고상이라 할 것이다.

4) 지금, 다시 등장한 사이고론의 의미

최근 일본에서는 메이지 150년 기념사업과 연동하여 사이고에 대한 서적이 쏟아져 나왔다.[50] 이 역시 메이지유신 '영웅'으로서 사이고의 인기를

48 그러면서도 작가는 이소다와의 대담에서 사이고가 정한론자라는 것은 완전히 오해이며, 무력 사용을 주장하여 '한국을 정벌하자'는 것이 아니었다고 강조한다. 『文藝春秋12月特別增刊號 西鄕隆盛を知る』, 文藝春秋, 2017. 10, 24~26쪽.

49 안자이 아쓰코[安西篤子]는 칼럼에서, 사이고가 연애를 잘하는 로맨틱함은 없었지만, 남편으로서 따뜻하고 믿음직하며, 가정에 헌신하는 가장이었을 것이라고 단언한다. 『文藝春秋12月特別增刊號 西鄕隆盛を知る』, 文藝春秋, 2017. 10,. 82~83쪽. 이 역시 특별한 사료적 근거 없이 작가적 상상력이 만들어낸 새로운 사이고상이라고 할 것이다.

50 서점가에서 눈에 띄는 것을 간추려 보면. 磯田道史 『素顔の西鄕隆盛』(新潮新書, 2018), 家近良樹 『西鄕隆盛 維新150年目の眞實』(NHK出版新書 536, 2017), 先崎彰容 『未完の西鄕隆盛: 日本人はなぜ論じ續けるのか』(新潮選書, 2017), 原口泉 『西鄕隆盛はどう語られてきたか』(新潮文庫, 2017), 町田明廣 『NHKカルチャーラジオ 歷史再發見 西鄕隆盛 その傳說と

반영한 것으로 볼 수 있다. 역사학자뿐 아니라 다양한 분야에서 사이고에 대한 평가가 이루어지는데, 이러한 '사이고론'의 논리 구성을 살펴보면 크게 두 가지 경향을 보인다. 하나는 사이고의 '영웅적' 면모를 강조하는 것이고, 다른 하나는 그에 대한 지나친 미화를 비판하는 입장이다(물론 전자가 압도적이다).

메이지유신의 공훈자로서, 또 신정부의 '적신'으로서 사이고에 대한 저서에는 '소안(素顔)'이나 '실상(實像)'이란 양면성을 드러낸 수식어가 붙는다. 동시에 사이고 자신의 저작이 없기 때문에 동시대의 다른 사람들의 기억이나 서간을 통해 그의 사상을 유추할 수밖에 없다.

여러 저서 가운데 히라구치 이즈미[原口泉]의 『사이고 다카모리는 어떻게 이야기되었는가[西郷隆盛はどう語られてきたか]』는 당대부터 현대까지 사이고 관련 문건을 소개하여 그 흐름을 이해하는 데 도움이 된다. 그는 서문에서 "전쟁 전 국수주의에 대한 반동을 짙게 보여 주는 사이고론, 좌익 이데올로기, 계급투쟁적인 시각에 의한 사이고 비판 등 시대 상황이 사이고 연구와 사이고론에 반영되어 왔다."(5쪽)고 지적하면서, 자신 역시 특별한 목적의식을 갖고 저술하였음을 고백하였다.

"일본뿐 아니라 세계적으로도 미래가 보이지 않는 시대, 역사적 발전 법칙이 보이지 않는 시대, 인간의 삶에 대한 지침이 보이지 않게 된 시대

實像』(NHKシリーズ ムック, 2017), 正論編集部 『別冊正論30號 明治維新150年－先人の智慧と氣概』(2017), 文藝春秋編集 『文藝春秋12月臨時增刊號 西鄕隆盛を知る』(2017), 宮崎正弘 『西鄕隆盛—日本人はなぜこの英雄が好きなのか』(海竜社, 2017), 澤村修治 『西鄕隆盛 滅びの美學』(幻冬舎新書, 2017), 落合莞爾 『日本教の聖者 · 西鄕隆盛と天皇制社会主義 － 版籍奉還から滿鮮經略への道－』(成甲書房, 2015) 등 다양한 분야의 저서가 간행되었다.

에 어떤 답을 발견하고 싶기 때문”(7쪽)이다. 즉 현대인이 직면한 문제의 해법으로서 사이고를 하나의 모델로 삼겠다는 것이다. 그는 다양한 출전을 토대로 동시대인들이 기억하는 사이고에 대해 정리하면서, 하지만 특별한 근거 없이 “유신 직후 정부의 방침에 위화감을 가진 사이고는 농업입국 등 자급성·지속성을 중시하는 독자적 국가 비전이 있었던 것 같다.”(18쪽)고 단정하면서 자신이 읽어내고 싶은 사이고를 발견한다.

기도 다카요시는 사이고의 단점에 대해 “충실하고, 욕심이 없으며, 과감하게 행동하였지만 당시 형세에 어두웠고, 전체를 보는 눈이 없었다.”(53쪽)고 말하였다.[51] 그가 학식이 부족했다는 것은 후쿠자와의 평가뿐 아니라 당대 여러 사람들의 입을 통해서도 확인된다.[52] 이처럼 당대 사람들이 언급하는 사이고는 도량이 솝고, 학식이 없어 정세를 보는 눈이 부족했지만, 무사로서의 아이덴티티만은 고수한 것으로 나타난다.

한 가지 흥미로운 것은 이 책에서 각 인사의 사이고에 대한 부정적인 언급에 대해 하라구치는 별다른 해석을 하지 않으면서도, 사이고의 손자 주코[從宏]가 사이고의 기본 사상을 “천리의 체득에 힘쓰고, 이상(理想)의 단행, 부정을 싫어하고, 사욕을 버리며, 약자를 돕는 정열과 성의, 극기로 도를 행하는 것”이라고 규정한 것을 언급하였다. 그러면서 “군인칙유 하사 이전의 사이고의 천황관은 충성과 존황정신은 강했지만 메이

51 원 출처는 다음과 같다. 『木戶孝允日記 第三』 1877. 11. 25, 東京大學出版會, 1967.

52 ‘글씨를 잘 쓸 뿐이지 학식이 없었으며, 작문을 못하였다.’(56쪽, 원출처는 市來四郎 「丁丑擾亂記」 『鹿兒島縣史料 西南戰爭 第一卷』 가고시마현, 1978), ‘사이고의 학문 방법은 널리 학문을 하는 것이 아니라 요령을 익히는 것을 제일로 한다. 박학다식을 위한 노력을 하지 않았다.’(63쪽, 원출처는 薩摩史硏究會編 『重野博士史學論文集 下卷』 雄山閣, 1939)

지기부터 쇼와 전반기처럼 천황을 신으로서 여기는 절대 신앙이 아니라 천의를 대행하는 지위에 있는 천황이 훌륭한 인물로 향상되기를 바라고 그 양육에 힘을 쏟은 것"이라고 해석한 것에 대해서는 "사이고가 지성과 덕성을 겸비한 천황의 진정한 '친정(親政)'을 꿈꾼 것"이라 평가하면서, "현재의 천황제를 생각할 때 중요한 관점을 제공하는 것"이라고 자신의 해석을 덧붙였다(86~88쪽). 즉, 하라구치는 저술 동기를 현재 일본의 상황을 개선하기 위해서라고 했지만, 그가 지향하는 개선이란 진보가 아니라 천황의 친정을 염두에 둔 '과거로의 회귀'를 전제하고 있는 것은 아닐까?

사이고의 삶에서 어떠한 원형을 찾고자 하는 사이고론도 보인다. 평론가 야마모토 시치헤이[山本七平]는 사이고를 "메이지 인물 중 사고와 행동 규범이 가장 현대적이지 않은, 근대화라는 개념이 전혀 없는, 오히려 도쿠가와적 유교도덕 완성 체계를 꿈꾸는 몽상가라는 의미에서 비서구형이자, 순일본적인 인물"[53]로 평가한다. 이 같은 평가는 비록 결은 다를지라도 일본혼인 무사도를 구현했다는 평가와 상통한다. '순일본'은 우치무라 간조가 말하는 J와 그다지 다르지 않다.

53 山本七平(1989), 「사이고 다카모리론」, 文藝春秋 編集, 『目でみる日本史「翔ぶが如く」と西郷隆盛』, 文藝文庫, 211쪽.

5) 사이고 유훈과 양명학자로서의 사이고론

사이고의 유훈이라고 하는 『남주유훈(南洲遺訓)』은 1870년 막부군에 섰던 쇼나이번[庄内藩]의 사카이 다다스미[酒井忠篤] 외 수십 인이 가고시마를 방문하여 사이고에게 들은 이야기를 기록한 것이다. 1889년 대일본제국 헌법 공포와 함께 사이고의 적명(賊名)이 해제되고, 정3위에 추증되어 명예 회복이 이루어지면서 그 이듬해에 산야 도타로[三矢藤太郎]가 편집하여 『남주옹유훈(南洲翁遺訓)』으로 발간되었다. 사이고 유훈집이 막부군으로 사쓰마번과 대립하였던 쇼나이번에서 제일 먼저 간행된 것은 '패자인 쇼나이번에 관대한 처분을 내려 감복하였다'는 이야기가 쌓여 사이고의 이미지 고양에 커다란 영향을 끼친 것으로 볼 수 있지 않을까?

1896년에는 사가[佐賀]의 사회사업가인 가타부치 다쿠[片淵琢]가 『사이고 남주선생유훈(西鄕南洲先生遺訓)』이란 제목으로 재차 간행하였다. 이 밖에도 일본 국회도서관 근대디지털라이브러리에 소장된 자료를 보면 히로시마, 오사카, 나가사키 등지에서도 발행되어 사이고에 대한 관심도를 짐작할 수 있다.

유훈은 41개조에 추가 2조, 기타 문답과 보유(補遺)로 구성되는데,[54] 양명학자인 야마다 세이사이[山田濟齋]가 1939년 편집하여 발행한 『사이고 남주유훈 부수초언지록급유문(西鄕南洲遺訓 附手抄言志録及遺文)』에는 유훈에 더하여, 사토 잇사이[佐藤一齋]의 『언지사록(言志四錄)』에서 사이고가 직접

54 산야본[三矢本]은 문답과 보유를 수록하고 있으나 가타부치본[片淵本]은 41개조만 수록하고 있다. 두 판본의 저술 경위에 대해서는 山田濟齋 편(1939), 『西鄕南洲遺訓 附 手抄言志録及遺文』, 岩波書店, 105~106쪽 참고.

101구를 뽑아 좌우명으로 삼았다는 『수초언지록』과 서간, 일화 등이 수록되어 있다. 유훈의 내용은 주로 위정자의 자세, 인재 등용, 개화정책의 방향, 국가의 재정과 외교, 천도와 사람의 도리 등이다. 이를 살펴보면 다음과 같다.

정치의 근본은 문을 일으키고, 무를 진작시키고, 농업을 권장하는 등 세 가지이다(3조). 서양의 문명을 받아들이는 것보다 더 중요한 것은 충군애국의 마음을 먼저 여는 것이다(10조). 정부의 책임은 도의와 정도(正道)를 다하는 것이며, 어떠한 사태가 발생했을 때 잠깐의 안일함을 위해 싸움을 두려워해서는 정부가 아니라 장사치[商法支配所]에 불과하다(18조). 또 정치의 기본 도리는 충효·인·교화이며, 천지자연의 도는 서양도 다르지 않다(9조). 서양과 다를 것이 없는 천지자연의 도이므로 강학의 목적은 경천애인이어야 하며, 수신하여 극기하는 것이 중요하다(21조).

천지자연의 도를 제각각 행하기 위해서는 하늘을 공경함에 그 목적이 있어야만 한다. 하늘은 타인도 나도 똑같이 사랑하기에 나를 사랑하는 마음으로 타인을 사랑해야 한다(24조). 그리고 사람이 아니라 하늘을 상대로 삼아 나의 성(誠)을 다해야 한다(25조). 그리고 요순과 공자를 예로 들며, 도를 행하는 데 존비귀천의 차별은 없다고 강조한다(28조). 사람이라면 성현(聖賢)이 될 것을 목적으로 삼아야 한다(36조). 목숨도 중요치 않고 이름·명예·돈도 필요 없다는 사람은 상대하기가 매우 어려운데, 이런 사람이 아니면 간난(艱難)을 함께 나누며 국가의 대업을 이루기 어렵다(30조). 이에 천하대장부의 참모습을 설파한 맹자를 예로 들고 있다. "천하의 넓은 거처에 거주하고, 천하의 바른 자리에 서고, 천하의 큰 도를 행하여 뜻을 얻어 등용되면 백성들과 그 뜻을 따르고, 뜻을 얻지 못하면 홀로 그 도를 행한다. 부귀도 그를 음탕하게 하지 못하고, 빈천도 옮기지 못하며, 위력도 굴복시키지 못한다. 이를 대장부라고 한다."[55] 여기에는 정한론 논쟁으로 관직을 버리고 고향으로 돌아온 사이고가 바라보는 현실정치에 대한 심경과 자부심이 엿보인다.

유훈 뒤에 추가된 문답은 처남의 조카인 기시라 신지로[岸良眞二郎]와 주고받은 것인데, 그중에서 "일의 추세와 기회를 아는 데 주의할 것이 무엇인가"라는 질문에 대해 사이고는 왕양명의 말을 인용하여 답하고 있다. 지혜와 능력은 타고 나는 것이니, "지식이 없더라도 깊게 생각함 없이 잘 알거나, 재능이 없더라도 그다지 공부하지 않아도 잘 알 수 있다(無知之知不慮而知無能之能不學而能)."란 말의 뜻은 모든 것이 마음이 하는 일이니, 마음이 분명해지면 지혜도 분명해진다는 것이다(문답 3).

선행 연구에서 종종 사이고를 양명학과 연결시켜 이해하고 있는데, 그 전거를 분명하게 들고 있지는 않으면서도 널리 회자되는 것에 주목해야 한다.[56] 앞에서 언급한 사토 잇사이의 책을 애독했다는 것이나 양명학자인 이토 모에몬[伊藤茂右衛門]와 친교가 있었다[57]는 것이 작은 근거가 될

55 『맹자』 「등문공 하」 居天下之廣居. 立天下之正位. 行天下之大道. 得志與民由之. 不得志獨行其道. 富貴不能淫. 貧賤不能移. 威武不能屈. 此之謂大丈夫.

56 쏟아지는 사이고 관련 서적은 역사학자보다는 역사평론가가 저술한 것이 많다. 『무사의 가계부』로도 잘 알려진 이소다 미치후미[磯田道史]는 사이고를 비롯한 역사 인물 및 역사 관련 방송 프로그램에 자주 등장하는 연구자이다. 그는 "사이고가 언제 어디서 양명학적인 사유에 도달했는지는 후지타 도코나 하시모토 사나이 같은 오피니언 리더와의 만남도 이유겠지만, 역시 근저에 철저한 인간평등관이 있었기 때문이라고 생각한다."고 하면서도, 사이고를 양명학자로 볼 근거에 대해서는 전혀 언급하고 있지 않다. 『素顔の西郷隆盛』, 新潮新書, 2018, 84쪽. 이 같은 서술에는 일본의 '독특한' 양명학 이해가 발견된다.

57 井上慶吉(1898), 『西郷隆盛一代記』, 報知社.

수 있겠지만, 이러한 맥락에는 유훈에 보이는 '경천애인'을 양명학과 연동하여 설명한 우치무라 간조의 서술이 큰 영향을 끼쳤다고 보인다.

소에지마 다카히코[副島隆彦]는 사이고의 전기로 유명한 가고시마현 출신의 가이온지 조고로[海音寺潮五郎]가 양명학과 사이고는 전혀 관계가 없다고 한 것을 비판하면서, "사이고와 양명학은 떼려야 뗄 수 없는 관계"[58]라 단정하며 그 근거를 우치무라에서 찾고 있다.

앞에서도 언급하였듯이 우치무라는 일본 유신사의 가장 큰 특징을 양명학에 기반을 둔 것이라 단정하면서 막부의 주자학과 대비시켰다. 또한 양명학의 키워드인 치량지(致良知)의 양지가 양심과 천리라고 해석하면서,[59] 이것을 양명학과 기독교로 연결시켰다. 이는 니토베 역시 마찬가지인데, 그는 무사도가 지식 자체를 목적으로 하지 않으며, "지식은 실천궁행과 동일시"되었으며, "왕양명의 저술 가운데 신약성서와 유사점이 많음은 쉽게 찾을 수 있다."고 주장한다.[60] 이소다 역시 주자학을 막부의 관학으로 상정하면서, 막부에 대항한 지사들이 양명학을 배워 혁명을 이루었다고 단정하고, 주자학은 수동적이며 양명학은 능동적이라고 대비시켰다.[61] 소에지마 역시 우치무라와 니토베의 주장을 그대로 받아들여 사이고를 양명학과 기독교 사상을 수용한 인물로 설명하면서, 그 근거로 유훈에 보이는 경천애인의 출처가 메이지기 계몽사상가로서 기독교 선교의 자유를 주장했던 나카무라 마사나오[中村正直]의 번

58 副島隆彦(2018), 『眞實の西郷隆盛』, コスミック出版, 22쪽.

59 우치무라 간조, 앞의 책, 18~19쪽.

60 矢內原忠 역(1938), 『武士道』 岩波文庫, 36쪽.

61 이소다, 위의 책, 82~83쪽.

역서인 『서국입지편(西國立志編)』(1871)이라는 사실에서 찾고 있다.[62]

이상의 선행 연구에서 사이고를 양명학자로 규정하는 것은 양명학과 기독교의 유사성을 논하는 맥락에서 발생했다고 보인다. 그의 핵심 사상으로 일컬어지는 경천애인에 대해서는, 하늘을 양지 혹은 심즉리(心卽理)의 맥락에서 보는지, 성즉리(性卽理)의 맥락에서 보는지에 따라 양명학적 입장인지 주자학적 입장인지를 알 수 있지만, 사이고 자신은 하늘이 뜻하는 바가 무엇인지 상세한 설명을 하지 않는다.

유학에서 경천애인이란 용어를 찾기는 쉽지 않다.[63] 다만 『시경(詩經)』 「대아(大雅)」편에는 '경천지노(敬天之怒)'라는 용례가 보이는데, 이는 자연현상을 포함하여 하늘의 운영을 경외한다는 뜻으로 풀이된다.

경천을 기독교와 연결시키는 데는 '천'을 천주로서 해석하기 때문이다. 그러나 인격적 초월신인 천주와 자연현상의 근원으로서 하늘은 차이가 있다. '애인'은 일반적으로 사용되는데, 약자로서의 민에 대한 '애민(愛民)' 관점이 중심이라 할 수 있다. 그렇다면 '경천애인'은 서학이 들어온 이후 유행하게 된 성어라고 볼 수 있다.[64]

양명학을 기독교와 연결시키는 시각은 사상 내용 자체가 아니라 양명학이 '지행합일'처럼 학문보다 실천을 중시한다는 점에서 양자가 상통함을 말하는 것으로 보인다. 그런데 기독교에서 경천애인은 타인에

62 소에지마, 위의 책, 14~45쪽.

63 경천애인을 한어대사전에서 찾아보면, '敬奉天命,愛護百姓'의 뜻으로 『元史 · 釋老傳 · 丘處機』(及問爲治之方, 則對以敬天愛民爲本)와 『明史 · 王竑傳』(陛下嗣位以來, 非不敬天愛民, 而天變民窮特甚者, 臣竊恐聖德雖修而未至, 大倫雖正而未篤)의 예시가 나온다.

64 井田好治(1983), 「敬天愛人の系譜 南洲と敬宇と康熙帝」, 『明治村通信』 155 참조.

대한 존중과 사랑의 의미뿐 아니라 신에 대한 절대적 순종과 헌신을 의미하기도 한다. 기독교와 양명학을 결합시킬 때, 인민의 입장에서 국가나 군주에 대한 경계와 비판, 나아가 정치적 저항은 발생하기 어려워 보인다. 또 무사도와 양명학이 결합할 때도 실천성과 동시에 순종과 헌신하는 방향으로 재구성되어 나타날 수 있다.

주의를 기울여야 할 것은 이 같은 양명학의 이해를 발생시킨 일본의 사상사적 문맥이다. 메이지기에 일어난 양명학 운동[65]에는 양명학을 기존의 '한학' 영역에서 '지나철학'으로서 바라보는 시각 변화를 배경으로 하여, 다카세 다케지로[高瀨武次郎]의 『일본지양명학(日本之陽明學)』(1891), 미야케 유지로[三宅雄二郎]의 『왕양명(王陽明)』(1893), 이노우에 데쓰지로[井上哲次郎]의 『일본양명학파지철학(日本陽明學派之哲學)』(1900) 등 제국대학 출신 학자들에 의한 양명학 연구의 영향력이 지대하였다.[66]

이들은 우치무라와 마찬가지로 유신의 사상적 기반으로 양명학을 언급하면서도, 기독교와의 연관성보다는 양명학의 철학적 특성에서 찾고 있다. 이러한 점에서 오규 시게히로[荻生茂博]는 일본의 '근대 양명학'에 대해 "근대 내셔널리즘 속에서 새롭게 출발한 일본의 '근대' 사상이자, 시대적 정신을 담아낸 작위적 정치언설이며, 근대 내셔널리스트들이 자신들의 현재적 실천 이상을 역사에 투영하여 창작한 테제로서 등장"하였

65 吉田公平는 일본에서 양명학 붐이 일어난 시기를 제1차 나카에 도주[中江藤樹]를 중심으로 하는 17세기 후반, 제2차 18세기 심학 유행기, 제3차 막부 말 유신기, 제4차 국민국가 건설기인 메이지 30년대로 나누어 양명학 운동기라 설명한다. 『日本における陽明學』, ぺりかん社, 1999, 5~24쪽.

66 水野博太는 이상의 제국대학 출신 학자들의 양명학 연구에 대한 특징 및 변화 양상을 소상히 추적하고 있다. 「明治期陽明學研究の勃興－井上哲次郎 『日本陽明學派之哲學』に至る過程」, 日本思想史·思想論研究會, 『思想史研究』 24, 2017. 12.

다고 주장했다.[67] 특히 명·청 교체 후 빛바랜 양명학이 일본에 계승되어 그 정수(精粹)를 발휘하게 되었다는 언설이 신해혁명 후에 많이 등장한다는 지적[68] 역시 주의해야 할 점이다.

요컨대 사변적인 주자학이 아니라 '실천 철학'으로서 양명학 연구가 일본 철학사의 한 흐름이자, 이것이 메이지유신의 사상적 토대가 되었다는 관점은 양명학과 기독교의 연관성을 인정하든 부정하든 공통되며, 이것이 일본적인 것, 일본인이 갖는 정신적 특성으로 이어져 논해지는 것이다.[69] 메이지기 지식인의 양명학 연구가 갖는 의미를 탐구하는 것은 매우 중요한 사상사적 과제이며 이에 대해서는 향후 연구를 기약하겠다.

그렇다면, 일본의 양명학 연구의 언설에서가 아닌, 사이고를 양명학과 연결시킬 수 있는 구체적인 지점은 무엇일까?

유후의 문답이 그 실마리가 된다. 문답 3에 인용된 '무지지지불려이지 무능지능불학이능(無知之知不慮而知無能之能不學而能)'은 명 말기의 양명학자인 유종주(劉宗周)의 『유씨인보(劉氏人譜)』에 나오는 구절이다.[70] 『사고전서

67 荻生茂博(2008), 『近代・アジア・陽明學』, ぺりかん社, 354~355쪽, 426쪽.

68 미즈노, 위의 논문, 69쪽.

69 국민도덕론의 필요성에서 유학의 언설이 소환되는 배경에 대해서는 나카무라 슌사쿠 지음·김선희 옮김, 『에도 유교와 근대의 知』, 선인, 2010, 참조. 나카무라는 일본인의 정신성을 논하게 될 때 등장하는 양명학의 흐름에는 근대에 가상(假想)되어 비대화되고 실체화된 것이며, 이 원류에 바로 이노우에의 저작이 있다고 지적한다. 中村春作(2007), 「近代の『知』としての哲學史－井上哲次郎を中心に」, 『日本の哲學 8 特集 明治の哲學』, 37~38쪽.

70 원문은 다음과 같다. 大哉, 人乎! 無知而無不知, 無能而無不能, 其惟心之所爲乎! [易]曰: '天下何思何慮! 天下同歸而殊塗, 一致而百慮. 天下何思何慮!' 無知之知, 不慮而知; 無能之能, 不學而能, 是之謂無善之善. 와세다대학 고전적 데이터베이스 소장. http://www.wul.waseda.ac.jp/kotenseki/html/bunko11/bunko11_d0036/index.html

총목제요』의 해설에 의하면, 유종주는 마음에 대해 논하는 양명학이 말류의 폐해를 고민하여 실천을 가르치는 학과목으로 삼았으며, 이 책은 즙산서원(蕺山書院)에서 강의할 때 지어서 학생들을 가르친 교재[71]라고 한다. 사이고가 인용한 부분은 유종주가 "아는 것이 없어도 모르는 것이 없고, 할 수 있는 것이 없어도 못하는 것이 없는 것은, 오직 마음이 그렇게 하는 것이다(無知而無不知, 無能而無不能, 其惟心之所爲乎)"에 대해 설명한 부분이다. 마음이 선천적으로 알고 있고, 선천적으로 할 수 있다는 것을 말한다.

유종주가 설명하는 가운데 말한 '불려이지(不慮而知)'와 '불학이능(不學而能)'은 모두 『맹자』 권13 「진심상(盡心上)」에서 양지를 설명할 때 한 말이다.[72] 이 말은 양명학의 기본 전거로 양명이나 유종주 등 양명학자들에게 널리 사용되었는데,[73] 유종주는 이 맹자의 말을 가져와서 '무지이무불지, 무능이무불능(無知而無不知, 無能而無不能)'를 '무지지지(無知之知)', '무능지능(無能之能)'으로 압축하여 말하고, 그것이 맹자가 말한 양지라고 말하고 있다. 그리고 '무지지지(無知之知)'와 '무능지능(無能之能)'이 '무선지선(無善之善)'이라고 말하고 있는데 '무선지선(無善之善)'은 양명이 마음의 본체는 '무선무악(無善無惡)'하다고 말하였던 것[74]을 가져와서 본체로서의 선

71 明劉宗周撰. 姚江之學多言心, 宗周懲其末流, 故課之以實踐. 是書, 乃其主蕺山書院時所述, 以授生徒者. 사고전서총목제요는 인문예술연구소에서 DB(구 선비정신과 풍류문화연구소)로 제공하고 있다.

72 人之所不學而能者 其良能也 所不慮而知者 其良知也.

73 양명의 사상을 아는 데 중요한 저서인 『전습록』 「答聶」 제1서에는 다음과 같은 문구가 있다. 是非之心 不慮而知 不學而能 所謂良知也 良知之在人心 無間於聖愚 天下古今之所同也.

74 『전습록』 하, 115, 無善無惡是心之本體 有善有惡是意之動 知善知惡是良知 爲善去惡是格物. 양명의 4언교는 양명학파 내부에서 큰 논쟁을 불러일으켰다. 시마다 겐지 지음 · 김석근 · 이근우 옮김(1986), 『주자학과 양명학』, 까치, 177~178쪽.

함, 곧 본래적이고 선천적으로 순선한 것이라고 말한 것이다. 따라서 사이고가 유종주의 말을 인용해서 설명한 것이라면 양명학적 의미에서 인간의 본래적 선함과 유교적 도리에 대하여 선천적으로 행할 수 있는 능력을 말한 것이 된다. 이 지점에서 사이고를 양명학과 연결시킬 수 있을 것이다.

그러나 유의할 점은 이러한 말이 근대에 일반 백성들을 대상으로 교육의 목적으로 사용될 때에는 백성들을 무지로부터 계몽시키거나 각성시키기 위한 목적이 아니라 국가가 요구하는 국민도덕에 저항 없이 따르도록 유도하는 국가주의적·전체주의적 폭력이 될 수 있다는 점이다. 일본 근대 양명학이 천황제 속에서 그리고 군국주의적 국가체제의 수립 속에서 어떻게 작용하였는지는 유신사와 관련되어 자리매김된 메이지기 양명학 연구와 함께 고찰해야 할 문제이다.

이상을 정리하면 메이지유신의 영웅 사이고 다카모리에 대한 기억은 그 주체가 제각기 처한 현실을 반영하면서도 현실을 극복하기 위해 소환되었다고 할 수 있다. 이러한 '사이고 현상'은 예를 들어 시바 사관에 찬성하든 반대하든 간에 모두 사이고를 지향한다는 데 그 특징이 있다. 또 서양인의 일본인론 속에 나타난 사이고 역시 일본인들이 자신들을 스스로 규정하는 데 또 다른 기제가 된 것으로 여겨진다.[75] 즉 일본인들 자신이 기대하는 사이고상과 등치되어 상승작용을 일으켰다고 생각한다. 이러한 영웅의 서사가 국민통합에 주는 효과는 지금도 계속되는 '사

75 예를 들어, アーネスト·サトウ, 坂田精一 譯(1960), 『一外交官の見た明治維新』 岩波文庫, 佐伯彰一·芳賀徹 編(1987), 『外國人による日本論の名著-ゴンチャロフからパンゲまで』, 中公新書 参조.

이고 현상'을 분석하는 유효한 시각이다. 사이고를 소환하는 일본 국민의 심리는 현재에 대한 불만보다는 불안함–다문화·고령화 사회 속에서 '일본적'인 것이 흐려지거나 사라지는 것에 대한 두려움이 사라진 대상에 대한 기억의 강박으로 전이된 것이다.

4. 맺음말–메이지유신 150년에 대한 물음

가고시마현 공식 홈페이지에 소개된 사이고 스토리는 현재 일본인들이 되찾고 싶은 하나의 노스탤지어일지도 모른다. 메이지 신정부에 대하여 최대의, 최후의 반란을 일으킨 장본인이나 정한론자로서의 사이고가 아니다. 여기서 사이고라는 역사적 인물의 소환 방식이 지향하는 바는 명백해진다. 바로 일본의 성공적인 근대화의 이면을 소거하고, 외세에 굴하지 않은 '강한 일본'의 기반을 다진 가고시마 출신의 위인이란 레토릭이 성립하는 것이다. 근대문화유산이 지역 활성화의 소재가 되는 것은 한국이나 일본 각 지역에서 이제 흔한 일이 되었다. 다만 지금까지 건축물 같은 유형(有形)의 자산이 중심이 되어 왔다면, 가고시마현의 메이지유신 150년 기념사업은 그야말로 '근대의 기억'까지 끌어모아 총체적으로 활용되고 있다고 볼 수 있다. 그리고 그것은 아베 정권이 내세우는 '강한 일본'을 위해 취사선택된 '기억'에 대한 지방정부의 응답이라 할 것이다. 가고시마 시내 시로야마를 배경으로 서 있는 육군대장 사이고 동상은 그 응답의 본질을 그대로 보여 주고 있다.

"일본인은 메이지유신에서 무엇을 창출하였는가?" 이렇게 묻는 오사와 마사치[大澤眞幸]는 일본 근대화의 최대 약점이 메이지유신 창출을 가져온 정통성 감각이 지속되지 못한 점이라고 하면서, 그 이유를 아시아·태평양 전쟁의 패배에서 찾고 있다.[76] 유신을 성공시킨 혁명 주체이자 승자로서 무사를 인정하는 순간, 국민으로서 일반화되지 못하고 혁명 후 소멸되었다는 모순이 발생한다고 지적하는 오사와의 말을 빌리자면, 사이고는 "혁명의 주체로서 승자와 패자가 일치하는"[77] 최적의 인물이다. 현재 갖가지 '불안' 속에서 상기되는 사이고에 대한 기억이란, 패자로서 사라진 사이고에 대한 기억이 아니라 승자로서 새로운 일본을 창출한 사이고를 기억하는 것이다. 이러한 바람은 사학과를 졸업한 청년 혼미[本間]가 기차에서 만난 노신사가 사이고는 죽지 않았으며, 같은 기차에 타고 있다고 '믿는' 것이나, "역사를 기록할 때에도 거짓 없는 역사를 쓰려고 하지 않는다. 다만 어디에도 있을 법한, 아름다운 역사를 쓸 수만 있다면 그것으로 만족한다."[78]는 마음과 일치한다.

그러나 '진정한 일본혼을 지닌 무사'로서의 사이고를 강조할수록 오

76 오사와 마사치(2018. 6), 「일본인은 저 혁명의 패자에게 공감하고 있다」, 『現代思想』 vol. 46-9, 11쪽.

77 오사와, 위의 책, 14~15쪽.

78 혼마는 아쿠타가와 류노스케[芥川龍之介]의 소설 『사이고 다카모리』의 등장인물로, 기차에서 만난 반백의 노신사에게 이끌려 '살아있는' 사이고 다카모리를 만난다. 그럼에도 여전히 사료에 기록된 것을 믿을 수밖에 없다는 혼마에게 노인은 이와 같이 대답한다. 이 짧은 소설은 처음에 잡지 『新小說』 제23년 1호(1918. 1)에 실렸다. 『芥川龍之介全集第二卷』ちくま文庫, 1986에 재수록.

사와가 지적한 메이지유신의 '모순'은 더욱 선명해진다. 그의 말대로 현대의 불안을 '무사도'의 에토스가 씻어 낼 수 있을 것인가에 대한 진지한 성찰 없이, 한없이 밝은 이미지의 메이지유신을 좇을수록 그 그림자 역시 커진다는 것을 기억해야 한다.

메이지유신에 대한 근본적인 문제 제기를 시도하는 하라다 이오리[原田伊織]는 삿초 사관을 기반으로 서술되어 온 역사를 비판한다. 삿초 사관의 가장 큰 문제점은 메이지유신을 절대시하여 찬양하는 것이며, 사이고나 료마 같은 이들이 국가의 비전에 대한 어떠한 청사진을 가지고 있지 않았음에도 영웅시된 것은 "유신지상주의자"인 시바 료타로가 보여 준 시바 사관의 '죄'라고 비판한다. 시바의 메이지 찬양은 그 자신이 '연속성을 잃어버린 시대'로 규정하는 쇼와 원년부터 패전까지의 역사의 그림자와 대비되는 것이다.

그러나 시바 사관을 비판하는 하라다 역시 "역사적 사실은 냉철한 것으로, 정면에서 마주해야" 한다면서도 "나 역시 곰곰이 생각해 보면 감정을 가지고 말하고 있다. 그 경우, 진부한 무가적 윤리관이 나의 감정의 축이다. 그런 입장에 비판이 가해진다 해도 나는 그것을 부끄럽게 여기지 않는다."[79]고 했듯이, 전쟁 동원을 체험한 시바가 꿈꾸는 "아름다운 일본"에 맞섰던 하라다의 "진부한 무가적 윤리관" 모두 '일본다운 일본'에 초점이 맞춰져 있으며, 이는 우치무라 간조의 J와 다를 바가 없다.

이러한 분위기에서 '정한론자'로서의 사이고는 자취를 감춘다.[80] 사이

79 原田伊織(2016), 『改定増補版明治維新という過ち－日本を滅ぼした吉田松陰と長州テロリスト』, 毎日ワンズ, 126~137쪽.

80 사이고 다카모리가 당나라 안진경의 최후에 자신을 빗대어 쓴 한시 '조선에 사신으로 가는

고를 '견한론자(遣韓論者)'로 간주한다 해도 '정한'의 본질에는 다름이 없으며,[81] 1873년 8월 17일 이타가키 다이스케[板垣退助]에게 보낸 서간[82]을

명을 받다(蒙使於朝鮮国之命)'는 사이고가 정한론자가 아니라 순수하게 '사신'으로 가서 외교 회담을 원한 것이었다는 문맥으로 활용된다. 시의 원문은 다음과 같다. 酷吏去來秋氣清 鷄林城畔逐涼行 須比蘇武歲寒操 應擬真卿身後名 欲告不言遺子訓 雖離難忘舊朋盟 胡天紅葉凋零日 遙拜雲房霜劍橫(혹서가 지나고 가을 기운 청명하니 계림의 성자락으로 서늘함을 좇게 되었네. 모름지기 한 나라 소무의 추운 겨울날의 정조에 비하고 진경이 죽은 뒤에 남긴 이름에 응해야 하리. 말하고 싶어도 말하지 않네, 남은 자식들에게 가르침. 비록 멀리 떠나지만 잊지 않으리, 그 옛날 벗들과의 맹세. 이국의 하늘 아래 붉은 단풍잎 떨어질 무렵 머나먼 운방에 절하네, 빛나는 칼을 옆에 두고. 번역 필자), 諏訪原研(2017), 『漢詩から読み解く西郷隆盛のこころ』, 大修館書店 수록.

81 이소다는 정한론을 부정한다고 하면서도 청일전쟁의 결과를 보면 만약 이른 단계에서 정한이 실행되었다면 신정부가 지지를 얻었을 것이라고 밝히고 있다. '정한'이든 '견한'이든 그 본질이 무엇인지는 이소다의 말에도 명백하다. 文藝春秋 編集, 『文藝春秋12月臨時增刊號 西郷隆盛を知る』, 文藝春秋, 2017, 26쪽. 또 하시카와는 사이고를 정한론자로서 일본의 대국 침략 사상의 원류로 회자되는 것은 서구의 일본 연구자 영향이라고 비판한다. 橋川文三 著, 『西郷隆盛紀行』, 朝日選書, 1985, 3~8쪽. 메이지기 정한론을 둘러싼 논쟁의 양상에 대해서는 石田徹, 「征韓論再考」, 『早稲田政治公法研究』65, 2000과 동 「非征韓論再考」, 『早稲田政治公法研究』 66, 2001 참고.

82 서간의 원문은 다음과 같다. "지금은 절대 전쟁을 할 때가 아니다. 전쟁에는 2단계가 있다. 지금 상황에서도 공법상으로 밀어붙이면 정벌할 도리야 있지만, (어디까지나) 도리상의 문제이지 세상 사람들은 이해하지 못한다. 지금은 전쟁할 뜻은 전혀 갖지 말고, 교린을 흐리게 한 책임을 묻고 또 지금까지의 불손함을 바로잡아, 우선 교린을 두터이 할 후의를 보여 주기 위해 사절을 보내면, 반드시 저들이 업신여기는 태도를 보일뿐 아니라 사절을 죽이는 데까지 이를 것이 틀림없다. 그때는 세상 사람들이 모두 정벌해야 할 만한 죄임을 알 것이니, 반드시 (상황이) 여기까지 오지 않으면 안 된다. 내란을 바라는 마음을 밖으로 돌리고 나라를 부흥시킬 원략은 물론, 구정부가 기회를 놓치고 무사안일을 꾀하여 마침내 천하를 빼앗긴 까닭을 확실한 증거로 하여 논해야 한다. … 이 뒤는 선생에게 부탁드리니 그때까지 일의 순서는 맡겨주시길 바란다(此の節は戰を直樣相始め候訳にては決して無之, 戰は二段に相成居申候. 只今の行掛りにても, 公法上より押詰候えば, 討つべきの道理は可有之事に候え共, 是は全く言譯の有之迄にて, 天下の人は更に存知無之候えば, 今日に至り候ては, 全く戰の意を不持候て, 隣交を薄する儀を責め, 且つ此迄の不遜を相正し, 往先隣交を厚くする厚意を被示候賦を以' 使節被差向候えば' 必ず彼が輕蔑の振舞相顯候のみならず' 使節を暴殺に及候儀は' 決して相違無之事候間, 其節は天下の人皆擧げて討つ可きの罪を知り可申候間,

보면 사이고의 구상이 어디에 있었는지 분명하게 드러난다.[83] 즉시 군대를 파견하든 사이고의 바람대로 사절을 먼저 파견하여 담판을 짓든 간에, 에도 시대를 통틀어 이어 오던 '대등외교', '선린우호'를 명분으로 파견하였던 조선통신사 같은 사절 파견이 아님은 분명하다. 정한론의 본질이 "국체론을 기반으로 한 조선 침략론"[84]이었다는 것은 이후 일본이 보여 준 역사의 행보에서 재확인된다.

고바야시 준[小林弘潤]은 사이고가 실상 이상으로 미화되었으며, 범상치 않은 인물로서 그릇이 크고 인간적 매력을 가진 인격자로 인식되고 있는 현상을 "사이고 매직"이라 부르며 비판한다. 이러한 인식의 근저에는 삿초 사관과 시바 사관이 자리하고 있다면서, 사이고를 절대화하여 성인처럼 숭배·신봉할 것이 아니라 냉정하고 건설적인 분석이 필요함을 지적한다.[85] 다케다 교손[武田鏡村] 역시 "세고돈은 진짜 위대한 인물이었나?"라고 물으며, 대하드라마가 보여 주는 모습과 달리 실망스러운

是非此處迄に不持參候ては不相濟場合に候段, 內亂を冀う心を外に移して國を興すの遠略は勿論, 旧政府の機會を失し, 無事を謀りて, 終に天下を失う所以の確證を取て論じ候處能々腹に入候間… 此末の處は先生に御讓り可申候間, 夫迄の手順は御任し被下度。)" 大西鄉全集刊行會 編(1925~1927), 『大西鄉全集 第二巻』, 773~766쪽.

83 이 서간의 해석을 두고 다마무로 다이조[圭室諦成]는 정한론자로서 사이고를 규정하는 데 비해(『西鄉隆盛』, 岩波新書, 1960, 132~134쪽), 모리 도시히코[毛利敏彦]는 사이고가 즉시 파병을 반대했으며, 어디까지나 조선과의 수호를 지향했다며 사이고를 정한론자가 아니라고 주장한다(『明治六年政變』, 中公新書, 1979, 218~219쪽).

84 요시노 마코토[吉野誠]는 신문의 칼럼 '메이지 150년을 생각한다 ④'에서 유신 정부가 들어서고 조선과의 관계를 재정비하자는 '명분조리'가 결국 조선을 천황의 속국으로서 보는 것이었음을 주장한다. 『しんぶん赤旗』, 2018. 7.10.

85 『西鄉隆盛とは何者か 1』, 月聖出版, 2015.

주인공에 대해 논하고 있다.[86] 메이지유신의 위업과 신정부에 대한 반역이라는 모순을 가진 사이고의 인기는 "사실, 갖은 학살과 책모 끝에 성립한 메이지 신정부에 대한 국민의 어떤 반감에 의해 성립한다."고 단정한다. 다케다의 말처럼 사이고가 호색한이며, 잔혹한 책략가이자, 무익한 보신전쟁을 시작한 장본인이었다는 사실은 지금까지 보아 온 사이고론에서는 존재하지 않는다. 그러나 사이고의 본모습이 어떠한 것이었는지는 더 이상 중요하지 않다. 다만 어떤 사이고를 기억하고 싶은지만 남게 된 것이다.

메이지 정부가 이른바 '삿초 사관'을 통해 지우고 싶었던 '기억'은 무엇이었을까? 그리고 유신으로부터 150년이 흐른 지금도 그 '기억'은 여전히 그대로인가? 우리가 물어야 할 것은 바로 이것이다.

메이지유신에서 패자의 역사는 소거되었다. 밝은 근대, 메이지를 위해서는 그래야만 했다. 지금 150년 기념사업에는 화려했던 과거 '리즈 시절'로의 회귀를 꿈꾸는 강렬한 열망이 담겨 있는 것은 아닐까? 더불어 패전의 기억마저 지우고 있는 것은 아닐까?

2018년은 한반도의 평화 정착을 위한 '담대한 여정'이 시작된 해이기도 하다. 선거에서 이긴 아베 정권은 여전히 건재하다. 일본이 평화에 기반한 '강한' 한반도를 '위협'으로 느끼거나 내부의 불안이 불만으로 확대된다면 그때는 '정한론자' 사이고 다카모리를 다시 불러낼지 두고 볼 일이다.

86 『東洋經濟』 online, 2018. 1. 7.

■ 참고문헌

- 井上慶吉(1898),『西郷隆盛一代記』, 報知社.
- 石原和三郎 著他(1911),『地理歴史 朝鮮唱歌』, 富山房.
- 大西郷全集刊行會 編(1925),『大西鄕全集 第二巻』, 大西鄕全集刊行會.
- 海後宗臣(1962~1963),『日本教科書大系 近代篇』第18~20巻, 講談社.
- 篠田仙果 編(1879),『明治英名百詠撰』, 文泉堂.
- 中央新聞社 編(1900),『伊藤候井上伯山縣候元勳談』, 博文館.
- 山本園衛 編(1877),『西郷隆盛夢物譚』, 聚星館.
- 羽田富次郎(1877),『西郷隆盛夢物譚 上中』, 多賀甚五郎.
- 本富安四郎(1898),『薩摩見聞記』, 東洋堂支店.
- 圓城寺清(1914),『大隅伯昔日談』, 新潮社.
- 鹿児島縣知事公室政策調整課(2016. 2),『明治維新150周年記念事業 明治維新と郷土の人々』.

- 나카무라 슌사쿠 지음 · 김선희 옮김(2010),『에도 유교와 근대의 지』, 선인.
- 시마다 겐지 지음 · 김석근 · 이근우 옮김(1986),『주자학과 양명학』, 까치.
- 와타나베 히로시 저 · 김선희 · 박홍규 옮김(2017),『일본 정치사상사 17~19세기』, 고려대출판문화원.
- 이권희(2017),『국가와 국민교육 메이지 국민교육사』, 케포이북스.
- 芥川龍之介(1986),『芥川龍之介全集 第二巻』, ちくま文庫.
- アーネスと · サトウ 坂田精一 譯(1960),『一外交官の見た明治維新』, 岩波文庫.
- 有山輝雄(2008),『「中立」新聞の形成』, 世界思想社.
- 家近良樹(2017),『西郷隆盛 維新150年目の真実』, NHK出版新書 536.
- 磯田道史(2018),『素顔の西郷隆盛』, 新潮新書.
- 内村鑑三 著 · 鈴木俊郎 譯(),『代表的日本人』, 岩波書店.
- 荻生茂博(1941),『近代 · アジア · 陽明学』, ぺりかん社, 2008.
- 落合莞爾(2015),『日本教の聖者 · 西郷隆盛と天皇制社会主義-版籍奉還から満鮮経略への道-』, 成甲書房.
- 金田章裕 監修 · 造事務所 編著(2017),『30の都市からよむ日本史』, 日經ビジネス人文庫.
- 現代思想 編集部(2018. 6),『現代思想』vol. 46-9, 青土社,
- 小林弘潤(2015),『西郷隆盛とは何者か 1』, 月聖出版.
- 先崎彰容(2017),『未完の西郷隆盛:日本人はなぜ論じ続けるのか』, 新潮選書.
- 佐伯彰一 · 芳賀徹 編(1987),『外国人による日本論の名著-ゴンチャロフからパンゲまで』, 中公新書.

• 澤村修治(2017), 『西郷隆盛 滅びの美學』, 幻冬舎新書.
• 諏訪原研(2017), 『漢詩から読み解く西郷隆盛のこころ』, 大修館書店.
• 正論編集部(2017), 『別册正論30号 明治維新150年―先人の智慧と氣概』, 日本工業新聞社.
• 圭室諦成(1960), 『西郷隆盛』, 岩波新書.
• 新渡戸稲造 · 矢内原忠 譯(1938), 『武士道』, 岩波文庫.
• 橋川文三 著(1985), 『西郷隆盛紀行』, 朝日選書.
• 原口泉(2017), 『西郷隆盛はどう語られてきたか』, 新潮文庫.
• 原田伊織(2016), 『改定増補版 明治維新という過ち―日本を滅ぼした吉田松陰と長州テロリスト』, 毎日ワンズ.
• 副島隆彦(2018), 『眞実の西郷隆盛』, コスミック出版.
• 福沢諭吉(1901), 『明治十年丁丑公論』 · 『瘦我慢之說』, 時事新報社.
• 町田明広(2017), 『ＮＨＫカルチャーラジオ 歴史再発見 西郷隆盛 その伝説と実像』, ＮＨＫシリーズ ムック.
• 宮崎正弘(2017), 『西郷隆盛―日本人はなぜこの英雄が好きなのか』, 海竜社.
• 宮武外骨(2013), 『震災畫報』, ちくま學藝文庫.
• 文藝春秋 編集部(2017), 『文藝春秋12月臨時増刊号 西郷隆盛を知る』, 文藝春秋.
• 毛利敏彦(1979), 『明治六年政変』, 中公新書.
• 山田濟齋 編(1939), 『西郷南洲遺訓 附 手抄言志録及遺文』, 岩波書店.
• 吉田公平(1999), 『日本における陽明學』, ぺりかん社.
• 渡辺利夫(2016), 『士魂 福沢諭吉の真実』, 海竜社.
• 김선희(2018. 8), 「도심 재생에 있어 '근대문화유산' 활용에 관한 고찰―인천과 요코하마를 중심으로」, 『일본학보』 116.
• 이새봄(2017), 「경천애인설에 나타난 나카무라 마사오의 사상적 전환」, 『일본비평』 16.
• 石田徹(2000), 「征韓論再考」, 『早稲田政治公法研究』 65.
______(2001), 「非征韓論再考」, 『早稲田政治公法研究』 66.
• 井田好治(1983), 「敬天愛人の系譜 南洲と敬宇と康熙帝」, 『明治村通信』 155.
• 生住昌大(2014. 5), 「西南戦争と錦絵： 報道言説の展開と明治10年代の出版会」, 『日本近代文學』 90.
• 埋忠美沙(2016. 6), 「西南戦争における報道メディアとしての歌舞伎」, 『演劇が句論集』 62.
• 岡田 浩(2016), 「党派性の地域的偏りの要因」, 『金澤法學』 59–1.
• 中村春作(2007), 「近代の『知』としての哲学史―井上哲次郎を中心に」, 『日本の哲學』 8.
• 水野博太(2017. 1), 「明治期陽明學研究の勃興―井上哲次郎『日本陽明學派之哲學』に至る過程」, 『思想史研究』 24.

| 8장 |

우경화하는 현대 일본과 메이지유신에 관한 표상

-고바야시 요시노리의 『대동아론』을 중심으로*

김병진 | 숙명여자대학교 일본학과 강사 |

1. 머리말
2. 시바 사관의 극복 혹은 그 변주
3. '공(公)'을 위한 '국가'와의 싸움
4. 맺음말

* 이 글은 『일본역사연구』 48집에 수록된 논문을 수정·보완한 것임.

1. 머리말

2018년 10월 30일 한국 대법원이 일제 강제징용 피해자의 손해 배상 소송에서 일본 기업에 패소 판결을 내리자 일본 주요 언론은 '한일관계에 타격을 줄 수 있다'라는 전망을 내놓았다. 이후 아베 신조[安倍晋三] 일본 내각은 연일 강도 높은 비판을 쏟아 내면서 자국 대사관을 통해 한국 대법원의 강제징용 판결의 부당성을 알리라는 주문을 내놓았다.[1] 또한 거리에서는 이른바 '행동하는 보수'라고 칭해지는 혐한시위대가 '한일 단교! 공갈협박 · 금품갈취 거절[日韓断交 ゆすり · たかりお断り]', '한국인은 나가라', '조선인을 죽이자' 등을 외치며 헤이트스피치를 벌이고 있다.

이러한 혐한 무드가 고양되는 와중에 얼마 전에는 BTS(방탄소년단) 멤버가 2017년에 입었던 '광복 티셔츠'의 원폭 투하 이미지를 문제 삼아 TV아사히의 〈뮤직스테이션〉 출연이 취소되는 일이 발생했다. 원폭 이미지는 ARMY(BTS 팬들의 총칭) 사이에서도 2017년 당시에 화제가 되었지만, '재일 특권을 허용하지 않는 시민 모임(재특회)'의 전 회장 사쿠라이 마코토[櫻井誠]가 이미 1년도 지난 일을 문제 삼아 넷우익들을 선동해 〈뮤직스테이션〉에 압력을 가한 결과라 한다.[2] 그 후 한국에 대한 화이트리스트 제외를 비롯해 일본 정부의 한국에 대한 외교적 압박이 가중되는 추세다.

1 『중앙일보』 Online, 2018. 11. 9. https://news.joins.com/article/23109618

2 「BTSの『Mステ』締め出しの裏！「原爆Tシャツ」はただの口実で実体はネトウヨの韓国ヘイト」, 『BIGLOBEニュース』, 2018. 11. 10.

그동안 사이버 공간에서 우익적 정보와 사상을 공유하며 성장한 넷우익들이 2010년대 들어서서 인터넷의 가상공간을 벗어나 방송국, 신문사, 출판사 등에 압력을 가하며 일본의 소수자, 외국인 배격 행위를 집단적으로 표출하는 것이 빈번해졌다. 이런 넷우익의 산파[産みの親] 중 한 명으로 일컬어지는 이가 고바야시 요시노리[小林よしのり]이다. 1996년 『교과서가 가르치지 않는 역사[教科書が教えない歴史]』가 베스트셀러 기록을 연일 경신하면서, '새로운 역사교과서를 만드는 모임[新しい教科書をつくる会, 이하 새역모]'의 소속 문화인들이 대규모 언론 공세를 펼쳤다. 특히 학교 교육 과정에서 근대사 학습의 부재로 인해 역사의 공백을 갖고 있던 젊은 층을 중심으로 이들 '새역모'의 이른바 '자유주의사관'이 침투하게 된다. '새역모'의 핵심 멤버였던 고바야시 요시노리는 우익의 정보와 수사, 서사 등을 텍스트와 시각 이미지가 공존하는 만화라는 매체를 활용해 젊은 층에 막대한 영향을 주었던 것으로 파악된다.

1975년 『동대일직선(東大一直線)』이라는 데뷔작 이후 주로 아동을 대상으로 한 개그 만화를 그리던 고바야시는 1990년대에 들어 주간지 『SPA!』에서 다양한 사회 문제 일반에 대한 비평을 실은 「고마니즘 선언[ゴ̄ーマニズム宣言]」을 연재하기 시작한다. 이후 보수 주간지 『SAPIO』로 무대를 옮겨 「신고마니즘 선언[新ゴ̄ーマニズム宣言]」을 연재하며 특정 주제별 특집호를 구성하였다. 특히 1998년부터 발표한 『신고마니즘 선언 특집 전쟁론[新ゴ̄ーマニズム宣言 SPECIAL 戰爭論, 이하 『전쟁론』]』 시리즈는 60만 부나 팔리는 베스트셀러가 되면서 과거사 문제와 관련된 수정주의적 시각을 전파하는 데 큰 역할을 한다.

오프라인의 서적만이 아니라 일본 인터넷 게시판 사이트 〈2ch〉에서도 고바야시의 주장과 그의 『전쟁론』은 대단한 화제를 불러일으켰다. 비록 고바야시 자신은 넷우익에 대해 비판적 입장을 피력하고 있지만, 넷우익과 같은 젊은 층들이 수정주의 역사관을 갖게 되거나 '재특회'와 같은 배외주의 활동에 참여하게 된 계기를 그의 서적에서 찾는 증언은 수없이 존재한다.[3]

그런 고바야시가 이번에는 『신고마니즘 선언 특집 대동아론[新ゴーマニズム宣言 SPECIAL 大東亜論, 이하 『대동아론』]』 3부작(제1부 「거걸 탄생편[巨傑誕生編]」(2014), 제2부 「애국지사, 결기하다[愛国志士, 決起ス]」(2015), 제3부 「메이지 일본을 만든 남자들[明治日本を作った男達]」(2017))을 완결하였다. 제2차 세계대전 당시 일본이 내세웠던 '대동아공영권'을 연상시키는 타이틀에 더해 일본 우익의 원류라 칭해지는 도야마 미쓰루[頭山満]와 겐요샤[玄洋社]에 관한 내용이라는 점에서, 이 시리즈를 통해 고바야시가 이들 넷우익과

〈그림 1〉『대동아론』 3부작[1부 「거걸 탄생편」(2014), 제2부 「애국지사, 결기하다」(2015), 제3부 「메이지 일본을 만든 남자들」(2017)], 小学館.

3 樋口直人, 『日本型排外主義–在特会 · 外国人参政権 · 東アジア地政学』, 名古屋大学出版会, 2014, 158~162쪽.

이른바 '행동하는 보수'들에게 다시 한번 수정주의적 역사관 전파와 그 자양분을 공급하려는 것은 아닐까 의구심을 갖게 한다.

그러나 고바야시는 『대동아론』을 통해 최근의 '혐한론' 등 배외주의를 경계하면서 아베 내각의 행위를 거짓 애국이라 비판하고 '참된 애국자'란 무엇인가, 그리고 한국과 중국 등 아시아 국가와의 교우관계가 어떻게 변해왔는지를 그리고자 했다며 출판 동기를 말한다.[4] 그러면서 현재 일본과 한국, 중국의 관계를 진단하면서 일본 측이 반한·반중 일변도로 향하며, 한국과 중국도 반일이 강화되고 있는 상황을 우려한다. 그는 해결의 실마리를 '메이지는 어떤 시대였는가? 왜 도야마 미쓰루와 같은 우국지사들이 아시아주의자였음에도 일본은 아시아를 침략하게 되었는가? 어디에서 역사가 잘못 걸어가게 된 것인가?'[5]라는 물음에서 그 해답을 찾겠다고 한다.

고바야시 요시노리에 관한 연구는 『전쟁론』에 대한 논리적 모순이나 역사적 문제점, 그리고 이러한 우익적 만화가 대중적 인기를 얻게 된 사회적 상황에 관한 분석에서는 일정 정도 축적되었다.[6] 특히 대중성 획득에 있어 그가 구사하는 이미지와 문자가 공존하는 만화라는 매체적 특

4 인터뷰 영상 「小林よしのり「ゴー宣言SPECIAL 大東亜論 巨傑誕生篇」フルバージョン | ウチノヨメ」, https://www.youtube.com/watch?v=DfNhhZRamR0

5 「小林よしのりが「主権を持っていた国民たち」の姿を活写する『大東亜論』のすごみ」, 『日刊SPA!』, 2018. 3. 31.

6 예를 들면 강기철, 「고바야시 요시노리 만화에 나타난 사회적 가치 변화 요소에 관한 연구」, 『일어교육』 28집, 2004. 6.; 강기철, 「고바야시 요시노리 만화에 나타난 역사 왜곡과 정치적 대중화에 관한 연구」, 『일어교육』 59집, 2012. 3.; 강기철, 「일본 만화에 나타난 야스쿠니신사의 정치적 전략 연구」, 『日本語教育』, 2017. 4.; 小熊英二, 「「左」を忌避するポピュリズム」, 『世界』(656), 1998. 12. 등이 있다.

성과 관련된 분석도 이루어졌다.[7]

이 글에서는 지금까지 다루어지지 않았던 『대동아론』 3부작을 통해 『전쟁론』 이후 변화된 고바야시의 언설 전략에 주목하고자 한다. '참된 애국자'의 모습을 우익의 원류라 칭해지는 도야마 미쓰루와 겐요샤에서 찾고자 하는 그의 현재적 필요성은 어디에 있는지, 창작의 동기는 어디에 있는지를 살펴보고, 그 논리 측면에서 역사적 · 사회적 의미를 고찰해 보고자 한다.

2. 시바 사관의 극복 혹은 그 변주

고바야시는 이 『대동아론』 집필 동기로 '자칭 보수가 변함없이 시바 사관[司馬史観]으로 메이지를 보고 있다'며 이 시리즈에서 이러한 관점을 극복하고, 삿초[薩長]번벌을 부정하는 입장에서 메이지를 재평가하지 않는다면 '일본은 참된 도의(道義)국가'로 거듭날 수 없다고 밝히고 있다.[8]

고바야시가 극복하고자 하는 시바 사관이란 무엇인가?

일본의 대중이 메이지유신을 기억하는 방식은 학교에서의 역사 교육

7 표세만, 「고바야시 요시노리[小林よしのり] 만화 『전쟁론(戦争論)』의 설득력」, 『아시아문화연구』 33집, 2014. 3.; 한정선, 「현대 일본 우익 대중주의의 알고리듬」, 『일본비평』 10호, 2014. 2.

8 小林よしのり, 「『大東亜論』で司馬史観を潰したかった」, 小林よしのりオフィシャルwebサイト, 2018. 11. 2. https://yoshinori-kobayashi.com/16880/

이외에 독서나 TV, 라디오 등의 미디어를 통해 이어져 오고 있다. 메이지유신과 관련해 일반 대중이 쉽게 접하게 되는 서적은 전문 역사서 등의 학술서적이 아닌 소설이나 만화 등일 것이다. 그중에서 지금까지 가장 영향력을 발휘한 것은 '국민 작가' 시바 료타로[司馬遼太郎]의 소설들과 이를 바탕으로 만들어진 각종 TV드라마였을 것이다. 시바의 작품은 찬란했던 메이지 시기에 대한 동경과 부득이하게 진행된 제국주의 노선이 작품 내에 자리 잡고 있다. 20세기 중후반까지 보편적 평화주의에 대한 믿음과 과거 제국주의 전쟁의 상처를 기억하던 일본 사회에 시바의 작품은 대중적 공감을 불러일으키며 수용되었다.

그렇다면 이를 극복하겠다는 『대동아론』 3부작은 어떤 내용을 담고 있는지 먼저 간략하게 살펴보겠다.

『대동아론』은 메이지기에서 제2차 세계대전 패전에 이르기까지 군부, 관료, 재벌, 정계 등에 커다란 영향력을 미쳤던 도야마 미쓰루, 그리고 그가 이끈 정치결사 겐요샤의 구성원들이 메이지 초기의 불평등조약 개정과 자유민권운동 시대를 배경으로 어떻게 행동했는지를 그리고 있다. 시리즈의 구성은 다음과 같다.

제1부 「거걸 탄생편」은 겐요샤라는 존재를 세상에 알리게 된 오쿠마 시게노부[大隈重信] 외상(外相)를 대상으로 한 겐요샤 사원 구루시마 쓰네키[来島恒喜]의 테러 사건(1889)을 중심축으로 겐요샤 노선을 변호한다. 메이지유신 이후 번벌정치의 타락과 서구화 정책 일변도의 메이지신 정부에 이의를 제기한 사이고 다카모리[西郷隆盛]는 세이난전쟁을 일으키지만 패한다. 고바야시 요시노리에 의하면 사이고의 '정한론(征韓論)'과 세이난전쟁의 결기가 뜻한 바는 일본이 유신을 달성했던 것처럼 '아시아 각국에

유신을 일으켜 서양의 약육강식 문명, 제국주의의 지배에서 해방시키려고 한 이상'[9]의 발로였다고 말한다. 그리고 그의 유지를 이어간 이들이 도야마 미쓰루와 정치결사 겐요샤였으며, 서구와 타협적으로 조약 개정을 추진하던 오쿠마에 대한 폭탄 투척은 이를 증명하는 행위였다는 것이다.

제1부에서 고바야시는 겐요샤에 관한 대략적인 '논(論)'을 전개했다면서 제2부 「애국지사, 결기하다」와 제3부 「메이지 일본을 만든 남자들」에서는 메이지유신 이후 도야마 미쓰루와 그 동료들이 겐요샤를 만들어 가는 경위를 '이야기[物語]'로 풀어내고자 한다.

메이지유신 이후 사쓰마(薩摩) · 조슈(長州) 번벌정부는 '서양화 · 근대화 · 합리화' 노선을 걸어가지만, 이러한 가치관에 위화감을 느낀 무사들이 일본 정신의 혼(魂, ethos)을 보존하기 위해 마침내 제2의 유신을 지향하며 결기한다. 그러나 징병제로 모집된 국민군(國民軍)에게 간단하게 제압당하게 된다. 무사들의 주도로 이루어진 메이지유신이지만 이로써 무사의 시대는 끝나고 국민의 시대가 도래하게 된다. 국민의 시대에서 메이지 신정부와의 싸움은 이전의 무력과는 다른 방식으로 이어진다.

제2부는 '사가의 난[佐賀の乱]'에서 '하기의 난[萩の乱]', '후쿠오카의 변[福岡の変]', 그리고 '세이난전쟁[西南戦争]'으로 이어지는 '무력'(刀)에 의한 제2의 유신 시도와 그 좌절 속에서 도야마와 동료들의 이야기를 그린다.

제3부는 '무력'을 통한 제2의 유신 좌절 이후 살아남은 무사들이 무기를 '언론'으로 바꾸어 메이지 정부와 대결을 이어간다. 고바야시는 '과

9 小林よしのり, 『新ゴー マニズム宣言 SPECIAL 大東亜論』, 第1部 「巨傑誕生編」, 小学館, 2014, 19쪽.

격'한 무력 대 '온화'한 언론이라는 구도로 자유민권운동이 이미지화된 것은 '전후 좌익[戦後サヨク] 역사관의 영향'[10] 탓이라며 이를 비판하고, 무사들의 반란과 자유민권운동 둘 다 목숨을 건 격렬한 싸움으로 재이미지화 하려고 한다.

대략의 내용을 살펴보았듯이 고바야시가 '시바 사관' 극복을 언급한 것은 우선 시바 료타로의 대표작 중 하나로 메이지유신을 배경으로 한 『나는 듯이[翔ぶが如く]』(1972~1979)를 염두에 두었다고 볼 수 있다. 시바는 이 작품에서 사쓰마번 출신인 두 주인공 오쿠보 도시미치[大久保利通]와 사이고 다카모리를 마치 형제 같은 사이로 묘사한다. 그리고 이 둘의 우정과 갈등을 축으로 막부 말기부터 메이지유신, 정한론, 메이지 6년 정변을 거쳐 각지의 '불평사족'의 반란, 세이난전쟁으로 이어지는 경위와 과정을 그려낸다. 1990년에는 동명의 NHK대하드라가 방영되기도 했다. 시바는 『료마가 간다[竜馬がゆく]』의 사카모토 료마[坂本龍馬]나 『화신(花神)』의 오무라 마스지로[大村益次郎]처럼 합리적인 인물을 중심인물로 즐겨 그려왔다. 반면 그 대극에 있는 이들은 과거의 인습에 사로잡혀 사상적으로 순수 배양된 인물이나 집단이다. 쇼와의 전쟁 시기를 거치는 동안 무리한 사상을 강요받았던 전후 일본의 독자들이 시바가 그렸던 합리적인 인물에 공감을 보였던 것은 당연하다고 하겠다.

『나는 듯이』에서 사이고와 오쿠보는 때로는 손을 잡고 때로는 다른 방식으로 사쓰마번을 움직여 이윽고 두 사람의 활약으로 메이지유신이라는 대업을 달성한다. 두 사람 모두 신정부의 참의(参議)로 취임하여 봉

10 小林よしのり, 『大東亜論』, 第3部「明治日本を作った男達」, 小学館, 2017, 397쪽.

건체제에서 근대 중앙집권체제로 일대 전환을 꾀한다. 그러나 이 과정에서 국내의 큰 모순에 부딪히게 되는데 더 이상 녹봉을 받지 못하게 된 사족들의 불만이 그것이었다. 아직도 무사도 정신에서 벗어나지 못하고 있던 사이고 다카모리에게 이런 사족들은 강 건너의 불 같은 존재가 아니었다.

한편 합리주의자인 오쿠보 도시미치는 불평 사족들의 원한을 한몸에 받지만 냉철하게 메이지정부의 근대화 정책을 밀고 간다. 더는 양립할 수 없게 된 두 사람은 '정한론'을 둘러싸고 충돌하게 된다. 이윽고 '정한론'이 백지화되자 두 사람은 결별하게 되고 사이고는 하야하여 가고시마로 돌아간다. 오쿠보와의 대립 등으로 전국의 불평 사족들의 희망의 별 같은 존재가 된 사이고는 이들의 불만이 폭발하여 메이지 정부군과 내립을 피할 수 없게 되자 이들과 '동반자살(心中)'의 심정으로 결기한다. 그리하여 시대의 뒤틀림은 두 사람을 유신 후 최대의 내란인 세이난 전쟁으로 몰아간다. 시바는 이것을 두 사람이 거짓이 아닌 진정한 우정을 이루기 위해서는 피할 수 없는 길로 평가한다.

사이고는 구계급의 비명을 견딜 수가 없었고, 더 나쁜 것은 무사의 정과 무사의 이성만이 세상을 구할 수 있다고 믿는 사람이었으며, 그것이 문명개화의 세상을 구축한다는 새 일본의 대외명분 때문에 비참하게 몰락해 가는 것을 가만히 보고 있을 수가 없었다. 유신 후의 사이고는 산송장이 되고자 하는 충동이 끊임없이 있었다. 되풀이하는 것 같지만, 이 사이고의 거대한 모순을 단숨에 해결해 줄 만한 것이 '정한론'이었던 것이다.[11]

11 시바 료타로 저 · 박재희 역, 『대망 30－나는 듯이』 동서문화사, 2005, 574쪽.

시바의 작품 속에서 오쿠보는 개인적인 사욕에 좌우되지 않고 '무사(無私)'의 인물이며, 냉철한 합리주의자, 리얼리스트 등으로 그려진다. 사이고에 대한 우정 또한 대단히 두텁고 그를 가장 잘 이해하고 있다.

한편 시바는 사이고에 대해서는 현명한 인물인지, 우둔한 인물인지 종잡을 수 없는 로맨티시스트로 그려내는데, 이는 사이고가 남긴 저술 등 자료의 부족도 하나의 원인으로 작용했다. 사이고는 오쿠보와 대립하지만, 누구보다 그 자신을 이해하는 인물로 오쿠보를 생각하며 그의 재능에 신뢰를 가진 것으로 묘사된다.

한편 고바야시 요시노리의 『대동아론』에서는 오쿠보와 사이고 둘 사이의 우정과 같은 묘사는 없다. 대신 "오쿠보는 동양적 가치관을 부정하고 유럽형 근대 국가를 그대로 배워서 일본을 유럽형 제국으로 만들고자 했다. 이에 비해 사이고는 서구 문명 그 자체에 대해 비판적이었고 서양을 '야만'이라고 주저 없이 말했다."[12] 사이고가 "일본은 유럽과는 완전히 이질적인 '동양적 왕도국가'로 발전해야 한다는 신념"[13]을 가진 인물이었다면, 오쿠보는 "'약육강식'의 힘의 논리만이 생존의 유일한 길"이라 생각하고 그의 정적들에게는 '온갖 모략과 획책'을 아끼지 않는 인물[14]로 그려진다.

도쿠가와 막부 말기 '존왕양이-존왕도막' 운동에 참여했던 모든 세력은 '유신'이라는 목표를 위해서 협력했고, 단결했다. 그러나 유신 이후

12 小林よしのり, 『大東亜論』, 第1部, 58쪽.

13 同, 59쪽.

14 同, 174쪽.

메이지 국가의 방향을 어떻게 잡을 것이냐에 대해 갈등과 분열이 나타났다. 그 중심 의제로 알려져 있는 것이 1873년의 '정한론'이다. '정한논쟁'은 사이고 다카모리 등 원정파(조선을 무력으로 정벌한다)와 오쿠보 등 내치파(내정을 우선하자) 사이의 논쟁이 비화되어 원정파가 정치적으로 하야하게 되었다는 것이 일반적인 견해다. 그러나 고바야시에 따르면 사이고는 애초에 무력을 동반한 조선의 개국을 주장하지 않았고, 어디까지나 교섭으로 국교를 수립하려 했다. 사이고는 동양의 왕도주의를 바탕으로 한 도의외교를 행하려 했던 것이지, 서구 제국주의식 식민지 획득이 목적이 아니었다는 것이다.

그러면서 메이지 6년 정변의 진정한 원인은 정한론을 둘러싼 외교문제가 아니라 오쿠보의 권력욕, 즉 사심(私心)이 배경이었다고 서술한다. 이와쿠라 사절단이 애초에 기간을 10개월이나 넘기며 신정부 수립 초기에 막대한 예산을 탕진하고도 조약 개성에 아무런 성과를 내지 못하고 돌아온 사이, 사이고나 에토 신페이[江藤新平], 이타가키 다이스케[板垣退助] 등 국내에 잔류해 있던 인사들은 '신분제 철폐', '지조 개정', '학제 반포' 같은 근대화 정책에서 착실히 성과를 올리고 있었다. 그러자 신정부 내에서 입지의 위기감을 느낀 오쿠보와 귀국파들이 이에 대응해 벌인 권력투쟁이 메이지 6년 정변으로, 일종의 쿠데타였다는 것이다.[15] 이러한 메이지6년 정변과 그 이후 일련의 전개에 대한 고바야시의 설명은 모리 도시히코[毛利敏彦]의 수정주의적 해석을 따르고 있다.[16]

15 小林よしのり, 『大東亜論』, 第2部 「愛国志士, 決起ス」, 小学館, 2015, 112~118쪽

16 모리 도시히코는 메이지 6년 정변을 '정한론'을 둘러싼 외교 문제의 대립으로 보지 않고, 각종 부패에 연루되었던 기도 다카요시[木戸孝允], 이토 히로부미 등 조슈파를 중심으로 한

'신푸렌의 난[神風連の乱]'과 같이 근대화에 적응하지 못한 봉건 무사들의 반란을 예외로 둔다면, '사가의 난'에서부터 '하기의 난', '후쿠오카의 변' 그리고 '세이난전쟁'에 이르기까지 일련의 사건들은 처우에 불만을 가진 사족들이 시대에 역행한 것으로 볼 수 없다. 그들은 오쿠보가 이끄는 메이지 정부의 노선에 이의를 제기하고 다시 유신 정신으로 돌아가길 원한 제2의 유신운동이었다며 이를 변호한다. 즉 오쿠보 도시미치와 이토 히로부미를 중심으로 한 삿초 번벌정부가 안으로는 부패로 밖으로는 약육강식 논리에 기반을 둔 서구형 아류 제국으로 메이지유신의 길을 일탈시킨 것에 대한 이의 제기, 그리고 국내외에 대한 '도의', 일본적인 혼(에토스), 민족의 윤리적 · 심적 태도를 지키고자 유신 재건을 목적으로 한 반란이라는 것이다.[17]

이처럼 고바야시는 『전쟁론』에 이어 『대동아론』를 통해 시바 료타로가 그린 일련의 역사소설 속에 나타나는 역사관에 반기를 든다. 단적으로 말하자면 '합리주의'를 준거로 봉건제 국가를 하룻밤 사이에 합리적인 근대 국가로 바꾼 메이지유신이라는 '밝은 메이지', 그리고 러일전쟁 이후부터 '자국 우월주의'에 빠져 군부의 폭주와 침략 전쟁을 일으킨 '귀태(鬼胎)의 시대인 쇼와'라는 시바의 역사관과는 정반대로 역사를 재편시킨다.

시바는 메이지유신에서부터 러일전쟁에 이르는 40년을 상승세로, 이

그룹이 도사 · 히젠파를 제거하기 위한 쿠데타로 보고 있으며, 사이고도 조선 문제에 대해 어디까지나 도의외교(평화외교)를 펼쳤다고 논하고 있다. 毛利敏彦, 『明治六年政変の研究』, 有斐閣, 1978, 참조.

17 小林よしのり, 『大東亜論』, 第2部, 97쪽.

후 40년을 하강 국면으로 묘사하며, 역사의 분기점으로 러일전쟁을 상정한다. 반면, 고바야시는 메이지유신이 내걸었던 존왕양이의 진수(眞髓)와 왕도주의가 폐기되고 '추악한 나라 일본[醜悪な国・日本]'으로 전락한 결정적 사건으로 강화도조약(1876)과 그 이후 세이난전쟁에서 사이고의 최후를 꼽는다.[18] "일본이 어디에서 잘못된 길에 들어섰나 하고 묻는다면 역시 '도의'를 저버리고 사이고를 제거한 오쿠보 도시미치의 행동이 그 원점"에 있다고 평가한다. 그리고 사이고가 실현하고자 한 '도의'의 정치, 평화외교, 동양왕도의 방향성을 회복시키려 행동했던 이들이 도야마 미쓰루와 겐요샤의 멤버들이라고 주장한다.[19]

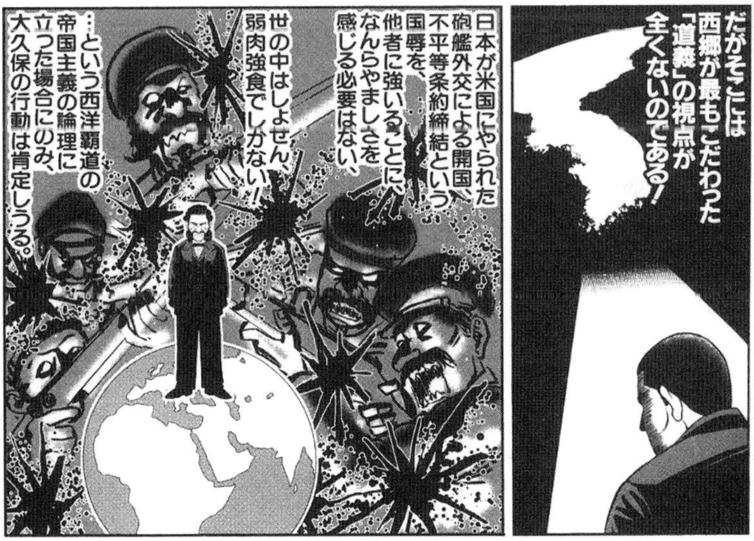

〈그림 2〉 오쿠보의 획책으로 체결된 '강화도조약'과 사이고의 좌절(『大東亜論』, 第2部, 349쪽)

18 同, 174쪽.

19 同, 352쪽.

그러면서 제2차 세계대전 당시 '동아 해방' 슬로건과 공동체와 국가에 대한 '숭고'한 헌신 등을 들어 태평양 전쟁기가 메이지유신의 참된 정신, 사이고에서 도야마까지는 이어졌던 정신이 부활했던 때였다며 미화한다. 시바가 높이 평가하는 '밝은 메이지'에 대해 고바야시는 서양 패도(覇道)인 제국주의 논리를 수용한 오쿠보 도시미치와 그의 계승자들이 '합리'화란 명목으로 '도의(道義)'를 내팽개친 시기라며 평가절하 한다. 오쿠보 도시미치의 '합리', '리얼리즘'과 사이고 다카모리의 '도의', '무사의 혼(에토스)'을 대비시키며 후자에 가치를 둔 논조를 이어간다.[20] 뿐만 아니라 메이지 이후 오늘날에 이르기까지 정부 방침의 큰 줄기는 오쿠보가 걸어간 길을 계승해 왔다고 비판한다.

그러나 시바 사관으로부터 탈각을 주장하는 고바야시이지만 여전히 시바 료타로 서술의 특징을 계승한 측면이 있다. 먼저 나카무라 마사노리[中村政則]의 견해를 따르면 시바 역사관의 특징으로 첫째 '부감사관', '대국사관'을 들 수 있다. 즉, 주요 등장인물들이 미지의 사건을 두려워하지 않고 시종일관 모든 것이 완결된 시점에서부터 그 사람을 조명한다는 것이다. 두 번째 특징으로는 '역사의 암부'(어두운 이야기, 잔인한 이야기, 전쟁범죄, 식민지 차별 등의 문제)를 피하거나 주요 등장인물들과는 관련이 없다는 식으로 처리한다는 점이다.[21]

시바의 서술에 대한 나카무라의 지적은 그대로 고바야시에게서도 적용될 수 있을 것이다. 『대동아론』에서 주요 등장인물의 과장됨은 도야

20 同, 342~343쪽.

21 中村政則, 『「坂の上の雲」と司馬史観』, 岩波書店, 2009 참조.

마 미쓰루는 물론, 사이고 다카모리나 구루시마 쓰네키에게도 그대로 적용된다. 그들은 한 점의 망설임도 없이 '도의' 실천을 향해 나아간다. 도야마의 여성편력도 그의 천진난만함과 '무사(無私)' 정신을 뒷받침해 주는 증거인양 나열된다. 그리고 겐요샤의 어두운 면모도 좀처럼 드러나지 않는다. 대표적으로 겐요샤의 '대아시아주의'를 '도의'라는 측면에서만 설명한다는 점이다. 이들 우익들의 아시아주의는 주지하는 바와 같이 일본 정부가 제국주의 팽창을 위한 명분으로 활용하였고, 그 과정에서 이들은 체제에 편입되어 제국주의의 첨병 노릇을 했었다. 하지만 여기에 대해서는 어떤 예시도 들지 않고 있다.

고바야시는 제1차 세계대전 중에 중화민국에 대해 '21개조 요구'를 제출해서 중국 측의 '반일프로파간다로 이용당하게 되는 과오'를 남긴 원흉으로 당시 오쿠마 시게노부 내각을 비난한다. 그리고 오쿠마 내각의 방침 역시 오쿠보 도시미치와 그의 뒤를 이은 이토 히로부미가 만든 메이지 신정부의 외교정책 연장이라 설명한다.[22] 그런데 『대동아론』에서는 '21개조 요구'에 대한 국민운동을 벌여 그 토대를 제공한 이가 바로 겐요샤의 해외 공작 담당인 흑룡회(黑龍會)의 우치다 료헤이[内田良平]였던 점[23] 그리고 그가 명성왕후 시해 사건과도 관련 있다는 점은 전혀 언급되지 않는다.

하지만 고바야시도 모든 암부를 가릴 수는 없었던 듯하다. 겐요샤 기관지 『복능신보(福陵新報)』의 사장이자 이후 쇼와기 '정계의 흑막'으로 암

22 小林よしのり, 『大東亜論』, 第1部, 389쪽.

23 浦野起央, 『日本の国際認識: 地域研究250年認識 · 論争 · 成果年譜』, 三和書籍, 2018, 157쪽.

약하게 되는 스기야마 시게마루[杉山茂丸]의 입을 통해 녹명관(鹿鳴館) 시대를 한탄하면서며, 세계로부터 인정받기 위해서는 싸워서 반드시 이길 만한 '조선이나 중국과 전쟁을 해야 한다'며 그들의 '아시아주의'가 지닌 한계점을 드러낸다. 실제로 한일병탄 때 우치다 료헤이가 아시아주의를 포기한 것처럼, 이들은 일본의 이익과 충돌한다면 손쉽게 아시아주의를 저버렸던 것이다.

또한 시바 사관이 보이는 '조선정체론', '조선낙오론'[24]이라는 문제점도 여전히 공유하고 있다. 스스로 청의 속국으로 남고자 하며 자체적으로 근대화의 길을 걸어갈 수 없게 된 조선에 대한 묘사와 함께 후쿠자와 유키치[福澤諭吉]의 「탈아론」에 대한 긍정적 평가가 병렬로 놓여 있다. 그러면서 현재 한국에서 반일 시위가 일어나고 있는 듯한 묘사를 뒤에

〈그림 3〉 불평등조약 개정은 무력으로 일본의 국력을 보여 주어야 이루어질 수 있으며, 그 대상은 반드시 승리할 수 있는 조선이나 중국이어야 한다고 주장한다(『大東亜論』, 第1部, 177~178쪽).

24 이에 관해서는 김경호, 「일본 대중문학 속에서 왜곡되는 〈조선〉」(『일본학연구』 제26집, 2009); 이복임, 「일본 지식인층에 의한 조선정체론 연구」, 『일본문화학보』 제68집, 2016)을 참조.

배치하고서 과거와 마찬가지로 여전히 한국은 일본에게 악우(惡友)라는 인상을 심어준다.[25]

그런데 『대동아론』이라는 타이틀이 의미하듯, 이 시리즈에서 가장 주목해야 할 부분은 도야마 미쓰루, 겐요샤와 아시아의 관계, 그들의 '범아시아주의'에 대한 내용일 것이다. 그런데 고바야시의 시각은 한중일 3국이 공동의 근대화를 통해 연대를 구가하고자 했다는 '흥아론(興亞論)'과 상술한 바와 같은 '탈아론'이 불명확하게 혼재되어 있다. 그러면서 도야마 등의 '범아시아주의'에 대한 구체적인 예시도 김옥균과의 관계가 주로 그려지고 있으며, 중국과는 패권을 둘러싼 갈등 구조로만 묘사되고 있다. 한국과 관련된 '아시아주의'의 실상도 김옥균과 도야마의 교류, 오이 겐타로[大井憲太郎] 등의 '오사카 사건[大阪事件]'과 겐요샤가 부산에 설립하려고 한 어학학교 '선린관(善隣館)'에 관한 에피소드 정도가 거론될 뿐이다.

고바야시는 보다 구체적인 '범아시아주의'에 대해서 『대동아론』의 제4부 「아시아 웅비편[アジア雄飛篇]」과 그 이후를 통해 그리겠다는 계획을 내놓았다. '제4부는 대아시아주의에 관한 이야기인데 어려운 점은 열화보수(劣化保守)가 좋아할 만한 단순한 중국 · 한국에 대한 공격으로 끝나지 않는 묘사법이다. 좌익의 자학 사관도 열화보수의 자존 사관도 아닌, 그렇다고 해서 이데올로기 때문에 사실을 은폐하거나 왜곡하지 않는 역사관으로 이야기를 살려야 한다. 도전해 보겠다'[26]며 의욕을 불태운다.

25 小林よしのり, 『大東亜論』, 第1部, 70~82쪽.

26 小林よしのり, 「『大東亜論』 第4部が目指すもの」, 小林よしのりオフィシャルwebサイト, 2017. 7. 19. https://yoshinori-kobayashi.com/13552/

하지만 『대동아론』을 연재해 오던 격월간 잡지 『SAPIO』가 부정기 간행으로 바뀌게 되자 고바야시는 『대동아론』을 '미완인 채로 끝낼 수밖에 없다'며 현재로서는 연재 중단을 선언했다. 따라서 단행본으로 제4부가 간행될지도 미지수이다. 그간의 사정에 대해 '극우 노선의 잡지가 간행되는 속에서 『SAPIO』의 위치가 어중간해졌다. 영합하지 않고 분투했지만 잡지 독자가 고령화되는 가운데 힘들었을 것이다'라며 언론 지형의 변화에 대해서도 토로하고 있다.[27]

3. '공(公)'을 위한 '국가'와의 싸움

고바야시와 『SAPIO』가 말하는 '극우 잡지'의 활황과 이러한 흐름에 영합하지 않겠다는 것은 무엇을 뜻하는 것일까? 그는 어떠한 필요성 때문에 『대동아론』을 그려냈던 것일까?

고바야시의 작품 대부분은 늘 현재적 문제에 대해 참여를 의도했다. 초기 아동용 개그만화로 출발했지만 '약해 에이즈[薬害エイズ] 사건'[28]을

27 「「SAPIO」不定期刊行に連載作の扱いは「検討中」」, 『朝日新聞デジタル』, 2018. 10. 26. 또한 『SAPIO』와 일본의 우경화와의 관계에 대해서는 이승희, 「재일코리안 문제를 둘러싼 일본 우익 내부의 균열 양상」(『일본학』 39집, 2014. 11)을 참조.

28 혈우병 환자에게 비가열혈액제재를 사용해서 다수의 HIV감염자 및 에이즈 환자를 만든 사건으로 당시 일본 혈우병 환자 중 40% 정도가 피해를 입었다. 1980년대부터 환자들 사이에 발병이 확인되었으나 행정 당국과 학계, 제약회사 등이 결탁한 탓에 진상이 밝혀지지 않았

만화로 발표하면서 대중적인 인지도를 쌓은 후, 옴진리교 문제, 종군위안부 문제 등 당대의 시사 토픽을 포착하여 집필하였다. 『전쟁론』의 경우에는 개인주의와 에고이즘, 일본 본연의 가치에 대한 상대주의적 무기력함이 현대 일본 사회를 뒤덮고 있다는 문제의식에서 출발한다. 그리고 그 연원을 미군정의 세뇌 계획과 이를 증폭시킨 전후 민주주의 교육, 매스컴의 자국 규탄 캠페인에서 찾는다.[29]

『전쟁론』에서 고바야시는 패전 직후 나타난 '좌익' 세력들이 직전의 전쟁을 일본의 침략 전쟁으로 규정하고 '아시아에 폐를 끼쳤다'든지 '일본은 가해자이며, 악'이므로 깊이 반성하라는 프로파간다를 일본 사회에 주입시켰다고 한다. 오늘날에는 과거와 같이 마르크스주의를 신봉하는 '반권력적인 진정한 좌익'은 극소수이지만 이들이 TV나 잡지 등의 매스컴에 암약하고, 교육계나 사법계에 영향력을 미치고 있다고 말한다. 그리고 이들의 외곽 조직과 같은 '좌익 시민그룹'이 여론 조작과 언론 탄압을 통해 전후 민주주의체제를 만들어왔기 때문에 전후의 체제를 '좌익'으로 규정했다. 그리고 이러한 좌익체제에 대해 '반체제'적 활동이 필요하다면서 '서민'적 상식과 감각으로 이에 대항하는 '상식주의'를 내걸고서 '좌익 타도'의 선봉에 섰다.[30]

또한 '대동아전쟁은 자위전쟁이며, 일본은 아시아 제국(諸國) 중에서 처음으로 백인에 의한 식민지체제에 전면적으로 싸움을 걸었다'며 '대

다. 시민들의 오랜 진상규명운동을 통해 1995년에야 재판과 책임자 처벌이 이뤄진다.

29 小林よしのり, 『新ゴーマニズム宣言 SPECIAL 戰爭論 2』, 190쪽.

30 同, 40쪽.

동아전쟁' 긍정론과 반미주의를 내세웠다. '나라와 가족을 지키고자 용감히 싸웠던 병사들의 정신'과 '아시아 해방의 이념'이라는 두 가지 축으로 전전의 전쟁을 옹호했다. 이러한 고바야시는 '새역모'의 간사로 참여하면서, 당시 청일 · 러일 전쟁에는 긍정적이지만 '대동아전쟁'에는 부정적이었던 '새역모'의 기류를 '대동아전쟁 긍정론'으로 돌아서게 만드는 데 일조한다. 하지만 그의 반미주의적 태도에 대해 '새역모' 내부에서의 반감이 일어났다. 『전쟁론 2』에서 고바야시가 보인 알카에다의 9 · 11테러에 대한 공감을 계기로 '새역모' 내부에서 '반미 보수' 대 '친미 보수'의 균열이 일어났고, 결국 고바야시는 '새역모'를 이탈하게 된다.[31]

이후 공격의 예봉을 차츰 '좌익'에서 아베 정권과 넷우익에게로 돌리게 된다. 고바야시는 아베 신조 현 총리가 국제적으로도 매파로 여겨지며 일본은 '우경화'되고 있다고 보도되지만, '우경화'가 아니라 '배외주의화'로 규정해야 한다면서 양자를 구분한다. 그러면서 이러한 배외주의

〈그림 4〉 '좌익'은 일본의 체제이고, 과격파도 체제편이다. 전후 민주주의 좌익체제를 위협하는 자신이야말로 반체제이다(『戰爭論 2』, 40쪽).

〈그림 5〉 알카에다의 9 · 11테러 공격에 공감하는 고바야시 요시노리('그런 방법이 있었나?', 『戰爭論 2』, 18쪽).

31 「「公」のために「国」と戦うことだってある！ ―小林よしのりインタビュー―」, 『日刊 SPA!』, 2018. 3. 29.

적 태도를 지닌 오늘날의 자칭 '보수', '우파'들의 실상은 '반중, 혐한, 친미, 글로벌리즘'이자 '대서구 굴종주의', '반아시아주의'라고 정의한다. 그리고 아베 신조 총리야말로 넷우익을 중심으로 한 이러한 자칭 '보수', '우파'의 자양분을 공급받으며, 이들과 공동 투쟁하고 있는 넷우익의 총리라고 평가절하한다.[32] 그는 넷우익을 향해서 '이웃 나라를 욕하며 자아를 비대화시켜 거만떨려한다'는 식의 경멸적 언사를 내뱉으며, "『전쟁론』을 '오독'한 탓에 배외주의자가 되어 버렸다"며 그들과의 선을 긋고자 한다. 일본의 보수 논단에 대해서도 대미 추종주의자들이라며 일본의 자주독립에는 조금도 관심이 없다고 비난한다.

때문에 보수 논단이나 넷우익들로부터 '좌경화되었다', '포지션이 어정쩡하다'는 공격을 받고 있다. 『전쟁론』은 이른바 좌익의 '자학 사관'에 대항해 썼지만, 오늘날 일본의 분위기가 오른쪽으로 편향되면서 친미 보수 논조와 배외주의가 발호하게 되었다며 우려를 내비친다. 또한 이를 조장하며 자신의 정치적 입지를 확보하고자 하는 아베 신조 수상을 지지하는 것이 마치 보수인 것처럼 여겨지고 있는 현 상황을 바꾸는 것이 현재 고바야시가 몰두하고 있는 테마라고 한다.[33] 자신을 향해 변절, 혹은 전향했다는 비난에 대해 '보수를 어떻게 규정할 것인가, 메이지 초기로 거슬러 올라가 보수 혹은 우익의 태동에서부터 대응 논리'를 펼치고자 한다. 그 결과물이 『대동아론』이다.

그러한 우익 중에서도 고바야시가 겐요샤에 관심을 보이는 것은 '우

32 『大東亜論』, 第1部, 114~117쪽.

33 「「公」のために「国」と戦うことだってある！」, 전개서.

익의 원류'라는 항간의 평가도 있지만, 겐요샤가 고바야시 자신의 고향인 후쿠오카를 거점으로 결성(1879년 12월)된 까닭도 있을 듯하다. 즉 현 총리대신인 아베 신조가 야마구치현[山口県] 출신이라는 점에 대한 대항의식도 깔려 있다. 고바야시에 의하면, 오쿠보 도시미치 사후 이토 히로부미와 이노우에 가오루[井上馨] 등 옛 조슈번(현재의 야마구치현) 출신들이 오쿠보 노선을 계승하고서 '서양 지상주의' 정책을 펼치면서 메이지 정부를 확립시켰다면, 후쿠오카 출신의 도야마 미쓰루와 겐요샤 멤버들은 제2의 유신을 꿈꾸고 메이지 신정부에 대립한 사이고 다카모리를 계승했다고 보기 때문이다.

오늘날 일본에서 겐요샤는 일반인들에게 낯선 존재가 되어 있다. 1978년 후쿠오카시 중앙구에 개관했던 '겐요샤기념관'도 2008년에는 폐관되어 소장 자료도 후쿠오카박물관에 기탁된 상태다. 메이지기부터 패전까지 정·재계에 상당한 영향력을 행사했다고 알려진 이 단체는 제2차 세계대전 이후 GHQ(연합국총사령부)에 의해 '일본의 국가주의와 제국주의 중에서도 가장 광신적 일파'로 지목되어 해산된 후, 전후를 통해 테러를 자행하던 위험한 우익집단 정도로 인식되어 왔다.[34]

그런데 고바야시는 겐요샤나 도야마를 '우익'으로 규정하는 것에 이의를 제기하며, 도야마와 평생 친우로 지냈던 나카에 조민과의 관계를 든다. 이들을 오늘날의 기준에 따라 도야마는 우익, 나카에는 좌익이라 도식으로 보는 것에 익숙하겠지만, 그렇게 되면 평생을 이어간 이들의 교우와 자유민권운동에서의 협력을 이해할 수 없게 된다면서 이들을 좌

34 石瀧豊美, 『玄洋社・封印された実像』, 海鳥社, 2010, 20~66쪽.

익도 우익도 아닌 일본이라는 나라를 걱정하고 활동한 '국사(國士)' 동지로 봐야 한다고 주장한다.[35]

용어상의 지적이라면 어느 정도 수긍이 가는 이야기다. 한상일에 의하면 쇼와 초기에 이르기까지 일본의 언론이나 학계는 물론 일반인들 사이에서도 '우익'이라는 단어는 보편적으로 사용되지 않았다. 당시는 우익을 주로 '지사(志士)', 혹은 '대륙낭인(大陸浪人)'이라고 불렀다. 그러다 1920년대 국가 개조와 쇼와유신의 바람이 거세게 불면서 중심인물들의 사상과 행동을 분석하는 검찰이나 경찰이 이들을 '우익' 혹은 '국가주의 단체'라고 정의하면서 일반화되었기 때문이다.[36] 용어의 레벨을 넘어서 당시의 정세상으로도 고바야시의 분류는 적절할지도 모르겠다. 메이지유신이 불완전하게나마 네이션스테이트의 성립을 의미한다면, 국가의 독립을 주장하는 국권론자와 개인의 독립을 주장하는 민권론자 모두 근대 국가의 이데올로기를 공유했다고 하겠냐. 선진 사본주의 열강을 본받아 근대화를 추진하려는 오쿠보 도시미치 등의 체제파에 대한 반대파의 입장은 동일했다. 오쿠보 일파가 국권을 실추시키고 민권을 억압하면서 결국 국가를 개인의 것으로 만들었다는 비난이다. 하지만 심지어 '세이난전쟁'을 기획한 사이고 다카모리조차 근대 국민국가 체제를 역행시키거나 전복시키려 하지는 않았으며, 보완하고자 한 것이다. 도야마와 나카에 조민의 공통점도 여기에 존재한다.[37]

35 小林よしのり, 『大東亜論』, 第1部, 112~113쪽.

36 한상일, 「일본의 우익사상과 아시아주의」, 『일본비평』 10호, 2014. 2, 21쪽.

37 小林よしのり, 『大東亜論』, 第1部, 22~33쪽.

한상일의 연구에 따르면 오늘날의 일반적 시각으로 보자면 일본의 '우익'은 근현대 일본 정치·사회사에서 볼 수 있는 '특수한' 집단이다. 프랑스혁명 이후 등장하는 서양의 우익(the right-wing)이 급진적 개혁을 주장하는 '좌익'에 대치하는 보수 세력을 의미한다면, 천황제와 맞물려 있는 일본의 우익은 다른 나라에서 볼 수 없는 독특한 성격을 지니고 있다고 한다. 물론 일본의 우익도 체제 옹호적이고 보수적 입장을 취하고 있고, '반(反)공산주의' 이념을 중요한 기반으로 하고 있다. 그러나 보다 본질적인 정치적 기초는 '천황중심주의를 바탕으로 하는 국가지상주의'로 설명하면서 이것은 다른 나라의 우익과 근본적으로 다른 특징이라고 한다.[38]

그런데 한상일의 이러한 견해를 따르자면 비록 '천황중심주의'라는 예외 조항을 붙이고 있지만 보수파와 우익은 거의 동의어가 되어 우익-좌익으로 양분된 대립 구도에서 일본의 권력 지형을 파악하게 된다. 이와 같은 구도로 본다면 『대동아론』에서 사이고나 도야마 등이 대립하는 메이지 신정부의 요인들은 어떻게 규정될 수 있을까? 그들이 다툰 이유는 보수-우익 내에서의 권력 다툼이었던 것일까?

이에 비해 마쓰모토 겐이치[松本健一]는 근대 일본의 정치사상 지형에 대해 크게 우익과 좌익, 그리고 그 사이에 낀 보수파=리버럴이라는 구조를 제시한다. 그리고 근대 일본에서 권력을 장악해온 것은 우익도 좌익도 아닌, 좌우 양익 사이에서 균형을 잡아온 보수파=리버럴이었다고 설명한다. 리버럴이란 원래 자유주의자를 뜻하지만 일본에서는 보수주의

38 한상일, 전개서.

〈그림 6〉 고바야시는 오쿠보 도시미치 이후의 근대화, 서구화의 논리가 전전은 물론 오늘날까지 정부 당국에 의해 유지되고 있다고 본다. [『大東亜論』, 第1部, 226쪽(우) · 第2部, 352쪽(좌)]

자와 동일하며, 이것은 선진 자본주의 열강 밑에서 뒤늦게 근대화를 추진해야 했던 특수한 사정으로부터 기인한 것이다. 리버럴은 극우를 잘라내리면서 오른쪽으로 다가섰고, 때로는 극좌를 잘라버리면서 왼쪽에 동조하며 권력을 유지해 왔다. 좌우 양익의 틈새에서 권력을 장악하고 문명개화의 논리, 즉 근대화-자본주의화, 중앙집권화, 탈아화(脫亞化), 합리화-의 노정을 이어 왔다.[39] 그리고 이러한 노선은 메이지유신 이래로 전후에 이르기까지 줄곧 유지되어 왔다고 본다.

고바야시가 사이고와 도야마를 보수파=리버럴에 대항시킨 구도는 결국 오늘날의 아베 정권으로 향한다. 이전의 저작 『전쟁론』의 출발점은 당시 일본에 있어 '철저한 공(公, 공공성, 퍼블릭 마인드, 국가)의 부정과 편협

39 마쓰모토 겐이치 저 · 요시카와 나기 역, 『일본 우익사상의 기원과 종언』, 문학과 지성사, 2000, 16~18쪽.

한 사(私)의 비대화'에 대한 비판에 있었다.[40] 현대 사회의 혼란, 즉 질서의 붕괴는 개인의 불안에서 출발하며, 불안한 개인은 자신조차 확립시킬 수 없으며, 이러한 개인들의 에고이즘은 공적인 환경을 붕괴시킨다. 이 같은 악순환 속에 개개인의 삶은 더욱 불안한 삶을 영위하게 된다. 이러한 개개인을 컨트롤하기 위해서는 '공공성'의 획득이 필요하다는 것이다. 그런데 이때 고바야시가 말하는 '공'의 범주는 국가와 동일하게 취급된다. 왜냐하면 국가가 일본 법률과 사회관습적 규율인 '공공심'이 통용되는 범위이기 때문이다.

그런데 최근의 저작 『고마니즘 선언 신전쟁론 1[ゴーマニズム宣言SPECIAL新戦争論1]』에서는 "'국가'와 '공'은 어긋날 때가 많다! '국가'인가? '공'인가? 라고 묻는다면 나는 '공'의 편에 서겠다"면서 '공'과 '국가'를 분리해 이야기하고, 심지어 '국가'보다 '공'을 우위에 두고 있다.

『전쟁론』 이후 10년이 지난 지금, 세상은 일거에 오른쪽으로 치우쳐졌다. 배외주의적인 움직임으로까지 확대되고 있다. 정치가도 그것에 휘둘리고 있다. 『전쟁론』에서는 전전의 좋았던 전통조차 인정받지 못하는 전후적 가치관, 혹은 일국평화주의적인 전후 민주주의를 부정하기 위해 일부러 '대동아전쟁론'의 입장을 취했다. 그것을 호전적이라며 단순히 받아들인 이들도 있었지만, 그것은 표층적인 이해다.… 단지 전쟁 긍정이라든가 우리들은 잘못을 저지르지 않았다고 하는 '자학 사관'과 반대된 '자존 사관'이었다.[41]

40 大高美貴, 「戦争論－あなたは国のために命を捨てられますか」, 小林よしりん 『よしりん戦記』, 小学館, 2003. 102쪽.

41 小林よしのり, 「『戦争論』のわしだから言う. 愛国バカは国を滅ぼすぞ」, 『週刊 東洋経済』,

고바야시는 최근 몇 년간 넷우익이나 보수 미디어가 '국익', '국적', '반일' 등을 외치고 있는 것을 우려한다. 문제는 이들이 말하는 '국가'가 의미하는 바는 일본의 전통이나 문화에서 유추된 것이 아니라, 아무런 성찰도 없이 현재 상태를 긍정하고 우월감에 빠져서, 정부를 비판하는 사람들과 마이너리티를 배제시키려는 정치체제라고 말한다. 그에 따르면 전후 민주주의라고 하는 '좌익[サヨク]'적 분위기가 지금은 '국가'를 맹종하는 또 다른 분위기로 대체되었다. 그리고 이번에는 이 분위기에 젖은 사람들이 '공'을 파괴하려고 하고 있다는 것이다.[42]

고바야시가 '국가'에 대항해 '공'을 강조하게 된 것은, 지금껏 우도 아니고 좌도 아닌 항상 그것들 사이에서 균형을 잡아왔던 정권의 담지자가 '우익'의 대의명분이었던 '내셔널리즘'을 가로챈 현재 상황에 대한 반발에서 나왔다고 볼 수 있다. 현재의 아베 내각은 '우익'의 수사를 동원하여 '내셔널리즘'의 담지자인 척하지만 그 실제 내용은 환태평양경제동반자협정(TPP) 참여와 자위대의 이라크 파병과 같이 미국을 추종하며 '공공성'인 '역사와 전통'을 지우려하고 있다는 것이다. 이에 대항하기 위해 고바야시가 선택한 방법이 바로 메이지유신의 원점에서 국내외에 대한 '도의'와 일본혼(에토스), 민족의 윤리적·심적 태도를 지키고자 했던 사이고나 도야마로부터 '공(公)' 이미지를 구체화시켜 현재의 대미 굴종적 '국가'에 대항하려는 시도이다.

또한 『전쟁론』 3부의 「특별 부록」편에는 오늘날 일본의 헌법 개정을

2014. 9. 27.号, 56~59쪽.

42 梶田陽介, 「ネトウヨの生みの親・小林よしのりが右傾化を憂えている！ 安倍とネトウヨを徹底批判」, 『livedoor NEWS』, 2015. 3. 15.

둘러싼 문제와 관련해 메이지 시대에 다양하게 분출되었던 사의헌법(私擬憲法)에 관해 다루고 있다. 현재의 '일본국헌법'은 GHQ에 의해 강압된 것으로 개헌의 필요성을 설파하며 '일본을 되찾자[日本を取り戻す]'라는 구호를 외쳤던 아베 내각에서 대해, 고바야시는 대일본제국의 헌법이든 전후의 평화헌법이든 '한 번도 국민이 주체가 되어 헌법을 만든 적이 없다. 그리고 민중의 힘으로 진정한 민주제라는 것을 만든 적이 없다'며 강압된 혹은 부여된 헌법이라는 레토릭의 허상을 지적한다. 메이지 헌법이 공포되기 전에 지역의 소학교 교원, 지주, 농민들 등이 모여 토의를 거듭하며 민간의 헌법 초안이 약 40여 개나 만들어졌지만, 메이지 정부는 이를 완전히 무시하였다. 그리고 헌법 작성 과정도 일체 미공개로 진행한 채 일방적으로 공포했다는 것이다.

하지만 메이지 헌법이 공포되었을 때 대중은 그 내용도 모르고 자신들에게 이익이 되리라는 막연한 희망으로 마치 신주단지를 모시듯 한다. 이러한 모습을 본 나카에 조민은 '은사(恩賜)의 민권'의 한계라고 지적한다. 그리고 오늘날의 호헌파나 개헌파 모두가 '헌법이란 국가권력에 대한 국민으로부터의 명령서이며 권력을 제한하는 것'[43]이라는 점을 인식하지 못한다고 비판한다. 그러면서 적극적으로 헌법 제정에 참여하고자 했던 메이지 초기의 일본 국민들을 그려냄으로써 '주권(主權)'을 가진 국민들의 역사를 부각시키고자 한다. 이 또한 '국가'와 합치되지 않는 '공'의 기억인 것이다.

43 林よしのり, 『大東亜論』, 第3部, 389~392쪽.

4. 맺음말

1990년대의 '풀뿌리 보수운동' 그리고 최근의 '거리로 나온 넷우익'은 서브 컬처와 접목된 보수·우익의 수사와 서사를 적극적으로 받아들여 사회운동의 원동력으로 삼고 있다. 고바야시 요시노리는 만화라는 기존의 출판매체를 활용하면서 우익의 감정과 사관을 성공적으로 가시화해 왔다. 그렇기에 오늘날 일본과 한국, 중국의 외교 방향, 국민정서에서 나타나고 있는 문제점에 착안해,『대동아론』속에서 메이지유신 이후 도야마와 겐요샤를 중심으로 그 해결점을 찾고자 하는 고바야시의 시도에 대해 다양한 반응이 나타나고 있다.

아마존의 독자 감상평을 중심으로 살펴보면 '교과서에서는 나오지 않는 메이지유신 이후 국가형성에 대한 고투와 분투'를 재미있게 전달하고 있는 점, '메이지부터 패전 직전까지 시바 료타로의 사관(史觀)과는 다른 형태로 그 시작점에서부터 동아시아의 관계를 재검토하면서 일본의 근대를 다시 돌아보게 하는' 작품, '메이지 6년의 정변 이후 명확히 노견되었던 메이지 정부의 왜곡에 마주섰던 지사들의 에토스와 정신'을 그려주는 작품이라는 긍정적인 평이 대다수를 차지하고 있다. 그러나 '지금까지의 언설을 180도 뒤틀어 좌익에게 붙었다'며 고바야시 '전향'에 대해 비난하는 이전 팬들도 한편으로 존재한다. 일각에서는 그가 '한국과 중국의 파친코머니에 굴복'해 '전향'했다는 중상비방도 나오고 있는 듯하다.

그러나『전쟁론』이후부터 고바야시의 문제의식이 줄곧 '공공성의 상실'에 대한 이의 제기에 있다고 본다면, 『대동아론』으로 이어지는 그의 저작은 일관성을 갖추고 있다고 하겠다. 이전 작품에서 전후 민주주의 공간 속에서 '개(個)'에 대한 과도한 강조가 '공(公)'의 결핍을 가져왔다고 보고, 이에 대항해 제2차 세계대전 중의 가미카제 특공대를 상징적으로 제기했다. 한편 현재는 넷우익이나 보수 미디어가 '국익', '반일', '국적(國賊)' 등을 떠들며 '국가'를 들먹이고 있다. '국가'에 대한 과도한 강조가 다시 '공(公)'을 파괴하고 있다는 정세 분석이 지금의 그의 작품에 나타나고 있다고 하겠다.

고바야시는 『대동아론』을 통해 근대 이래 일본에서 나타난 이른바 애국적 '지사(志士)' 집단 겐요샤를 통해 동양적 왕도의 실현, 아시아주의, 자유민권운동의 연계점을 펼쳐 보였다. 이는 현재 일본을 리드하고 있는 정치집단과 넷우익 등에서 나타나는 배외주의적 경향에 대한 반발이기도 하며, 최근 논의되고 있는 헌법 개정에 대해 잊힌 역사를 대중적으로 확산시키려는 의도가 내포되어 있기도 하다. 전전의 대일본제국주의 헌법이든 전후의 평화헌법이든 모두 위로부터 부여받은 헌법이라는 한계성을 공유하고 있다고 보고, 적극적으로 헌법 제정에 참여하고자 했던 메이지 초기의 일본 국민들을 그려냄으로써 '주권(主權)'을 가진 국민들의 모습을 부각시키고자 했다. 물론 『전쟁론』 등에서도 줄곧 문제되었던 이중적 잣대는 곳곳에 도사리고 있고, 일본군'위안부' 문제 등에 관해서도 여전히 퇴행적 언사를 이어가고 있으나 배외주의에 대한 비판이나 주권 행사 강조와 같은 긍정적인 측면도 그의 작품을 통해 대중에 유포되고 있음을 확인할 수 있었다.

고바야시 요시노리가 그려내는 메이지유신과 그 이후 일본이 걸었던

'왜곡된' 길, 그리고 그에 대항했던 인물들이 오늘날 일본 사회에 어떠한 울림으로 이어질까?

넷우익의 산파라 불리며, 한국에서도 우려의 시선을 보내고 있는 우익의 스피커가 동아시아 관계를 그 원점에서부터 재검토하는 이러한 시도는 한국에 어떠한 시사점을 던질지, 앞으로 그 귀추를 주목해 볼 필요가 있겠다.

■ 참고문헌

- 小林よしのり(2014),『新ゴー マニズム宣言 SPECIAL 大東亜論』, 第1部「巨傑誕生編」, 小学館.

  __________(2015), (『新ゴー マニズム宣言 SPECIAL 大東亜論』, 第2部「愛国志士, 決起ス」, 小学館.

  __________(2017), (『新ゴー マニズム宣言 SPECIAL 大東亜論』, 第3部「明治日本を作った男達」, 小学館.

- 강기철(2004. 6),「고바야시 요시노리 만화에 나타난 사회적 가치 변화 요소에 관한 연구」,『일어교육』 28집.

  ______(2012. 3), (「고바야시 요시노리 만화에 나타난 역사 왜곡과 정치적 대중화에 관한 연구」,『일어교육』 59집.

  ______(2017. 4),「일본만화에 나타난 야스쿠니신사의 정치적 전략 연구」,『日本語教育』.
- 김경호(2009. 1),「일본 대중문학 속에서 왜곡되는 〈조선〉」,『일본학연구』 제26집.
- 이복임(2016. 2),「일본 지식인층에 의한 조선정체론 연구」,『일본문화학보』 제68집.
- 이승희(2014. 11),「재일코리안 문제를 둘러싼 일본 우익 내부의 균열 양상」,『일본학』 39집.
- 표세만(2014. 3),「고바야시 요시노리(小林よしのり) 만화『전쟁론(戦争論)』의 설득력」,『아시아문화연구』 33집.
- 한상일(2014. 2),「일본의 우익사상과 아시아주의」,『일본비평』 10호.
- 한정선(2014. 2),「현대 일본 우익 대중주의의 알고리즘」,『일본비평』 10호.
- 大高美貴(2003),「戦争論－あなたは国のために命を捨てられますか」, 小林よしりん『よしりん戦記』, 小学館.
- 小熊英二(1998. 12),「「左」を忌避するポピュリズム」,『世界』(656).
- 小林よしのり(2014. 9. 27号),「『戦争論』のわしだから言う. 愛国バカは国を滅ぼすぞ」,『週刊東洋経済』.
- 梶田陽介(2015. 3. 15),「ネトウヨの生みの親・小林よしのりが右傾化を憂えている! 安倍とネトウヨを徹底批判」,『livedoor NEWS』.

- 마쓰모토 겐이치 저 · 요시카와 나기 역(2000),『일본 우익사상의 기원과 종언』, 문학과지성사.
- 시바 료타로 저 · 박재희 역(2005),『대망 30－나는 듯이』, 동서문화사.
- 石瀧豊美(2010),『玄洋社・封印された実像』, 海鳥社.
- 浦野起央(2018),『日本の国際認識: 地域研究250年 認識・論争・成果年譜』, 三和書籍.
- 中村政則(2009),『「坂の上の雲」と司馬史観』, 岩波書店.
- 樋口直人(2014),『日本型排外主義–在特会・外国人参政権・東アジア地政学』, 名古屋大学出版会.
• 毛利敏彦(1978),『明治六年政変の研究』, 有斐閣.

| 9장 |

일본 대중 출판물에 나타난 메이지유신의 재인식 문제

이원우 | 동북아역사재단 국제관계와 역사대화연구소 소장 |

1. 머리말

모든 역사는 다면적이다. 어느 부분은 과장되어 있고, 어느 부분은 과소평가되어 있다. 또한 날조된 역사가 버젓이 통용되고 있는 경우도 있으나, 진실이 파묻혀 버린 역사도 있다. 메이지유신에 관한 역사는 특히 그러한 측면이 많다.

올해(2018)는 메이지유신 150주년이 되는 해다. 그런데도 메이지유신은 일본 국경을 넘어 근린 지역에서 많이 논의되고 있지는 않다. 그것은 메이지유신의 태생적 한계 때문이다. 메이지유신의 양면성, 즉 근대화 성공과 근린 침략이라는 한계성 때문에 동아시아 지역의 평가는 유보적일 수밖에 없다. 어느 학자는 끊기 좋은 시대 구분 의미의 현재적 의미를 되씹어 본다. 메이지유신 150주년 기념이 그리 붐이 일지 않는 이유에는 여러 가지가 있겠지만, 그 원인으로 역사 연구에 있어 연속성과 인간 수명의 연장이라는 요소를 들고 있다.[1] 이는 향후 역사 연구에 있어 페르낭 브로델이 설명한 장기 지속(longue durée)이라는 개념[2]이 더욱 적극적인 의미를 가지게 될 것을 의미하는 것인지도 모르겠다.

어쨌든 일본 국내에서는 메이지유신 150주년에 대한 반응이 각 지역과 주체에 따라서 온도차가 있다. 도쿠가와 막부를 무너뜨리고 왕정복

1 五百旗頭薫(2014. 4), 「職分から政党への５００年」(中央公論新社『中央公論－特集, 誤解だらけの明治維新』4월호), 101쪽.

2 역사 연구에 있어 '장기 지속' 개념은 페르낭 브로델 저 · 김홍식 역(2012. 3), 『물질문명과 자본주의 읽기』, 갈라파고스 참조.

고 쿠데타를 성공시킨 구(舊)삿초도히[薩長土肥]번[3]이 있던 지역에서는 지방자치단체가 앞장서서 분위기를 띄우는 반면, 보신[戊辰]전쟁에서 패한 동북제번(奧羽列藩同盟 지역)[4]이 있던 지역에서는 마냥 축하하는 분위기는 아니다. 보신전쟁 당시 사쓰마 · 조슈번군(정부군=官軍) 등이 자행한 잔학한 행위는 아직도 치유되지 않아 서일본 지역의 주민과 동북 지역의 주민은 심리적으로 융합되고 있지 않는 형상이다. 그러나 야마구치[山口, 舊長州藩]현 출신의 아베 수상이 이끄는 일본 정부는 2020년 도쿄올림픽을 앞두고 맞이한 메이지유신 150주년을 올림픽 성공을 기원하는 모멘텀으로 삼고 싶을 것이다.

메이지유신은 일본인에게는 가장 자랑스러운 역사 사건 중 하나다. 메이지유신은 오늘날까지 상황에 따라 이름을 바꾸어 가며 현재까지 진행 중이다. 제2의 유신, 다이쇼[大正]유신, 쇼와[昭和]유신, 헤이세이[平成]유신 등. '유신'은 절대선처럼 되어 있다. 메이지유신을 원용하면서 현상타파를 목적으로 하는 '유신'은 앞으로도 이름을 바꾸며 상황의 필요에 따라 등장할 것이다. 그만큼 '메이지유신'은 이제 신화가 되어 가고 있다.

이 글에서는 최근 2~3년간 발행된 일본 대중 출판물에 메이지유신이 어떻게 기록되고 있는지, 다시 말해 메이지유신 150주년을 즈음해 현재 일본 국민이 메이지유신을 어떻게 인식하고자 하는지 살펴보고자 한다.[5]

3 현재의 가고시마[鹿児島]현 · 야미구치[山口]현 · 고치[高知]현 · 사가[佐賀현이다.

4 무쓰노쿠니[陸奥国], 즉 현재의 후쿠시마[福島]현 · 미야기[宮城]현 · 이와테[岩手]현 · 아오모리[青森]현과 데와노쿠니[出羽国], 즉 현재의 야마가타[山形]현 · 아키타[秋田]현 그리고 에치고노쿠니[越後国], 즉 니가타[新潟]현이 여기에 속한다.

5 이 글은 메이지유신관을 전문적으로 연구하고자 하는 것이 아님을 밝혀둔다. 또한 분석 대상 도서는 필자가 입수한 극히 제한된 분량의 도서이며, 메이지유신 찬양 일변도의 도서는 원천적으로 다루지 않았다. 기존 학계에서 정평 있는 연구자의 최근 저작물과 젊은 연구자

2. 메이지유신관에 관한 선행 연구

역사학자 다나카 아키라[田中彰]는 "메이지유신관[明治維新観]은 지극히 현대론(現代論)이며, 유신관의 변천을 살펴본다는 것은 각 시대의 조류나 사조, 민심 등의 동향을 파악하는 일임과 동시에 사람들의 사회 변혁에 대한 가능성을 검증하는 일"이라고 했다.[6]

주지하다시피, 메이지유신의 성격에 대한 학문적 논쟁으로 일본 자본주의 논쟁(1933~1937)이 유명하나, 일반인에서 유명 정치인에 이르기까지의 유신관을 정리한 다나카의 『메이지유신관 연구[明治維新観の研究]』는 왕정복고(1867. 12) 이후 메이지시대(1912)까지 일본인의 유신관 변천을 일목요연하게 보여 주고 있다. 메이지유신 150주년을 즈음하여 일본 대중서에 메이지유신이 어떻게 기술되고 있는지를 이해하기 위한 사전 지식으로써 유용하기에 간략하게 살펴보기로 한다.

① 민중의 유신관, 왕정복고 단행파의 유신관

왕정복고가 단행된 1867년 12월과 그 이후에 서민과 신권력층은 모두가 '일신(一新)'의 필요성을 느끼면서 메이지유신에 각자의 희망을 가탁했다. 서민층은 유신에 의하여 도래되는 세상이 태평성대일 것과 그로 인해 일본이 세상에서 제일 좋은 나라가 될 것을 희망했다. 반면에

의 연구서 및 보신전쟁 연구서를 상대적으로 많이 참고했다.

6 田中彰(2003), 『明治維新観の研究』, 北海道大学図書刊行会, 260쪽.

⑤ 메이지 천황제 확립기의 유신관

1889년 2월에 대일본제국 헌법, 즉 메이지 헌법이 공포되었다. 왕정복고 쿠데타로부터 20여 년, 근대 천황제가 확립기에 접어든다. 정치·경제·사회·문화적으로도 새로운 변화가 기대되는 이 시기에 다양한 시각의 유신론이 전개되었다. 그중에서 평민주의자 도쿠토미 소호[德富蘇峰]의 '시골 신사' 유신론을 소개한다.

도쿠토미 소호는 메이지유신은 5개조 서문에 입각하여 구일본(도쿠가와 막부)을 파괴하고 신일본을 건설하는 것이었으며, 유신 이후 서양화를 추진하여 사회가 크게 변화하였다고 인식했다. 그는 19세기 세계 역사 발전을 귀족 사회에서 평민 사회로 전환하는 것으로 파악하고, 메이지 유신 이후 정치·사회의 발전 담당자도 사족(士族)에서 시골 신사(사족과 상공민의 중간적인 존재인 호농층)로 전환되었다고 했다.[12] 따라서 메이지 정부는 타도의 대상이 아니며, 미완의 유신을 완성하기 위해서는 제2의 유신이 필요하고, 이에 대한 담당자로 '시골 신사'를 내세웠다.

이 시기에 이르면 일부에서는 여전히 메이지 정부에 대해 비판적인 사람도 있었지만, 메이지유신은 이미 서양의 압력에 의한 식민지화 위기를 극복하고 일본을 근대화시킨 대변혁이란 긍정적 이미지로 정착되었다. 이후 메이지 정부가 치른 청일전쟁의 승리를 계기로 평민주의자들은 메이지 정부 지지로 '전향' 내지 '투항'을 하게 되었다.

12 『明治維新観の研究』, 97~106쪽.

⑥ 좌막파의 유신관

저자는 좌막파 유신관을 막부 내지 좌막(佐幕) 혹은 그에 가까운 입장에서 메이지유신 및 인물에 관해 서술(회고)하거나 유신과 관련된 잡지 등 편집물 근저에 있는 메이지유신을 보는 시각이라고 규정한다.[13]

좌막파의 유신관에는 대별되는 3가지 유형이 있다.

첫째, 에도 막부 260여 년은 역사적으로도 드문 평화시대를 구축하였으며 문학, 풍속, 기예 등 문화가 고도로 발달한 시기였다. 그런데 메이지유신과 이후의 메이지 정부는 급속한 서구화로 에도 시대의 문물·제도를 파괴했다. 따라서 막부 말기 막부가 취한 각종 시정(施政)의 이유나 사정을 분명히 밝혀 일방적인 유신사를 정정해야 한다(江戸懐旧〈再評価〉型).[14]

'에도 시대 재평가형'은 국내적으로 메이지 정부에 저항할 필요가 있거나 비판적일 때 활용되는 논서이기는 하나 동시에 서구와의 대립이 치열할 때 일본문화로 회기할 때(비록 다른 문맥이기는 하지만) 종종 활용되는 시각이다.

둘째, 당시(메이지 20년 전후) 삿초 중심의 유신사에 대한 비판적 시각에서 막부 멸망의 역사를 중심으로 막부 말기 역사를 기술하고자 하는 유신관이다(幕府衰亡〈主流〉型).[15] '왕정보고 유신관'에 대한 '막부 쇠망 유신관'이다.

13 『明治維新観の研究』, 149쪽.

14 『明治維新観の研究』, 152~156쪽 참조.

15 『明治維新観の研究』, 157~163쪽 참조.

셋째, 다이로 이이 나오스케[井伊直弼]의 무단통상조약 체결도 시운의 변천에 따라 취해진 조처이며, 아이즈[会津]번주 마쓰다이라 가타모리[松平容保]가 7년간 교토 수호직을 성실히 수행한 것은 '좌막'인 동시에 '근왕'의 마음가짐으로 봉직했다는 유신관이다(雪冤勤王型).[16] 천황제 유신관은 좌막파 측에서 시대 상황 반영과 '근왕'을 강조한다는 점에서 유신에 관한 모든 사관을 흡수하는 블랙홀처럼 확고부동한 자리를 차지했다.

⑦ 천황제 완성기의 유신관

대일본제국 헌법이 공포(1889. 2)되고, 그에 따라 제국의회가 개원(1890. 11)된 메이지 20년대(1887~1896)는 청일전쟁(1894~1895)의 승리에 따라 근대 천황제가 최종적으로 확립되었다고 볼 수 있다. 이 시기, 즉 근대 천황제 완성기에 제작이 시작된 사료집으로는 『사담회 속기록(史談會速記錄)』(구다이묘가가 중심), 『방장회천사(防長回天史)』(스에마쓰 겐조[末松謙澄] 편), 『개국 50년사(開國五十年史)』(오쿠마 시게노부[大隈重信] 찬) 등이 있다. 특히, 『개국 50년사』의 유신관은 이미 '왕정복고' 유신관(『사담회 속기 기록』), 근왕 사관(『방장회천사』)을 넘어 문명적 존재로서의 일본은 그 기반이 되는 특수한 민족적 특질을 가진다는 '국체론'을 강조하고 있다.[17]

한편, 이러한 '국체론'적 유신관의 맹아는 다이쇼·쇼와 시대를 거치면서 대외적 위기에 국가적 대응을 강조하는 국가주의적 유신관으로, 파시즘 시기에는 황국 사관 유신론으로, 이윽고 '대동아공영권' 사상과 연

16 『明治維新観の研究』, 163~169쪽 참조.

17 『明治維新観の研究』, 221~226쪽 참조.

동하게 된다.[18] 패전과 더불어 황국 사관은 무대의 전면에서 사라졌으나 천황제 사관은 여전히 그 명맥을 유지하고 있다.

3. 메이지유신에 관한 최근 연구 경향

앞 장에서 메이지유신이 각 시대별로 어떻게 인식되고, 인식하려고 했는가를 선행 연구를 요약하는 형태로 살펴보았다. 패전과 더불어 황국 사관의 외피는 벗었다고 하나 왕정복고적 유신관 내지 천황제적 유신관은 여전히 지식층뿐만 아니라 일반 국민들 사이에서도 공유되고 있다고 하겠다. 즉, '페리 내항(서구 외압)→존왕양이운동(근왕주의)→삿초동맹[우국번(憂國藩)의 협력]→토막(討幕, 근대국가 기초 건설)→서구 열강의 식민지화 탈피(위기 극복, 천황제 근대국가 건설)→아시아에서 유일하게 근대화에 성공한 나라'라는 내셔널 히스토리다.

1960년 이후 메이지유신에 관한 연구는 일본 자본주의 논쟁과 같은 이론적 연구 경향이 쇠퇴하고, 실증 일변도의 연구 풍토가 정착되어 갔다. 올해는 메이지유신 150주년에 맞춰 많은 종류의 연구서가 간행되었는데 다음 두 권의 도서는 실증성을 강조하고 있다.[19]

18 『明治維新観の研究』, 257 · 258쪽 참조.

19 小林和幸 편(2018. 3), 『明治史講義(테마편)』, ちくま新書 ; 筒井清忠 편(2018. 4), 『明治史講義(인물편)』, ちくま新書.

고바야시 가즈유키 편 『메이지사 강의(테마편)』(치쿠마신서) · 쓰쓰이 기요타다 편 『메이지사 강의(인물편)』(치쿠마신서) 중 「테마편」 표지 안쪽 선전 문구에는 '구태의연한 과거 역사관에 얽매이지 않고, 실증성 없이 한쪽으로 치우친 견해에 좌우되지 않는 역사 연구의 최전선을 제시한다'고 명기되어 있다. 이러한 방침에 따라, 예를 들면 제1차 조슈 정벌 시(1864) 조기에 토벌군을 철병한 것은 사이고 다카모리[西鄕隆盛]가 가쓰 가이슈의 공화정치 구상에 영향을 받은 것에는 직접적인 관계가 없다고 지적한 점이나, 폐번치현(1871)이 근대국가 건설을 위한 메이지 정부의 선견적 조치라기보다는 재정이 궁핍한 여러 번들의 자발적 폐번 압력이 보다 중요한 요인이었다고 강조한 점[20] 등은 실증적 연구의 결과이다.

이러한 연구 결과는 『메이지사 강의(인물편)』에도 드러난다. 1873년, 사이고 다카모리가 조선 사절을 강력하게 자원했던 이유 중 하나가 시마즈 히사미쓰[島津久光, 구번주의 친부]에게 망은(忘恩) 사죄장을 제출하라는 압박이 크게 작용했다고 지적한 점[21] 그리고 세이난전쟁 당시(1877) 사이고가 사학교생에게 추대되어 마지못해 전쟁에 돌입한 것이 아니라 이미 전쟁 직전에 충분히 결기할 준비가 되어 있었다고 지적한 점[22] 등이다.

그러나 『메이지사 강의(테마편)』 · 『메이지사 강의(인물편)』에 선정된 테마나 인물을 보는 기저에는 성공한 내셔널 히스토리로서의 메이지유신관이 놓여 있다는 느낌을 지울 수가 없다.[23]

20 『明治史講義(테마편)』, 57쪽.

21 『明治史講義(인물편)』, 41쪽.

22 상동, 43쪽.

23 「테마편」은 제1강 개국과 존왕양이운동~제20강 대정정변, 「인물편」은 제1강 기도 다카요시

최근에는 이러한 내셔널 히스토리로서의 메이지유신관에 의문을 제기한 연구서 간행이 한 흐름이 되고 있다. 연구서들은 메이지유신기의 국제관계를 연구하는 쪽과 유신 과정에서 패자 측의 입장에서 의문을 제기하고 있다.

성공한 메이지유신은 근대의 '기원 신화'[24]로 고착되어 일반 국민은 물론 전공자들도 대체로 믿고 있는 상황이다. 특히 막부 말 유신기에 일본이 반식민지화 또는 식민지화 가능성은 매우 낮았음에도 '외압', '위기'라는 담론이 지나치게 이용되고 있다.[25] 우가이 마사시[鵜飼政志]는 메이지유신기의 국제 환경·관계의 실상은 국내 정국에 맞추어서 서술되기 십상이며, 그것도 과도하게 편중되어 기술되고 있다고 지적한다. 예를 들면, '외압'→'양이' 문제에 있어서도 외국 군함을 비롯해 외국 제품을 구입하고, 유학생을 해외에 파견한 행위가 사쓰마·조슈뿐만이 아니라 다수의 번에서도 이루어졌던 사실은 어떻게 이해해야 할지 의문을 제기한다.[26] 그 외에 서구의 군사적 압력이 전면적이고 압도적이었는가, 경제·무역 관계에서 일본이 서구에 종속적이었는가 등의 물음에 대해 그 정도는 '한정적'이었다고 주장한다.[27]

이러한 주장은 서양사 연구가 뒷받침하고 있다. 영·불·러에 의한 크

~제22강 노기마레스케로 구성되어 있다.

24 宮沢誠一(2005),『明治維新の再創造-近代日本の「起源神話」』, 青木書店. 필자는 鵜飼政志(2014),『明治維新の国際舞台』, 有志舎, 4쪽에서 재인용.

25 明治維新の国際舞台』의 머리말(1~29쪽) 부분 참조.

26 鵜飼政志(2011),「明治維新史研究と国際関係の視点」, 治維新史学会 編『明治維新史研究の今を問う－新たな歴史像を求めて』, 138쪽, 有志舎.

27『明治維新史研究の今を問う－新たな歴史像を求めて』, 140~142쪽 참조.

림전쟁(1854~1856), 이탈리아 통일전쟁(1859~1861), 폴란드 반란(1863), 덴마크전쟁(1864), 프로이센 · 오스트리아 전쟁(1866), 프로이센 · 프랑스 전쟁(1870~1871) 등과 같이 유럽은 전쟁이 지속된 상태였기 때문에 일본을 식민지화할 여유가 없었음을 알 수 있다.[28] 미국 또한 남북전쟁(1861~1865)으로 국외 문제에 신경 쓸 상황이 아니었다. 사실 메이지유신을 포함한 일본사를 전공하지 않은 사람들은 막부 말 유신기에 일본이 서구 열강의 식민지화를 면했다는 사실 자체가 '기적'이었다고 볼 수도 있다. 메이지유신에 관한 지식의 유무와는 별개로, 이러한 인식의 저변에는 서구의 '외압'이 엄중했다는 종래의 내셔널 히스토리로서의 메이지유신관 영향의 편린을 엿볼 수 있다.

한편, 또 다른 메이지유신 연구의 흐름으로는 왕정복고 유신관의 기본 시점인 '근왕'대 '좌막'의 대결 사관을 지양하자는 주장도 있다.[29] 미타니 히로시는 메이지유신사를 설명함에 있어 '근왕'대 '좌막' 구조 대신에 '과제(課題)'를 설정하여 그것을 해결해 가는 과정을 추적하는 방법을 구사하고 있다. 이때 '공의(公議) · 공론(公論)'과 '왕정(王政)'이 과제로 떠오르는데 이는 오늘날까지 이어지고 있는 입헌(헌법, 국회)군주제(상징천황제)가 바로 그것이다. 동시에 미타니는 메이지유신을 프랑스혁명과 비교하며 국제적으로 낮은 평가에 대해 의문을 제기한다.[30]

28 君塚直隆,「鼎談: 世界は明治維新をどうみていたか」(中央公論新社『中央公論－特集, 誤解だらけの明治維新』 4월호), 55~63쪽 참조.

29 苅部直 · 三谷博,「対談: 薩摩と長州だけが偉いのか」, 상동, 35~43쪽 참조.

30 이상, 三谷 博(2017. 12),『維新史再考–公議 · 王政から集権 · 脱身分化へ』(ＮＨＫブックス No. 1248) 참조.

4. 메이지유신 150주년의 재인식-일본 대중서를 중심으로

1) 요시다 쇼인과 야스쿠니신사 비판

앞 장에서 살펴본 바와 같이 최근의 메이지유신 연구는 첫째, 기존 연구의 세부에 걸쳐 새로운 사실을 밝혀내거나 보완하는 실증적 경향, 둘째, 막부 말 메이지 초기의 외교사 연구를 통하여 왜곡·과장된 유신사를 바로잡으려는 경향, 셋째, '근왕' 대 '좌막' 대결을 지양하고 '공의·공론'·'왕정'과 같은 과제 중심의 유신사 서술을 통하여 기존의 왕정복고 유신관을 극복하려는 경향 등이 있다.

이 장에서는 메이지유신 150주년을 맞이하여 메이지유신이 대중서에서 어떻게 인식되고 있는지를 살펴보고자 한다. 우선 대중서들에 대해 조작적으로 개념 정의를 하고자 한다. 즉, 메이지유신 전공자가 집필한 도서이든 아니든 불문하고 일반 대중을 대상으로 간행된 메이지유신 관련 도서로 지칭하고, 이해하고자 한다.[31]

메이지유신 과정에 대한 선행 연구에서 살펴보았듯이, 삿초 중심의 토막 세력은 쿠데타의 명분에 지나지 않았던 왕정복고의 정당성을 주장하기 위하여 서구 열강에 의한 반식민지적 외압을 지나치게 강조했다. 동시에 국내 권력 기반이 취약한 상태에서 국정과 국민을 장악하기 위

31 종래의 메이지유신 찬양 일변도의 대중서는 대상 도서에서 제외했다. 그러다 보니 자연히 메이지유신 과정에 대한 비판 위주의 도서로 한정된 한계가 있다.

해 대외적으로 군사적 성공이 필요하여 무리한 근린 침략을 추진하였다. 또한 이들은 출신번의 번주들과의 대립도 심각하여 천황에 과도하게 의존하는 경향을 보였다.

이러한 과정에서 근대 천황제를 정당화 내지 정통화하는 유신관이 정착되면서 복잡하고 중층적인 메이지유신사(막부 말 메이지 초 역사)를 단선적으로 묘사한 사관[페리 내항(서구의 외압)→존왕양이운동(근왕주의)→삿초동맹(우국(憂國)번의 협력)→토막→천황제 근대국가 건설]이 국민 대다수에게 각인된 것은 앞에서 살펴보았다.

한편, 메이지유신에 대해 비판적인 대중서의 경우 대체로 다음의 몇 가지 내용으로 분류할 수 있다. 첫째, 내셔널 히스토리로서 정착된 왕정복고 유신관 내지 천황제 유신관을 비판하는 내용, 둘째, 국민적 영웅으로 자리매김한 사이고 다카모리에 관해 잘못된 사실을 바로잡으려는 내용, 셋째, 삿초 사관에 의하여 저평가되거나 왜곡되었다고 생각되는 에도 시대 및 도쿠가와 막부에 대한 긍정적 평가 내지 복권을 시도한 내용, 넷째, 보신전쟁 시 관군(삿초군)이 자행한 만행을 밝히는 내용 등으로 대별할 수 있다.

일반적으로 메이지유신 비판서의 경우 다양한 내용을 담고 있어 위 각 항의 내용에 대해 분량의 많고 적음은 차이가 있을지언정 언급하고 있다. 이들 도서는 정치적 필요에 따라 삿초 중심의 왕정복고적 사관으로 치우쳐진 부분을 사실(史實)에 따라 바로잡자는 취지의 내용이 대부분이나 자료적 한계로 충분한 반론을 제기하지 못하고 있다. 주지하다시피 삿초 중심의 유신 정부가 들어서자 막부 또는 좌막번(佐幕藩)의 사료는 인위적 파기를 포함해 산일(散逸)된 경우가 많은 데 비해, 『유신사

(維新史)』(전5권, 維新史料編纂事務局編, 1941)에 상징되듯이 대부분의 메이지유신 관련 자료집은 삿초 사관 내지 천황제 유신관에 의거해 집필된 관찬 사료집이다. 이러한 사료적 제한 내지 한계 속에서 메이지유신 과정의 허구성을 비판한 주요 내용의 일부를 다음의 〈표 1〉에 정리했다.[32]

〈표 1〉 메이지유신 과정의 허구성을 비판하는 주요 내용의 일부

항목	삿초 사관	사실
1	막부는 외국에 대해 무력, 무내책인 상대에서 개국을 하였기 때문에 토막운동이 일어났다.	막부는 삿초에 비해 훨씬 개명적이었으며, 개국에 의한 근대화를 추진하고 있었다.
2	요시다 쇼인[吉田松陰]은 쇼카 손주쿠[松下村塾]에서 막말지사의 정신적 지도를 하고 '지성(至誠)'을 관철한 대교육자이다.	요시다 쇼인의 가르침은 암살 등 테러행위를 정당화하고 훗날 일본을 침략전쟁으로 나서게 했다.
3	사이고 다카모리는 경천애인을 좌우명으로 삼고 무사(無私)의 마음으로 메이지유신을 성공시킨 최대의 공로자이다.	사이고 다카모리는 에도를 혼란에 빠트리고 아군을 살해한 책략가이다.
4	삿초는 고메이[孝明] 천황의 존왕양이 주장을 실행한 충신이다.	삿초는 천황을 '구슬(玉)'이라 칭하며 이를 정략적으로 활용하기 위해 쟁탈전을 벌였다.
5	교토에서 횡행한 '덴츄[天誅]'는 정의롭지 못한 수구파의 태도를 바로잡기 위해서였다.	덴츄는 삿초의 의중에 따른 무모한 살육으로 막부를 약체화시킬 의도가 있었다.
6	'8·18정변'은 조슈번을 교토에서 격퇴하기 위해 아이즈가 획책하고 사쓰마번은 동조를 했을 뿐이다.	사쓰마번은 교토에서의 주도권을 장악하기 위해 적극적으로 아이즈번과 협력하여 적대시하고 있던 조슈번을 추방한 것이다.

32 武田鏡村(2017), 『薩長史観の正体』, 東洋経済新報社 참조 바람. 그리고 〈표〉의 항목은 인용도서의 내용 중에서 필자가 행론의 편의상 필요한 것을 항목으로 선정한 것이다. 熊谷充晃(2018), 『教科書には載っていない! 幕末の大誤解』, 彩図社 ; 夏池優一(2017), 『教科書には載っていない 明治維新の大誤解』, 彩図社 등도 참고문헌에 소개한 메이지유신 비판서와 유사한 내용을 다루고 있으나 그중 가장 잘 정리된 『薩長史観の正体』의 내용 중에서 항목을 추출한 것이다.

7	'금문(禁門)의 변' 시 조슈번과 사쓰마번은 서로 전투를 벌였지만 모두가 존왕을 위해서였다.	'금문의 변'은 조슈번이 천황에게 무력을 사용한 사건으로 존왕주의를 짓밟은 용서받지 못할 행위였다.
8	고메이 천황은 병사하였다.	고메이 천황은 사쓰마번과 이와쿠라 도모미[岩倉具視]의 음모로 독살되었을 가능성이 매우 높다.
9	도바[鳥羽] · 후시미[伏見]전투는 '금기(錦旗)'를 앞세운 삿초에 의한 성전(聖戰)이다.	'금기'는 삿초가 위조한 것으로 토막밀칙과 마찬가지로 정당성이 없다.
10	서둘러 일본을 무력통일하지 않으면 영국, 프랑스의 식민지가 되었다.	열강은 보신전쟁 시 국외중립방침을 취했으며 일본을 식민지화할 의사가 없었다.
11	조적(朝敵) 아이즈번[会津藩]을 철저하게 토벌한 것은 정당했으며 관군의 행동도 정정당당했다.	아이즈번병 부상자의 살해, 인육식, 강탈, 강간 등 신정부군은 철저하게 아이즈번을 유린했다.
12	야스쿠니신사는 천황의 적자로서 순국한 자들의 영령을 평등하게 모시고 있다.	메이지유신 과정에서 관군과의 싸움에서 전사한 자(소위 말하는 賊軍)를 배제하는 야스쿠니신사는 삿초 사관의 본질을 노골적으로 나타낸 것이다.

주지하다시피 요시다 쇼인[吉田松陰, 1830. 8~1859. 10]은 메이지유신을 이야기할 때 자주 등장하는 인물이다. 막부 말기에는 각 번에서 존왕양이파가 형성되었는데, 미토번에서는 후지타 도코[藤田東湖]가, 사쓰마번에서는 사이고 다카모리가 각각 리더로 활약했다. 이들은 번주인 도쿠가와 나리아키[徳川斉昭]와 시마즈 나리아키라[島津斉彬]가 발탁하였다는 것이 공통점이다.

그러나 조슈번의 존왕양이파는 모두가 요시다 쇼인의 문하생이거나 그에게 영향을 받은 무사들이었다. 미야치 마사토는 『막말유신변혁사(幕末維新変革史)』(상)[33]에서 요시다 쇼인을 비중 있게 다루고 있다. 미야치

33 宮地正人(2012), 『幕末維新変革史』(上), 岩波書店. 미야치는 이 책에서 한 장(章)(제11장

는 쇼인이 이루려고 한 것은 무사 계급이 막번제국가의 이데올로기적 규제를 타파하고, 주권국가를 형성하려는 주체로 전환하기 위해 필요한 새로운 '국가의 혼'을 창출하는 것이었으며, 그것이 '유신의 정신'이 되었다고 평가하고 있다.

이러한 평가는 쇼인의 사상이 메이지유신을 달성하는 동력을 제공했다는 측면만을 매우 긍정적으로 평가한 것이다. 메이지유신 과정 중 조슈번이 자행한 수많은 테러와 폭력 그리고 메이지 정부 때 이루어진 근린 국가 침략에 영향을 미친 쇼인 사상[34]을 함께 평가하지 않으면 반쪽 사실에 의한 역사 왜곡이 된다. 최근의 메이지유신 비판서들은 쇼인의 테러리스트적인 측면과 그의 사상에 나타난 침략성에 대해 언급하고 있다.

한편, 야스쿠니신사[靖国神社]는 우리에게는 A급 전범을 합사하고 있는 군국주의의 상징 신사로 잘 알려져 있다. 여기에는 메이지유신 과정에 관군 측에서 사망한 지사에서부터 이후 국내외 전쟁 등과 관련하여 사망한 군인, 군속 등 240여만 명이 모셔져 있다.[35]

「요시다 쇼인의 역사적 위치」, 142~157쪽 참조)을 할애하여 요시다 쇼인의 사상과 역사적 의미에 대해서 기술하고 있다.

34 쇼인은 조선, 만주, 대만, 필리핀의 여러 섬 등을 침략하여 일본의 속지로 삼아야 한다고 주장했다. 「今急武備を修め, 艦略ぼ具はり礮略ぼ足らば, 則ち宜しく蝦夷を開墾して諸侯を封建し, 間に乗じて加摸察加(캄차카)・隩都加(오호츠크)を奪ひ, 琉球に諭し, 朝覲会同するこ と内諸侯と比しからめ, 朝鮮を責めて質を納れ貢を奉ること古の盛時の如くならしめ, 北は満州の地を割き, 南は台湾, 呂宋(루손)諸島を収め, 漸に進取の勢を示すべし」; 「幽囚録」, 山口県教育会 編(1973), 『吉田松陰全集』 第二巻, 54쪽, 大和書房.

35 한국과 중국과의 외교관계를 생각하여 야스쿠니신사 참배를 자제하고 있는 아베 신조 수상은 2018년 8월 14일, 야스쿠니신사의 원류라고 일컬어지는 야마구치현의 고토자키하치만구[琴崎八幡宮]를 참배했다. 고토자키하치만구는 아베 수상의 본적지(長門市), 선거구(下関)도 아닌 우베시(宇部市)에 있다. 「靖国の"源流"… 安倍首相が参拝した琴崎八幡宮の

최근에는 '좌막(佐幕)'과 '근왕(勤王)' 대결 사관을 지양하자는 주장[36]도 있으나 야스쿠니신사의 입장은 철저하리만큼 삿초 사관의 체현자이다. 야스쿠니신사(1869년 동경초혼사로 시작)는 1868년 신불판연령(神佛判然令, 신불분리령을 말함)을 시작으로 이후의 폐불훼석운동, 국가신도 성립과 해외 침략 등의 결과로 오늘날에 이르고 있다. 이곳에는 1864년 금문의 변 당시 사망한 아이즈번사도 합사되어 있으나 조정에 무력을 사용한 조슈번사 구사카 겐즈이[久坂玄瑞]나 구루메번사 마키 이즈미[真木和泉] 같은 조적(朝敵)도 합사되어 있다. 반면에 세이난전쟁(1877)에서 패해 '조적'이 된 메이지유신의 공로자인 사이고 다카모리나 기리노 도시아키[桐野利秋] 등은 합사되어 있지 않다.

그런데 최근의 몇 가지 사례에서도 야스쿠니신사 사관의 문제점을 엿볼 수가 있다. 2018년 2월, 야스쿠니신사 구지[宮司]인 도쿠가와 야스히사[徳川康久, 徳川慶喜의 증손]는 임기 도중 사직하였는데, 그 배경에는 적군(賊軍)과 관군으로 2분하는 야스쿠니신사 사관과 배치되는 도쿠가와 구지의 역사관이 관련 있을 것으로 보도되었다. 평소 도쿠가와 구지는 막부군이나 아이즈번군도 일본을 위하여 전사했다는 점에서 합사의 대상이라는 생각을 가지고 있었다.[37]

한편, 도쿠가와 구지의 뒤를 이어 야스쿠니신사 구지에 취임한 고호

意外な歴史」, 日刊ゲンダイDIGITAL, 2018. 8. 17. 15:00, https://www.nikkan-gendai.com/articles/view/news/235622.

36 苅部直 · 三谷博, 「対談: 薩摩と長州だけが偉いのか」, 中央公論新社 『中央公論-特集, 誤解だらけの明治維新』, 4월호.

37 「明治維新150周年に徳川家末裔が靖国宮司を"大政奉還"」, NEWSポストセブン, 2018. 3. 7. 07:00, https://www.news-postseven.com/archives/20180307_657082.html.

리 쿠니오[小堀邦夫]가 제2차 세계대전 전적지를 찾아 위령제를 지내는 천황의 행위를 야스쿠니신사 사관에 위배된다고 비판하며 10월에 사임했다.[38]

최근의 메이지유신 비판서는 이러한 야스쿠니신사의 모순점과 문제점을 지적하고 있다.

2) 사이고 다카모리 비판과 막부에 대한 재평가

사이고 다카모리라는 인물은 우리에게는 '단계론적 조선침략론'을 주장한 인물로 인식되고 있으나 일본에서는 '경천애인을 좌우명으로 삼고 무사(無私)의 마음으로 메이지유신을 성공시킨 최고 공로자'로 존경받고 있다. 사이고에 대한 평가는 메이지 시대에도 높이 평가되어 도요토미 히데요시와 더불어 대표적인 일본인으로 숭앙되었다.[39]

메이지유신 150주년을 맞이한 현 시점에서도 사이고 다카모리는 일

38 고호리 구지의 발언내용은 다음과 같다. "폐하가 열심히 위령 여행을 하면 할수록 야스쿠니신사는 멀어지게 되는 거야. 그렇게 생각 안 해? 위령 여행으로 어디를 방문하든지 거기에는 영[みたま]은 없지? 유골은 있어도. 그렇지 않아? 그런 것을 진지하게 논의하고 결론 내어 발표를 하는 것이 중요하다고 말하고 있는 거야. 분명히 말하지만 현 천황은 야스쿠니신사를 파괴하려고 한다 말이야. 알겠니?", 「靖国神社宮司'皇室批判不穏当発言'で急転辞任の真相」, NEWSポストセブン, 10. 15.(月) 16:00, https://news.biglobe.ne.jp/entertainment/1015/sgk_181015_2470235635.html.

39 「我国の歴史に二人の最も偉大な名を挙げるならば, 余は躊躇なく太閤秀吉と西郷隆盛を指名するものである. 両者は共に大陸的雄図を懐き, 全世界をその行動の分野として有っていた」, 内村鑑三(1941), 『代表的日本人』, 50쪽, 岩波書店.

본이 위기에 처했을 때 모범이 되는 인물,[40] 또는 서양 문명과 근대 사회에 위화감을 느껴 아시아에서 이상을 찾고자 할 때 선례가 되는 인물[41]로서 일부에서는 인식되고 있다. 모두가 사이고의 위대함을 강조한 평가다.

반면에 최근에는 역사적 사실에 입각하여 사이고의 또 다른 면, 즉 시마즈 히사미쓰[島津久光, 12대 사쓰마번주 島津忠義의 친부]와 정적(나카야마 나카사에몽[中山中左衛門]·나라하라 시게루[奈良原繁]·이치기 시로[市来四郎] 등) 그리고 질병에 시달린 측면을 분석한 연구도 있다.[42] 또 메이지유신 과정에 무뢰한인 사가라 소조[相楽総三] 등의 수하를 에도 시중에 풀어 살인, 약탈, 방화 등을 자행하게 하여[43] 전쟁을 피하려는 막부군을 도발하여 보신전쟁의 명분으로 삼았다는 책략가적인 측면이나, 가쓰 가이슈에 감화되어 번(藩)을 뛰어넘어 일본을 생각하게 된 범인(凡人)에 지나지 않는다는 점을 지적한 대중서도 간행되었다.[44] 이들 대중서는 사이고의 위대함보다는 범인, 비정한 책략가 등의 측면을 강조한 점이 특징이다.

한편, 에도 막부의 무능·무책론에 대해 페리 내항 이후 로주 수좌 아

40 北康利, 「徳は孤ならず必ず隣あり」(中央公論新社『中央公論－特集, 誤解だらけの明治維新』 4월호), 66~67쪽 참조.

41 先崎彰容, 「近代と反近代の体現者」, 동상, 68~69쪽 참조.

42 家近良樹(2011), 「사이고 다카모리의 컨디션 불량과 스트레스 근원」, 『西郷隆盛と幕末維新の政局』, ミネルヴァ書房.

43 에도 시중을 불법의 거리로 만들었던 사가라 소조[相楽総三]는 나중에 그가 이끌었던 세키호타이[赤報隊]와 함께 가짜 관군이라는 죄목으로 처형되었다.

44 『薩長史観の正体』 외에 鈴木荘一(2017), 『明治維新の正体—徳川慶喜の魁, 西郷隆盛のテロ』, 毎日ワンズ ; 原田伊織(2016), 『大西郷という虚像』, 悟空出版 ; 蜷川新(2015), 『維新正観－秘められた日本史·明治篇』, PP選書 등을 참조.

베 마사히로[阿部正弘]를 중심으로 대담한 인재 발탁(쓰쓰이 마사노리[筒井政憲]·에가와 히데타쓰[江川英龍]·카와지 토시아키라[川路聖謨]·이노우에 키요나오[井上清直]·이와세 타다나리[岩瀨忠震] 등)을 통한 해방(海防)과 개국 교섭 그리고 분큐연간(1861~1863) 막부 군제 개혁 등을 긍정적으로 평가[45]한 전문 연구는 이미 있었으나 최근의 삿초 사관에 대한 비판적 대중서는 다른 관점에서 에도 막부와 에도 시대를 긍정적으로 평가하고 있다.[46]

이들 중에는 '근대 일본은 도쿠가와 막부가 만들었다', '막부가 개명적이고 삿초가 수구적이었다', '에도 시대 유산이 일본 사회를 형성하였다'라고 주장한다. 근대 일본의 기초를 놓은 것이 아베 마사히로의 대개혁이며, 메이지 정부가 추진한 개국 및 정책도 막부의 정책이라는 것이다. 사실, 여러 가지 사정이 있지만 250여 년의 쇄국체제에서 개국의 결단을 내린 것은 아베 마사히로－홋타 마사요시[堀田正睦]－이이 나오스케[井伊直弼]로 이어지는 막부 수뇌이며, 쇄국과 양이를 주장한 것은 삿초였다. 또한 에도 시대가 현재 일본의 원형이며, 메이지유신으로 사회 상부 구조는 크게 바뀌었으나 하부 구조 혹은 기본 구조는 크게 변하지 않았으며,[47] '에도 시대적' 라이프 스타일이 크게 바뀌는 것은 제2차 세계대전 후 고도 경제 성장 이후라고 주장한다. 관직(官職) 이원제 원리, 부와 권력의 분산 등 일본적 제도와 가치관은 에도 시대부터 오늘날까지 지속

45 三谷博, 『明治維新とナショナリズム–幕末の外交と政治変動』, 山川出版社, 2009 참조.

46 榊原英資(2018), 『書き換えられた明治維新の真実』, 詩想社新書 ; 猪瀬直樹·磯田道史(2017), 『明治維新で変わらなかった日本の核心』, PHP新書 ; 原田伊織(2018), 『官賊と幕臣たち–列強の日本侵略を防いだ徳川テクノクラート』, 毎日ワンズ 등 참조.

47 榊原英資, 『書き換えられた明治維新の真実』, 194쪽.

되고 있다고 지적한다.

이러한 시각은 다분히 페르낭 브로델의 '장기 지속'을 연상케 하는 역사관이다. 에도 시대 260여 년, 메이지유신 후 패전까지 77년, 그리고 패전에서 현재까지 73년간 이어지는 시간 속에서 메이지유신 후 패전까지의 역사를 에도 시대에 자리매김함으로써 삿초(관군) 대 막부·좌막파(적군)의 대결 구도를 일본역사 속에 용해시켰다. 메이지유신과 메이지 시대를 역사화하고 일본 역사·문화를 부각시키는 이러한 방법론은 앞으로 더 많이 제기될 것이다.

5. 근대 일본의 해외 침략은 메이지유신 과정의 '국외판(國外版)'?

메이지유신사에 있어 보신전쟁은 1868년 1월 3일 교토 남쪽의 도바[鳥羽]·후시미[伏見]에서 전투가 발발하여 1869년 5월 18일 홋카이도 고료가쿠[五稜郭]가 함락되어 하코다테전쟁이 종결될 때까지 약 1년 반(518일)에 걸쳐 일어난 내전이었다.[48] 이것은 어디까지나 사전적 설명이고 정치와 전투(전쟁)를 시야에 넣어 말하면, 대정봉환(大政奉還)→왕정복고(王政復古)→도바·후시미 전쟁 개시→에도성 개성→우에노[上野]전투→

48 奈倉哲三·保谷徹·箱石大 編(2018), 『戊辰戦争の新視点(上): 世界·政治』, 3쪽(간행에 즈음해서), 吉川弘文館.

호쿠에쓰[北越]전쟁→도호쿠[東北]전쟁→하코다테전쟁 등을 이어 정치사를 기술할 수 있다. 막부 말기 유신사에 권위 있는 미야치 마사토의 『막말유신변혁사』(하) 속의 '보신전쟁'(36~38장)은 이 유형에 속한다.[49]

한편, 보신전쟁에 관한 최근의 학술 연구(『보신전쟁의 새로운 시점[戊辰戦争の新視点](상 · 하)』)[50]는 보신전쟁의 국제법적 측면, 보신전쟁에 대한 열강의 시각, 오오쿠[大奧]의 대응 등 다양한 주제로 지평을 넓히고 있다.

그러나 이러한 연구는 어디까지나 보신전쟁에 대한 공식적[승자(관군) 입장]인 학술 연구 성격이 짙다. 전(前) 쇼군 도쿠가와 요시노부[德川慶喜]에 대한 관직(내대신)과 영지 반납 명령을 둘러싼 정치적 투쟁의 결과만으로는 보신전쟁의 원인을 전부 설명할 수 없다. 전쟁 발발의 원인이나 호쿠에쓰 · 도호쿠에서 어떻게 진행되었고, 삿초 중심의 관군이 현지에서 어떤 행위를 자행했는지를 밝히지 않으면 보신전쟁의 국내외적 의의를 밝힐 수 없다.

사실, 오우에쓰열번동맹[奧羽越列藩同盟]이 성립되고, 신정부군과 전쟁이 벌어진 것은 오우진무총독부군[奧羽鎮撫総督府軍] 참모인 조슈번사 세라 슈조[世良修蔵]의 갖가지 비열 · 무도한 행위가 원인이 된 측면이 크다. 특히 아이즈번에 승리한 삿초군 중심의 신정부군은 아이즈번 전사자 매장을 금지하고, 부상자 살해, 상가 · 농가를 가리지 않고 약탈하며, 불태웠다. 또한 양민을 살해하고 부녀자를 잡아 술시중을 들게 하거나 강간

49 宮地正人(2012),『幕末維新変革史』(下), 岩波書店.

50 奈倉哲三 · 保谷徹 · 箱石大 編(2018),『戊辰戦争の新視点(上 · 下): 世界 · 政治』, 吉川弘文館.

한 뒤 살해했다.[51] 메이지 시대 군인으로 아이즈번사의 아들인 시바 고로[柴五郎][52]는 다음과 같이 회상하고 있다.

"삿초의 낭사, 에도를 비롯하여 각지에서 방화·살인을 자행하여 세상에 불안을 조성하고, 도쿠가와(막부)의 위신에 상처를 입혔다. 이는 아이즈 토벌의 기세를 올리려는 계책이라고 한다. 적군(삿초군)이 진공을 한 뒤에는 (아군)병사뿐만 아니라 상인, 농민, 부녀자의 시체가 방치되어 차마 눈뜨고 볼 수 없을 정도라고 소식을 알려왔다."[53]

이러한 신정부군의 만행은 비단 아이즈번과의 전투에서만 자행된 것이 아니며, 보신전쟁 기간 내내 각지에서 자행되었다. 이러한 만행은 황군이라 자칭한 일본제국 육군이 근린 국가 침략 시, 특히 중일전쟁을 수행하면서 저지른 만행[삼광작전(三光作戦, 燼滅作戦) 등]과 너무나도 유사하다는 점에 주목하지 않을 수 없다. 이는 우연의 일치라기보다는 삿초군의 폭악한 성질이 쇼와 시대 일본 육군에 계승되었기 때문이다.[54] 보신전쟁을 다룬 대중서는 이 전쟁이 일본 국내의 동서차별뿐만 아니라 근린 국

51 『薩長史観の正体』, 150~153쪽.

52 1859년 아이즈 와카마쓰에서 출생, 육군대장·대만군사령관(1919), 1945년 87세로 사망(石光真人(2018), 『ある明治人の記録 改版 – 会津人柴五郎の遺書』, 中公新書. 약력에서 인용).

53 石光真人, 『ある明治人の記録 改版 – 会津人柴五郎の遺書』, 25쪽; 夏池優一(2017), 『教科書には載っていない 明治維新の大誤解』, 21~27쪽, 彩圖社 ; 星亮一·安藤優一郎(2017), 『東北を置き去りにした明治維新 – 戊辰戦争の謝罪なしに, 日本の融和はない』, 179~183쪽 ; 星亮一(2008), 『偽りの明治維新–会津戊辰戦争の真実』, 19~39쪽, だいわ文庫 등 참조. 보신전쟁과 그 여파는 일본 내의 동북지방 멸시관을 낳은 원인이 되었다.

54 『薩長史観の正体』, 165쪽. 양이를 선도했으나 최후까지 도쿠가와 막부를 지지했던 고메이 천황의 급사는 고종황제 사망 사건과 막부 말 유신기 지사들의 야습·살인 행태는 명성황후 시해 사건과 사상적 연속성을 생각하게 하는 사건들이다.

가 침략에서의 잔학한 행위와 연관 있음을 지적하고 있다.

마지막으로, 금문(禁門)의 변(1864)과 '옥음방송' 녹음판 탈취 미수 사건(1945)을 살펴보면서 메이지유신 과정 중 조슈번병의 행위와 구일본 육군의 행위의 유사성 그리고 일본 무사들의 '존왕' 심리 구조[55] 등을 간략하게 언급하고 이 장을 마무리하고자 한다.

1863년 8월 18일, 고메이 천황의 명령으로 존왕양이 과격파(조슈 세력 및 산조 사네토미 등 일부 공가)는 아이즈번, 사쓰마번 등에 의해 교토에서 축출됐다(8·18정변). 천황의 명령에 충실했다고 생각하고 있던 조슈번에서는 '설원'을 하기 위해 상경을 준비하다가 1864년 6월, 여관 이케다야[池田屋]에서 막부의 신센구미[新撰組], 아이즈번병 등에게 자번 출신의 존왕양이파 지사 등이 살해·체포되자 무력 상경에 의한 사태 해결을 단행했다.

기지마 마타베[来島又兵衛]·구사카 겐즈이[久坂玄瑞] 및 3가로(후쿠하라 에치고[福原越後]·쿠니시 시나노[国司信濃]·마쓰다 우에몬노스케[益田右衛門介])가 인솔한 조슈번병은 순차적으로 교토 부근에 집결하여 입경을 시도했으나 고메이 천황의 단호한 거절로 좌절되었다. 7월 19일 새벽, 마침내 조슈번병은 궁궐의 하마구리문[蛤御門]을 향해 진격했으나 막부군·아이즈번·사쓰마번에게 대패했다. 이 전투(금문의 변)로 인해 교토는 대화재가 발생하여 일반 민가 2만 8천 채, 공가저택 수십 채, 무가저택 수십 채가 소실되었고, 조슈번은 조적(朝敵, 즉 역적)이 되고 제1차 조슈정벌이 시작되었다.[56]

55 막부 말기 존왕양이파 지사들의 '존왕'의 의미에 대해서는 이원우(2017. 12), 「메이지유신과 테러리즘-일본 우익 탄생의 배경에 관한 기초적 연구-」, 『한일관계사연구』, 제58집도 참조.

56 宮地正人(2012), 『幕末維新変革史』(上), 408~414쪽, 岩波書店 ; 『薩長史観の正体』, 62~65

한편, 삿초도히가 중심이 되어 만든 제국 일본은 1945년 8월 14일, 무조건 항복을 요구한 포츠담선언을 수락하고 다음 날 15일, 천황의 항복선언은 전국에 방송된다. 소위 '옥음방송'이라고 불리는 이 방송은 NHK가 미리 녹음한 녹음판으로 방송되었는데, 15일 새벽 무렵, 항복을 반대하는 청년 장교와 하사관들은 궐기를 반대하는 근위사단 사단장 모리다케시[森赳]를 살해하고 궁중에 난입해 녹음판 탈취를 시도했으나 실패했다.[57] 결국 정오에 천황의 항복 방송이 전파되고, 메이지유신 후 77년 만에 제국 일본은 패망했다.

1864년 7월의 금문의 변과 1945년 8월 녹음판 탈취 미수 사건은 '존왕' 정신에 가장 투철했던 무사와 군인들이 자행하였다. 이들 사건에서 이들의 '존왕심'은 천황의 행위가 그들의 목적에 부합되는 한에서 작용하지만, 천황이 그 목적을 이탈할 경우 '존왕'은 '반역'으로 전화(轉化)하는 구조를 가지고 있다고 하겠다. 우리는 이 점에 유의해야 한다.

에도 시대 도쿠가와 막부는 「킨츄나라비니쿠게쇼핫토[禁中並公家諸法度]」 제1조(천황의 주임무)에, '天子諸藝能之事, 第一御學問也. 不學則不明古道'라며 막부 통치의 협력자로서 천황을 자리매김하였다. 이 정신은 메이지 헌법에서도 기본적으로 바뀌지 않았다는 것이 필자의 견해다. 현재, 일본국 헌법 제1장 천황, 제4조 '이 헌법이 정하는 국사(國事)에 관한 행위만을 행하며, 국정에 관한 권능은 소유하지 않는다. 천황은 법률이 정하는 바에 따라 …'로 규정되어 있다.

쪽 참조.

57 藤田尚德(1987), 「녹음판 쟁탈 사건」, 『侍従長の回想』, 148~159쪽, 中公文庫 참조.

에도 시대 「킨츄나라비니쿠게쇼핫토」의 천황과 일본국 헌법 제1장 제4조의 천황의 역할과 한계를 음미할 필요가 있다. 천황과 일본의 역사는 당시의 통치자들이 국가 통치를 위해 허용한 범위 안에 머물러야만 하는 것이다.

6. 맺음말

이상으로 메이지유신관에 관한 기존의 선행 연구 소개와 최근의 연구 경향 및 메이지유신 150년을 맞이하여 간행된 대중서에 나타난 메이지유신 재인식의 특징에 대해 기술했다. 그 내용을 요약하면 아래 몇 가지로 정리될 수 있다.

첫째, 메이지유신은 삿초를 중심으로 도쿠가와 막부(봉건체제)를 무너뜨리고 성립한 유신 정부가 서구 열강으로부터 식민지화 위기를 막아내고, 아시아에서 유일하게 근대화를 성공시켰다는 기본적 인식 위에, ① 기존 연구의 세부에 걸쳐 새로운 사실을 밝혀내거나 보완하는 실증적 연구 경향, ② 막부 말기 · 메이지 초기의 외교사 연구를 통하여 서구의 군사적 압력이 전면적이고 압도적이지도 않았으며, 경제 · 무역 관계에 있어서도 서구에 종속되는 것은 제한적이었다는 주장, ③ 메이지유신 연구에서도 '근왕' 대 '좌막' 대결을 지양하고, '공의' · '공론' · '왕정'과 같은 과제 중심의 유신사 서술을 통하여 기존의 왕정복고 유신관을 극복하려는 연구 경향 등이 있다.

둘째, 메이지유신에 대해 비판적인 대중서의 경우 대체로 다음의 몇 가지 내용으로 분류할 수 있다. ① 내셔널 히스토리로서 정착된 왕정복고 유신관 내지 천황제 유신관을 비판하는 내용, ② 국민적 영웅으로 자리매김한 사이고 다카모리에 관해 잘못된 사실을 바로잡으려는 내용, ③ 삿초 사관에 의하여 저평가되거나 왜곡되었다고 생각되는 에도 시대 및 도쿠가와 막부에 대한 긍정적 평가 내지 복권을 시도한 내용, ④ 보신전쟁 당시 관군(삿초군)이 자행한 만행의 진상을 밝히는 내용 등으로 대별할 수 있다.

셋째, 삿초 중심의 신정부군이 막부군 및 아이즈번을 중심으로 한 동북 제번을 진압하는 과정에서 각지에서 자행한 방화, 살인, 강간, 약탈 등은 제국 일본군이 해외 침략 시 자행한 잔악한 행위로 이어졌다는 측면이 강하다.

넷째, 1864년 7월의 금문의 변과 1945년 8월의 궁중 녹음판 탈취 미수 사건에서 알 수 있듯이, 무사나 군인들의 '존왕'은 천황의 행위가 그들의 목적에 부합되는 한에서 긍정적으로 작용하지만, 천황이 그 목적을 이탈할 경우 '존왕'은 '반역'으로 전화(轉化)하는 구조를 가지고 있다고 하겠다.

■ 참고문헌

• 石光真人(2018), 『ある明治人の記録 改版 – 会津人柴五郎の遺書』, 中公新書.
• 小林和幸 편(2018), 『明治史講義(테마편)』, ちくま新書.
• 筒井清忠 편(2018), 『明治史講義(인물편)』, ちくま新書.
• 奈倉哲三 · 保谷徹 · 箱石大 編(2018), 『戊辰戦争の新視点(上 · 下): 世界 · 政治』, 吉川弘文館.
• 熊谷充晃(2018), 『教科書には載っていない! 幕末の大誤解』, 彩図社.
• 榊原英資(2018), 『書き換えられた明治維新の真実』, 詩想社新書.
• 田伊織 · 森田健司(2017), 『明治維新 司馬史観という過ち』, 悟空出版.
• 一色清 · 姜尚中(2017), 『明治維新150年を考える 「本と新聞の大学」講義録』, 集英社新書.
• 猪瀬直樹 · 磯田道史(2017), 『明治維新で変わらなかった日本の核心』, PHP新書.
• 星亮一 · 安藤優一郎(2017), 『東北を置き去りにした明治維新 戊辰戦争の謝罪なしに, 日本の融和はない』, 文芸社.
• 武田鏡村(2017), 『薩長史観の正体』, 東洋経済新報社.
• 夏池優一(2017), 『教科書には載っていない – 明治維新の大誤解』, 彩図社.
• 城島明彦(2017), 『考証 · 西郷隆盛の正体』, カンゼン.
• 鈴木荘一(2017), 『明治維新の正体–徳川慶喜の魁, 西郷隆盛のテロ』, 毎日ワンズ.
• 三谷博(2017), 『維新史再考–公議 · 王政から集権 · 脱身分化へ』(NHKブックス No. 1248).
• 北影雄幸(2016), 『外国人が記録した幕末テロ事件』, 勉誠出版.
• 原田伊織(2016), 『大西郷という虚像』, 悟空出版.
• 原田伊織(2016), 『官賊と幕臣たち–列強の日本侵略を防いだ徳川テクノクラート』, 毎日ワンズ.
• 苫米地英人(2015), 『明治維新という名の洗脳 150年の呪縛はどう始まったのか?』, ビジネス社.
• 蜷川新(2015), 『維新正観–秘められた日本史 · 明治篇』, PP選書.
• 中村彰彦(2015), 『幕末維新史の定説を斬る』, 講談社文庫.
• 鵜飼政志(2014), 『明治維新の国際舞台』, 有志舎.
• 中央公論(2014), 『特集, 誤解だらけの明治維新』, 中央公論新社, 4월호.
• 페르낭 브로델 저 · 김홍식 역(2012), 『물질문명과 자본주의 읽기』, 갈라파고스.
• 宮地正人(2012), 『幕末維新変革史』(上 · 下), 岩波書店.
• 明治維新史学会 編(2011), 『明治維新史研究の今を問う – 新たな歴史像を求めて』, 有志舎.
• 家近良樹(2011), 『西郷隆盛と幕末維新の政局』, ミネルヴァ書房.
• 三谷博(2009), 『明治維新とナショナリズム–幕末の外交と政治変動』, 山川出版社.
• 星亮一(2008), 『偽りの明治維新–会津戊辰戦争の真実』, だいわ文庫.
• 田中彰(2003), 『明治維新観の研究』, 北海道大学図書刊行会.
• 明治維新史学会 編(2001), 『明治維新とアジア』, 吉川弘文館.

• 藤田尚徳(1987), 『侍従長の回想』, 中公文庫.
• 山口県教育会 編(1973), 『吉田松陰全集』 第二巻, 大和書房.
• 이원우(2017. 12), 「메이지유신과 테러리즘-일본 우익 탄생의 배경에 관한 기초적 연구-」, 『한일관계사연구』, 제58집.
• 日刊ゲンダイDIGITAL(2018. 8. 17 15:00), https://www.nikkan-gendai.com/articles/view/news/235622.
• NEWSポストセブン(2018. 3. 7. 07:00), https://www.news-postseven.com/archives/20180307_657082.html.
• NEWSポストセブン(10. 15.(月) 16:00), https://news.biglobe.ne.jp/entertainment/1015/sgk_181015_2470235635.html.

* 찾아보기 *

•ㅎ•

동북아역사재단 연구총서 97

메이지유신의 침략성과 재인식의 문제

초판 1쇄 인쇄 2019년 12월 20일
초판 1쇄 발행 2019년 12월 30일

엮은이 이원우
펴낸이 김도형
펴낸곳 동북아역사재단

등 록 제312-2004-050호(2004년 10월 18일)
주 소 서울시 서대문구 통일로 81, NH농협생명빌딩
전 화 02-2012-6065
팩 스 02-2012-6189
홈페이지 www.nahf.or.kr
제작·인쇄 청아출판사

ISBN 978-89-6187-498-4 93910

• 이 도서의 국립중앙도서관 출판예정도서목록(CIP)은 서지정보유통지원시스템 홈페이지
(http://seoji.nl.go.kr)와 국가자료종합목록 구축시스템(http://kolis-net.nl.go.kr)에서 이용하실 수 있습니다.
(CIP제어번호: CIP2019053319)
• 책값은 뒤표지에 있습니다. 잘못된 책은 바꾸어 드립니다.